CLINICAL PSYCHOLOGIST

KB217956

쉽게 풀어 쓴
임상심리사
1급 실기

김도연 편저

심리학 전문출판사 학지사의
 저자직강 동영상 강의
https://www.counpia.com

학지사

머리말

심리사회적인 다양한 문제에 접근하기 위한 임상심리사의 역할과 서비스 개입에 대한 관심이 날로 증가하고 있습니다. 특히 최근에는 개인의 삶의 질과 사회적 만족에 대한 욕구와 관심이 커지고 있어 더욱 심리적 안녕감에 대한 각별한 심리지원 서비스가 필요한 때이기도 합니다. 더욱이 코로나 19 위기를 극복해 가는 과정에서 새로운 도약과 적응을 위한 준비로 많은 분이 기대와 설렘을 안고 있으나 한편으론 걱정과 두려움도 여전한 실정입니다. 이러한 시기에 임상심리사 1급 자격을 위한 준비 과정은 정신건강 서비스를 제공하기 위한 역량을 마련하는 매우 중요한 과정이라고 여겨집니다.

이 책은 임상심리사 1급 자격을 위한 실기 수험서로서 실기시험 교과목에 해당하는 지난 기출문제에 대한 명확한 해설과 더불어 쉬운 이해를 돕기 위한 다양한 내용이 포함되어 있습니다. 기출문제에 대한 풀이에만 그치는 것이 아니라 예상문제가 될 수 있는 핵심 내용을 학습 Plus를 통해 제시하였습니다. 나아가 1급 실기시험의 주요 교과에 해당하는 심리평가, 심리치료, 자문ㆍ교육ㆍ심리재활에 이르는 핵심개념을 별도로 정리하여 시험 대비를 위해 알아 두어야 할 점을 강조하였습니다. 모쪼록 이 책을 통해 임상심리사 1급 실기시험을 준비하는 수험생 여러분에게 합격의 기쁨이 있기를 소망합니다.

마지막으로, 임상심리사 1급 실기 수험서를 준비하기까지 한결같은 지지를 보내 주신 학지사 김진환 대표님과 관계자 모두에게 깊은 감사를 드립니다. 또한 열정과 소신으로 편집에 최선을 다하신 편집부 김진영 차장님과 편집진에게 각별한 고마움을 전합니다.

2023년 5월
저자 김 도 연

임상심리사 1급 시험안내

Ⅰ. 자격정보

1. 자격명: 임상심리사 1급(Clinical Psychologist)

2. 관련부처: 보건복지부

3. 시행기관: 한국산업인력공단(http://www.q-net.or.kr)

4. 관련학과: 임상심리, 심리학 분야 등의 관련학과

5. 수행직무

국민의 심리적 건강과 적응을 위해 임상심리학적 지식을 활용하여 심리평가, 심리검사, 심리치료상담, 심리재활, 심리교육 및 심리자문 등의 업무를 수행

6. 응시자격

다음 각 호의 어느 하나에 해당하는 사람

가. 임상심리와 관련하여 2년 이상 실습수련을 받은 사람 또는 4년 이상 실무에 종사한 사람으로서 심리학 분야에서 석사학위 이상의 학위를 취득한 사람 및 취득 예정자

나. 임상심리사 2급 자격 취득 후 임상심리와 관련하여 5년 이상 실무에 종사한 사람

다. 외국에서 동일한 종목에 해당하는 자격을 취득한 사람

7. 진료 및 전망: 임상심리사, 심리치료사

8. 검정현황

종목명	연도	필기			실기		
		응시	합격	합격률(%)	응시	합격	합격률(%)
임상심리사 1급	2022	980	852	86.9%	999	489	48.9%
임상심리사 1급	2021	841	707	84.1%	695	309	44.5%
임상심리사 1급	2020	457	360	78.8%	478	319	66.7%
임상심리사 1급	2019	388	252	64.9%	336	32	9.5%
임상심리사 1급	2018	378	232	61.4%	298	75	25.2%
임상심리사 1급	2017	314	149	47.5%	253	36	14.2%
임상심리사 1급	2016	254	189	74.4%	234	20	8.5%
임상심리사 1급	2015	247	110	44.5%	164	30	18.3%
임상심리사 1급	2014	194	126	64.9%	149	21	14.1%
임상심리사 1급	2013	166	47	28.3%	88	13	14.8%
임상심리사 1급	2012	131	58	44.3%	89	17	19.1%
임상심리사 1급	2011	118	54	45.8%	89	8	9%
임상심리사 1급	2010	92	46	50%	55	5	9.1%
임상심리사 1급	2009	186	24	12.9%	22	1	4.5%

II. 시험정보

1. 시험과목

구분	시험과목	문항 수	시험시간	시험방법
필기	1. 임상심리연구방법론 2. 고급이상심리학 3. 고급심리검사 4. 고급임상심리학 5. 고급심리치료	100문항	2시간 30분	객관식
실기	고급임상실무	18~20문항	3시간	필답형

2. 합격기준

- 필기: 100점을 만점으로 하여 과목당 40점 이상, 전 과목 평균 60점 이상
- 실기: 100점을 만점으로 하여 60점 이상

3. 시험수수료

- 필기: 19,400원 / • 실기: 20,800원

4. 시험일정

구분	필기원서접수 (인터넷) (휴일 제외)	필기시험	필기합격 (예정자) 발표	실기원서접수 (휴일 제외)	실기시험	최종합격자 발표일
2023년 정기기사 4회	2023. 8. 7. ~ 2023. 8. 10.	2023. 9. 2. ~ 2023. 9. 17.	2023. 9. 22.	2023. 10. 10. ~ 2023. 10. 13.	2023. 11. 4. ~ 2023. 11. 17.	2023. 12. 13.

※ 원서접수 시간은 원서접수 첫날 10:00부터 마지막 날 18:00까지임.

※ 2022년도 기사/산업기사 제1회 및 2회는 분리시행, 제3회 및 4회는 통합시행되며, 산업기사는 제3회 시험부터 기사로 통합표기됩니다.

※ 필기시험 합격예정자 및 최종합격자 발표시간은 해당 발표일 09:00임.

※ 주말 및 공휴일, 공단창립기념일(3. 18.)에는 실기시험 원서접수 불가.

5. 출제기준

출제기준(필기)

직무 분야	보건 · 의료	중직무 분야	보건 · 의료	자격 종목	임상심리사 1급	적용 기간	2020. 1. 1. ~ 2024. 12. 31.

○ 직무내용: 국민의 심리적 건강과 적응을 위해 임상심리학적 지식을 활용하여 심리평가, 심리검사, 심리치료 및 심리상담, 심리재활, 심리교육 및 심리자문 등의 업무를 주로 수행하는 직무이다.

필기검정방법	객관식	문제 수	100	시험시간	2시간 30분

필기 과목명	문제 수	주요항목	세부항목	세세항목
임상심리 연구 방법론	20	1. 과학적 연구의 개념	1. 과학적 연구의 의미	1. 과학적 연구의 의미 2. 과학적 연구의 논리체계
			2. 연구문제 및 가설	1. 연구문제의 의미와 유형 등 2. 이론 및 가설의 개념
		2. 연구방법	1. 조사연구	1. 양적 연구 2. 질적 연구
			2. 실험연구	1. 실험설계의 기초 개념 2. 반복측정 변량 및 공변량 분석에 기초한 실험설계
		3. 측정	1. 측정도구 및 척도	1. 측정도구 및 척도의 구성방법
		4. 기초통계량	1. 중심경향 측정치	1. 평균, 중앙값, 최빈값
			2. 변산도	1. 범위, 평균편차, 변산, 표준편차

		5. 표집, 표집분포 및 확률	1. 표집과 표집오차	1. 표집의 개념 2. 표집오차의 개념
			2. 표집추출 방법	1. 확률표본추출 방법 2. 비확률표본추출 방법
			3. 확률	1. 확률의 개념 2. 확률분포의 기댓값과 변산
		6. 가설 검증 및 추정	1. 가설 검증	1. 가설 검증의 개념 2. 단측검증과 양측검증의 개념 3. 가설 검증의 오류
			2. 추정	1. 구간추정 2. 점 추정
		7. 변량분석	1. 변량분석의 개념	1. 변량분석의 개념 2. 변량분석의 전개 과정 3. 사전 및 사후 검증
		8. 상관분석	1. 상관분석의 개념	1. 상관분석의 개념 2. 상관분석의 검증
		9. 회귀분석	1. 회귀분석의 개념	1. 회귀모형 2. 회귀식의 이해 3. 회귀식의 적합도 검증
		10. 다변량분석	1. 중다회귀분석	1. 중다회귀모형 2. 로지스틱 회귀 모형 3. 구조방정식 모형
			2. 요인분석	1. 요인분석의 개념 2. 탐색적 요인분석 3. 확인적 요인분석
		11. 비모수검증	1. 비모수검증	1. 비모수검증의 개념 2. 비모수검증의 방안
고급 이상 심리학	20	1. 이상심리학의 기본개념	1. 이상심리학의 정의 및 역사	1. 이상심리학의 정의 2. 이상심리학의 역사
			2. 이상심리학의 이론	1. 정신역동이론 2. 행동주의이론 3. 인지적 이론 4. 통합이론
		2. 이상행동의 유형	1. 신경발달장애	1. 원인론 2. 주요특성 3. 진단 4. 개입법
			2. 조현병 스펙트럼 및 기타 정신병적 장애	1. 원인론 2. 주요특성 3. 진단 4. 개입법
			3. 양극성 및 관련 장애	1. 원인론 2. 주요특성 3. 진단 4. 개입법

		4. 우울장애	1. 원인론 2. 주요특성 3. 진단 4. 개입법
		5. 불안장애	1. 원인론 2. 주요특성 3. 진단 4. 개입법
		6. 강박 및 관련 　 장애	1. 원인론 2. 주요특성 3. 진단 4. 개입법
		7. 외상 및 스트레스 　 관련 장애	1. 원인론 2. 주요특성 3. 진단 4. 개입법
		8. 해리장애	1. 원인론 2. 주요특성 3. 진단 4. 개입법
		9. 신체증상 및 관련 　 장애	1. 원인론 2. 주요특성 3. 진단 4. 개입법
		10. 급식 및 　 섭식장애	1. 원인론 2. 주요특성 3. 진단 4. 개입법
		11. 배설장애	1. 원인론 2. 주요특성 3. 진단 4. 개입법
		12. 수면-각성 장애	1. 원인론 2. 주요특성 3. 진단 4. 개입법
		13. 성기능부전	1. 원인론 2. 주요특성 3. 진단 4. 개입법
		14. 성별 불쾌감	1. 원인론 2. 주요특성 3. 진단 4. 개입법
		15. 파괴적, 　 충동조절 및 　 품행장애	1. 원인론 2. 주요특성 3. 진단 4. 개입법

			16. 물질 관련 및 중독 장애	1. 원인론 2. 주요특성 3. 진단 4. 개입법
			17. 신경인지장애	1. 원인론 2. 주요특성 3. 진단 4. 개입법
			18. 성격장애	1. 원인론 2. 주요특성 3. 진단 4. 개입법
			19. 변태성욕장애	1. 원인론 2. 주요특성 3. 진단 4. 개입법
고급 심리검사	20	1. 평가면담 및 행동평가	1. 평가면담	1. 고려사항 2. 종류와 기법 3. 정신상태 평가
			2. 행동평가	1. 고려사항 2. 종류와 기법
		2. 심리검사의 기본개념	1. 고려사항	1. 일반적 고려사항 2. 실무장면별 고려사항
			2. 심리검사의 제작과 요건	1. 심리검사의 제작 과정 및 방법 2. 신뢰도 및 타당도
			3. 심리검사의 윤리문제	1. 심리검사에 관한 윤리적 쟁점 2. 심리검사자의 책임감 3. 심리검사에 관한 윤리강령
		3. 지능검사	1. 웩슬러형 검사	1. 지능의 기본 개념 2. 실시 및 채점 지침 3. 해석 및 사례
			2. 기타 지능검사	1. 지능의 기본 개념 2. 실시 및 채점 지침 3. 해석 및 사례
		4. 표준화된 성격검사	1. 다면적 인성검사 (MMPI-2)	1. 실시와 채점 2. 개별 척도 해석 3. 전체 프로파일 해석 및 사례
			2. 기타 성격검사	1. 실시와 채점 2. 개별 척도 해석 3. 전체 프로파일 해석 및 사례
		5. 투사검사	1. 로르샤흐 검사	1. 로르샤흐 검사의 특징 2. 실시 및 채점 3. 해석 및 사례
			2. 기타 투사검사	1. 주요 투사검사의 특징 2. 실시 및 채점 3. 해석 및 사례

		6. 신경심리검사	1. 주요 신경 심리검사	1. 주요 검사의 특징 2. 실시 및 채점 3. 해석 및 사례
		7. 기타 심리검사	1. 아동 및 청소년용 심리검사	1. 심리검사의 종류 2. 검사 실시 및 주의사항 3. 해석 및 사례
			2. 노인용 심리검사	1. 심리검사의 종류 2. 검사 실시 및 주의사항 3. 해석 및 사례
			3. 기타 심리검사	1. 검사의 종류와 내용 2. 해석 및 사례
		8. 심리평가 보고서	1. 심리평가 해석 및 보고	1. 심리평가 보고서의 작성 2. 진단적 해석과 임상적 자문 3. 심리평가 지도감독
고급 임상 심리학	20	1. 심리학의 역사와 개관	1. 심리학의 역사	1. 심리학의 성장과 발전 2. 임상심리학의 성장과 발전
			2. 심리학의 이론	1. 정신역동 관점 이론 2. 행동주의 이론 3. 인지적 이론 4. 현상학적 이론 5. 생물학적 이론 6. 통합적 이론
		2. 심리평가의 기초	1. 심리평가의 이론	1. 면접 2. 행동관찰 3. 심리검사 4. 정보수집 5. 종합적 판단 및 유의사항
			2. 심리평가의 실제	1. 계획 2. 실시 3. 해석 4. 유의사항
		3. 심리치료의 기초	1. 심리치료의 이론	1. 정신역동적 관점 2. 행동적 관점 3. 인지적 관점 4. 현상학적 관점 5. 생물학적 관점 6. 통합적 관점
			2. 심리치료의 실제	1. 심리치료 구조화 2. 심리치료 사례개념화 3. 심리치료 관계요인 4. 치료계획 수립 5. 치료 실시 6. 치료 종결 및 추적 관리
		4. 임상심리학의 자문, 교육, 윤리	1. 자문	1. 자문의 정의 2. 자문의 유형 3. 자문의 역할

			2. 교육	1. 교육의 정의 2. 교육의 유형 3. 교육의 역할
			3. 윤리	1. 심리학자의 윤리 2. 심리학자의 행동규약
		5. 임상 특수 분야	1. 행동의학 및 건강심리학	1. 영역 2. 주요활동 3. 연구
			2. 신경심리학	1. 영역 2. 주요활동 3. 연구
			3. 법정 및 범죄심리학	1. 영역 2. 주요활동 3. 연구
			4. 소아과심리학	1. 영역 2. 주요활동 3. 연구
			5. 지역사회심리학	1. 영역 2. 주요활동 3. 연구
고급 심리치료	20	1. 심리치료 및 상담의 주요 이론	1. 정신분석치료	1. 기본개념 2. 치료기법과 절차
			2. 인간중심치료	1. 기본개념 2. 치료기법과 절차
			3. 행동치료	1. 기본개념 2. 치료기법과 절차
			4. 인지행동치료	1. 기본개념 2. 치료기법과 절차
			5. 기타 치료	1. 기본개념 2. 치료기법과 절차
		2. 심리치료 및 상담의 실제	1. 관찰기술	1. 내담자의 언어적 행동 관찰 2. 내담자의 비언어적 행동 관찰
			2. 내담자에 대한 평가	1. 호소 문제 등 2. 정신적 상태 평가 3. 약물 남용과 중독의 평가 4. 자신 및 타인을 해칠 위험 5. 평가를 위한 일반적 지침
			3. 진단과 상담계획	1. 내담자 진단 2. 상담계획의 수립
			4. 치료 면접	1. 사례 개념화 2. 치료 작업
			5. 응급상황과 위기관리	1. 위기상황 대응 2. 위기상황에서 역할 유지 3. 위기상황에서의 면접

		6. 슈퍼비전의 효과적 활용	1. 슈퍼비전 활용 2. 슈퍼비전 제공 3. 동료 슈퍼비전 4. 원격 슈퍼비전 등
		7. 윤리규정	1. 다중관계 2. 비밀유지 및 노출 3. 기타 윤리적 고려사항
	3. 심리재활	1. 심리재활의 이론	1. 심리재활의 기본이론/모형 2. 심리재활의 역사 3. 심리재활의 대상
		2. 재활의 개입방법	1. 심리학적 평가 및 기능평가 2. 인지 기능 등의 재활 3. 사회기술훈련 4. 환자 및 가족 교육 5. 직업재활 6. 활동요법 7. 지역사회정신건강
	4. 중독상담과 심리치료	1. 중독상담과 심리치료의 기초	1. 폐해감소이론 2. 중독과 가족 3. 전생애 발달과 중독
		2. 개입방법	1. 이중진단 장애의 진단과 치료 2. 인지행동치료 3. 중독의 집단치료
	5. 특수문제별 심리치료	1. 학습문제 치료	1. 개념 및 기본 특징 2. 개입 및 치료 3. 연구 4. 기타 고려사항
		2. 성문제 치료	1. 개념 및 기본 특징 2. 개입 및 치료 3. 연구 4. 기타 고려사항
		3. 아동·청소년 치료	1. 개념 및 기본 특징 2. 개입 및 치료 3. 연구 4. 기타 고려사항
		4. 장·노년 치료	1. 개념 및 기본 특징 2. 개입 및 치료 3. 연구 4. 기타 고려사항
		5. 기타 치료	1. 개념 및 기본 특징 2. 개입 및 치료 3. 연구 4. 기타 고려사항

출제기준(실기)

직무 분야	보건 · 의료	중직무 분야	보건 · 의료	자격 종목	임상심리사 1급	적용 기간	2020. 1. 1. ~ 2024. 12. 31.

○ 직무내용: 국민의 심리적 건강과 적응을 위해 임상심리학적 지식을 활용하여 심리평가, 심리검사, 심리치료 및 심리상담, 심리재활, 심리교육 및 심리자문 등의 업무를 주로 수행하는 직무이다.

○ 수행준거: 1. 각종 심리평가도구를 활용하여 심리평가를 시행하고 그 결과를 해석할 수 있다.

　　　　　　2. 내담자를 상담하고 심리치료를 할 수 있다.

실기검정방법	필답형	시험시간	3시간

실기 과목명	주요항목	세부항목	세세항목
고급 임상실무	1. 심리평가	1. 심리평가 실시하기	1. 심리평가 방법을 선택할 수 있다. 2. 심리평가를 실시할 수 있다.
		2. 심리평가 채점하기	1. 채점을 시행할 수 있다. 2. 채점의 오류를 파악할 수 있다.
		3. 심리평가 결과 해석하기	1. 개별검사를 해석할 수 있다. 2. 다양한 평가 결과를 통합하여 해석할 수 있다. 3. 평가 결과를 토대로 심리진단을 할 수 있다. 4. 평가와 관련된 과학적 근거를 검증할 수 있다.
		4. 심리평가 보고서 작성하기	1. 심리평가 결과 보고서를 작성할 수 있다. 2. 심리평가 결과를 의뢰인이나 수검자에게 설명할 수 있다. 3. 심리평가 결과를 상담 및 심리치료 계획수립에 활용할 수 있다.
	2. 심리치료	1. 심리치료의 단계	1. 치료목표를 설정할 수 있다. 2. 치료를 실시할 수 있다. 3. 치료 결과를 평가할 수 있다.
		2. 심리치료의 실제	1. 내담자를 평가할 수 있다. 2. 심리치료 계획을 수립할 수 있다. 3. 적합한 심리치료 전략을 수립할 수 있다. 4. 위기상황에 적절하게 대응할 수 있다. 5. 슈퍼비전을 할 수 있다. 6. 개입과 관련된 과학적 근거를 검증할 수 있다.
	3. 자문, 교육, 심리재활	1. 자문하기	1. 개인이나 단체, 기업 등을 대상으로 전문적인 자문을 할 수 있다.
		2. 교육하기	1. 심리교육 프로그램을 개발할 수 있다. 2. 심리교육을 시행, 감독, 연구할 수 있다. 3. 심리건강을 홍보할 수 있다.
		3. 심리재활하기	1. 심리사회적 기능을 평가할 수 있다. 2. 심리재활 계획을 수립할 수 있다. 3. 심리재활 프로그램을 실시할 수 있다. 4. 사례관리를 할 수 있다.

14

둘러보기(이 책의 구성)

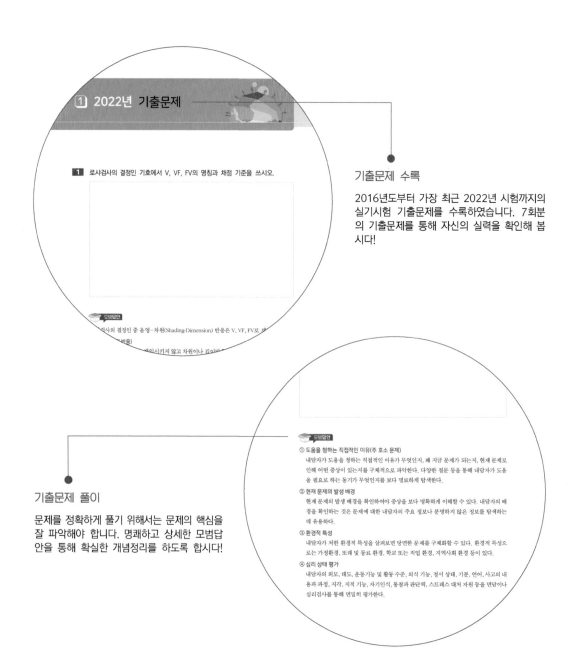

① 2022년 기출문제

1 로샤검사의 결정인 기호에서 V, VF, FV의 명칭과 채점 기준을 쓰시오.

모범답안

검사의 결정인 중 음영-차원(Shading-Dimension) 반응은 V, VF, FV로 채...

...시키지 않고 차원이나 깊이에...

기출문제 수록

2016년도부터 가장 최근 2022년 시험까지의 실기시험 기출문제를 수록하였습니다. 7회분의 기출문제를 통해 자신의 실력을 확인해 봅시다!

기출문제 풀이

문제를 정확하게 풀기 위해서는 문제의 핵심을 잘 파악해야 합니다. 명쾌하고 상세한 모범답안을 통해 확실한 개념정리를 하도록 합시다!

모범답안

① 도움을 청하는 직접적인 이유(주 호소 문제)
  내담자가 도움을 청하는 직접적인 이유가 무엇인지, 왜 지금 문제가 되는지, 현재 문제로 인해 어떤 증상이 있는지를 구체적으로 파악한다. 다양한 질문 등을 통해 내담자가 도움을 필요로 하는 동기가 무엇인지를 보다 명료하게 탐색한다.

② 현재 문제의 발생 배경
  현재 문제의 발생 배경을 확인하여야 증상을 보다 명확하게 이해할 수 있다. 내담자의 배경을 확인하는 것은 문제에 대한 내담자의 주요 정보나 분명하지 않은 정보를 탐색하는 데 유용하다.

③ 환경적 특성
  내담자가 처한 환경적 특성을 살펴보면 당면한 문제를 구체화할 수 있다. 환경적 특성으로는 가정환경, 또래 및 동료 환경, 학교 또는 직업 환경, 지역사회 환경 등이 있다.

④ 심리 상태 평가
  내담자의 외모, 태도, 운동기능 및 활동 수준, 의식 기능, 정서 상태, 기분, 언어, 사고의 내용과 과정, 지각, 지적 기능, 자기인식, 통찰과 판단력, 스트레스 대처 자원 등을 면담이나 심리검사를 통해 면밀히 평가한다.

☑ 2021년 기출

학습 Plus 💻 웩슬러 지능검사의 목적

웩슬러 지능검사는 개인의 인지적·신경심리학적 기능뿐만 아니라 검사 수행과 관련된 개인의 독특하고 대표적인 행동을 직접 관찰함으로써 수검자의 성격 특성과 적응적·부적응적 행동 양상을 이해하는 데에도 유용하다.

① 지능검사를 통해 개인의 전반적인 지적 능력을 평가한다.
• 웩슬러 지능검사는 일차적으로 개인의 지적 능력의 수준을 평가하여, 지적 잠재력을 측정할 수 있는 IQ 점수를 산출한다.
• 지능검사에서 산출된 IQ는 편차 IQ이므로 해당 연령대의 상대적인 위치에 관한 정보를 제공하며, 이로써 개인 간 비교가 가능해진다.

② 지능검사 프로파일을 통해 개인의 인지적 특성을 파악한다.
• 소검사 프로파일 분석을 통해 인지적 강점과 약점을 파악함으로써 개인 내 비교가 가능(소검사 내 점수분산을 근거로 형태분석)을 실시하게 된다.
• 적응적·부적응적 측면에 대한 정보를 수집하여 적절한 지적 활동영역을 탐색하여 지적 성취를 효율적으로 계획할 수 있도록 돕는다.

③ 지능검사 결과를 바탕으로 임상적 진단을 명료화한다.
• 지능검사 결과는 지적 능력뿐만 아니라 개인의 성격 특성이나 불안, 목표 자각, 의욕적 성향 등의 비지능적 요인에 의해 영향을 받을 수 있음.
• 지능검사의 결과를 면밀하게 분석할 경우, 수검자의 성격적·정서적 특징을 파악할 수 있고 심리적 장애를 진단하고 평가하는 데 도움이 된다.
• 양적 분석을 넘어서 검사반응에 관한 질적 분석은 매우 유용한 정보를 제공한다. 검사반응에서의 특이 사항이 있을 시를 고려하고 뒷받침할 수 있는 정보를 수집해야 한다.

④ 지능검사 결과를 바탕으로 기질적 뇌손상의 유무, 뇌손상으로 인한 인지적 손상을 평가한다.
• 지능검사가 특정 뇌기능을 측정하기 위한 신경심리검사는 아니지만, 신경심리검사의 기능을 대신하기도 한다.
(예) 기호쓰기-뇌손상 민감)
• 지능검사만으로 기질적 뇌손상의 유무 또는 뇌손상으로 인한 인지적 손상을 평가하는 데에는 한계가 있지만
뇌손상의 어떤 특징들은 지능검사에 표현되기도 한다.

지능검사 결과를 바탕으로 합리적인 치료목표를 수립한다.
면에서 수검자에게 어떤 치료방법을 선택할 것인지, 선택한 치료방법을 적용하
과를 방해하는 요인은 무엇인지에 대한 해답을 제공한다.
연적 능력을 평가할 수 있기 때문

학습 Plus

추가로 도움이 될 만한 내용을 학습 Plus로 구성하였습니다. 모범답안과 함께 학습 Plus까지 학습을 마쳤다면 합격을 위한 시험 준비는 완성! 합격을 위해 놓치는 부분이 없도록 꼼꼼하게 정리합시다!

---

① 심리평가

🔖 **심리평가의 진행 단계**
① 심리평가가 요구하는 문제 상황들을 바탕으로 문제를 정확하게 파악하고, 이러한 문제 내용과 심각도를 알아내는 데 도움을 줄 수 있는 심리검사를 선택한다.
② 선택된 심리검사를 표준화된 절차에 따라 시행한다.
③ 선택된 심리검사를 실시한 다음, 면담을 통해 정보들을 수집한다. 이러한 작업 과정에서 중요한 점은 심리검사를 시행 및 면담을 진행하면서 행동관찰을 병행한다는 점이다.
④ 심리검사, 행동관찰, 면담, 기타 방법 등을 통해 수집한 자료와 정보들을 통합한다.

🔖 **심리평가의 3요소**
① 면담
면담은 전체 평가 과정이 전반적인 틀을 제공한다. 면담을 통해 방문 사유, 내담자의
가정과 직장에서의 생활과 적응, 중요한 대인관계, 발달 초기부터 현재까지의
한 폭넓은 정보를 얻게 된다.

핵심개념정리

실기시험의 주요 교과에 해당하는 심리평가, 심리치료, 자문·교육·심리재활 부분에서 반드시 알아야 할 핵심개념을 정리하였습니다. 실기시험을 준비하는 데 있어 놓쳐서는 안 될 내용인 만큼 시험을 보기 전까지 수시로 살펴봅시다!

차 례

PART 01 임상심리사 1급 실기 기출문제   19

PART 02 핵심개념정리 223

PART 01

임상심리사 1급 실기 기출문제

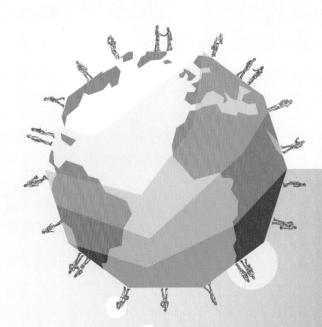

① 2022년 기출문제

1 로샤검사의 결정인 기호에서 V, VF, FV의 명칭과 채점 기준을 쓰시오.

📦 **모범답안**

로샤검사의 결정인 중 음영-차원(Shading-Dimension) 반응은 V, VF, FV로 채점한다.

- **V(순수 차원 반응)**

  음영의 특징이 형태를 개입시키지 않고 차원이나 깊이만을 나타내는 것으로 지각된 반응을 말한다.

- **VF(차원-형태 반응)**

  일차적으로 음영이 깊이나 차원을 나타내는 것으로 지각하고, 이차적으로 형태를 지각한 반응을 말한다.

- **FV(형태-차원 반응)**

  형태에 근거해 반응이 결정된 뒤, 음영이 깊이나 차원을 나타내는 이차적 결정 요인이 된 반응을 말한다.

2 MMPI 검사 시 독해력, 지능, 나이, 정신상태, 소요시간에 따라 고려해야 할 점을 기술하시오.

모범답안

- 독해력: 수검자는 최소한 초등학교 6학년 수준 이상의 읽기 능력, 즉 독해력을 지니고 있어야 한다.
- 지능: 지적 기능은 다소 낮아도 가능하나 표준화된 지능검사로 측정되는 IQ가 적어도 80 이상은 되어야 적절한 수행이 가능하다.
- 나이: MMPI-2는 만 19세 이상의 성인을 대상으로 실시하며, MMPI-A는 만 13~18세의 청소년을 대상으로 실시한다.
- 정신상태: 정신증적 상태의 발현, 알코올 중독 혹은 금단 상태, 기질성 섬망, 뇌손상, 신경학적 손상, 환각, 현실 검증력 장애를 동반한 경우에는 검사 실시에 제한이 있다.
- 소요시간: 일반적으로 답안을 완성하는 데 1~1시간 30분 정도의 시간이 소요된다. 단, 지능이 낮거나 신체적 혹은 정서적 문제를 겪는 사람들의 경우에는 2시간을 초과할 수도 있다.

3 다음 번호에 해당하는 채점 기호와 명칭을 각각 기술하시오.

> 엑스너 종합 체계 방식으로 채점할 경우에 반응 영역에 관련된 채점 기호는 ①, ②, ③, ④가 있으며, 어떤 경우이든 ⑤는 단독으로 기호화할 수 없다.

① W(전체 반응, Whole Response): 카드 반점의 전체가 반응에서 사용된 경우

② D(보통 부분 반응, Common Detail Response): 흔히 사용되는 반점 영역을 사용한 경우

③ Dd(드문 부분 반응, Unusual Detail Response): D 영역 이외의 잘 사용되지 않는 반점 영역을 사용한 경우

④ S(공백 반응, Space Response): 카드의 흰 공백 부분을 사용한 경우(항상 다른 반응 영역의 기호와 같이 사용함. WS, DS, Dds)

⑤ S(공백 반응, Space Response)

4 다음은 21세 미혼 남성이 입원 시 실시한 심리검사 결과이다. 지능검사에서 사회적 관습에 대한 이해와 현실적으로 계획하고 예견하는 능력이 저하되어 있음을 나타내는 소검사와 가능한 진단명을 쓰시오.

- 로르샤흐 검사: X-%> 0.63
- K-WAIS: 언어성 112, 동작성 90, 전체 104

기본 지식	숫자 외우기	어휘	산수	이해	공통성	빠진곳 찾기	차례 맞추기	토막 짜기	모양 맞추기	바꿔 쓰기
13	16	14	11	13	13	9	8	14	11	10

- MMPI 검사 결과

L	F	K	Hs	D	Hy	Pd	Mf	Pa	Pt	Sc	Ma	Si
45	78	50	59	69	58	56	42	78	60	75	47	62

- 소검사: 차례 맞추기
  - 사회적 이해 능력, 전체 상황을 파악하는 능력, 결과에 대한 예견 능력, 계획 능력을 평가함

- 가능한 진단명: 조현병, 조현성 성격장애, 편집성 성격장애
  - 로르샤흐 검사: X-% > 0.63

    X-%는 지각적 왜곡을 나타낸다. 0.29 이상이면 현실 검증력의 손상과 지각장애가 시사된다.
  - 지능검사: 차례 맞추기, 빠진 곳 찾기 저하

    상황 이해와 판단 능력이 낮고, 정신적 기민성의 저하 및 현실 검증력의 손상이 시사된다.
  - MMPI: F 78, 6-8 코드 타입

    F척도는 정신병리와 관련되며, 6-8 코드가 상승되어 조현병, 조현성 성격장애, 편집성 성격장애가 시사된다.

5 MMPI-2에서 성격병리 5요인 척도를 쓰시오.

 모범답안

- AGGR(공격성, Aggressiveness) 척도
- PSYC(정신증, Psychoticism) 척도
- DISC(통제 결여, Disconstraint) 척도
- NEGE(부정적 정서성/신경증, Negative Emotionally/Neuroticism) 척도
- INTR(내향성, 낮은 긍정적 정서, Introversion/Low Positive Emotionality) 척도

\<참조\> MMPI-2 성격병리 5요인 척도

성격병리 5요인 척도(Personality Psychopathology Five Scale)		
AGGR	공격성	공격적인 주장적 행동, 지배적 행동 경향, 낮은 죄책감, 위협 행동
PSYC	정신증	비현실적 사고, 지각적 혼란, 소외감, 관계 망상, 현실 검증력 손상
DISC	통제 결여	충동적, 행동 통제 결여, 위험 추구 행동, 타인 조정, 행동 문제 과거력
NEGE	부정적 정서성/신경증	불안, 우울, 불안정성, 걱정, 비관적, 스트레스에 대한 신체적 반응
INTR	내향성/낮은 긍정적 정서	사회적 억제, 자신감 저하, 부정적 자기개념, 낮은 성취 욕구, 무망감

6 지능검사 중 숫자외우기 소검사 점수에 영향을 미치는 요인을 5가지 쓰시오.

모범답안

① 수동적으로 자극을 수용하는 능력, ② 주의력 범위, ③ 불안, ④ 주의산만, ⑤ 융통성(바로 따라 하기에서 거꾸로 따라 하기로 바꿀 때), ⑥ 학습장애, ⑦ 비협조적 태도(숫자들을 역전하려는 노력을 거부, '의미 없는' 검사를 하지 않으려는 태도)

<참조> 숫자(Digit Span: DS)

• 바로 따라 하기는 즉각적 단기기억의 폭을 측정하며, 암기 학습과 기억, 주의력, 부호화, 그리고 청각적 처리 과정을 포함한다. 거꾸로 따라 하기는 작업기억, 정보의 변형과 정신적 조작, 시공간적 심상화를 포함한다. 순서대로 따라 하기는 작업기억 및 정신적 조작 기능을 측정한다.

• 두 과제(바로 따라 하기, 거꾸로 따라 하기)에서 높은 점수를 받는 것은 인지적 유연성, 기억 전략, 스트레스에 대한 인내력, 우수한 집중력 등을 의미한다.

• 바로 따라 하기에 비해 거꾸로 따라 하기에서 더 높은 점수를 받는다면 이는 인지적 요구가 높은 과제에서 더 많은 인지적 자원을 활용함을 의미하며, 수리적인 능력, 표상적인(높은 수준의) 과제에 유능성을 나타낸다.

• 과제의 수행은 개인의 불안 수준, 특히 상태 불안(또는 시험 불안)의 영향을 받을 수 있다.

• 검사자가 숫자를 다 불러 주기도 전에 반응을 시작하는 경우 또는 수검자가 숫자를 매우 빠른 속도로 되뇌는 경우는 충동성의 증거가 된다.

7 정신병적 상태의 환자가 지능검사 실시 또는 검사 결과에서 전형적으로 나타나는 특징 5가지를 쓰시오.

모범답안

① 상식, 어휘 소검사를 중심으로 극단적인 분산을 보임(지적 기능의 심한 불균형)
② 언어성 기능과 동작성 기능의 차이가 현저함(언어성 > 동작성)
③ 쉬운 문항에서의 잦은 실패
④ 문항에 대한 잘못된 이해
⑤ 이해 점수가 낮음
⑥ 공통성 점수가 낮음
⑦ 빠진 곳 찾기, 산수 점수가 낮음
⑧ 토막짜기 점수가 낮음

학습 Plus	지능검사에서 나타나는 진단별 반응 특징

① 정신증
- 상식, 어휘 소검사를 중심으로 극단적인 분산을 보임(지적 기능의 심한 불균형).
- 언어성 기능 > 동작성 기능의 차이가 현저함(14점).
- 쉬운 문항에서의 잦은 실패
- 문항에 대한 잘못된 이해(오해석)
- 이해 점수가 낮음(사회적 적응 능력의 손상).
- 공통성 점수가 낮음(추상적 사고 능력의 손상).
- 빠진 곳 찾기, 산수 점수가 낮음(주의집중력 저하).
- 토막짜기 점수가 낮음(시지각적 조직화 능력의 저하).

② 강박장애
- 전체 지능지수가 110 이상의 점수를 보임.
- 상식, 어휘 점수가 높음(주지화로 인해).
- 이해 점수가 낮음(냉소적이고 회의적인 태도로 인해).
- 언어성 지능 > 동작성 지능(강박적 반응 경향 및 주지화로 인해)

③ 반사회성 성격장애
- 언어성 지능 < 동작성 지능의 차이를 보임.
- 소검사 간 분산이 심한 편임.
- 이해 점수가 낮음(사회적 판단력 문제 및 사회적 상황에 대한 예민성).
- 무성의하거나 충동적인 응답 경향성
- 반사회적 기준, 현학적인 반응 경향을 보일 수 있음.

④ 우울증
- 언어성 지능 > 동작성 지능
- 쉽게 포기하는 경향, 에너지 수준 저하
- 전반적으로 반응이 느림.
- 산수, 숫자 검사의 점수 저하(주의집중력 곤란)
- 공통성 검사 점수 낮고, 동작성 검사 전반의 낮은 수행(빠진 곳 찾기 제외)
- 반응의 정교화 및 언어표현의 유창성 부족
- 비관적이고 비판적인 반응 내용

8 기질적 뇌손상 환자가 BGT에서 나타낼 수 있는 반응의 특징을 6가지 쓰시오.

모범답안

① 중첩(경향)

② 뚜렷한 각의 변화

③ 심한 회전(특히 수검자가 회전되었다는 사실을 모르거나 그것을 수정할 능력이 없을 때 더욱 중요)

④ 단순화

⑤ 심한 단편화

⑥ 중첩 곤란(경미한 것에서 심한 것까지 다양)

⑦ 경미한 정교화

⑧ 전 도형을 재묘사함.

⑨ 선의 굵기가 일정하지 않음.

⑩ 경직성

학습 Plus	BGT에서 나타나는 진단별 반응 특징

① 기질적 뇌손상
- 중첩(경향) 및 중첩 곤란
- 뚜렷한 각의 변화
- 심한 회전
- 단순화
- 심한 단편화
- 경미한 정교화
- 대개의 도형을 재묘사함.
- 선의 굵기가 일정하지 않음.
- 경직성

② 조현병
- 혼란스러운 배열 방식
- 도형 A의 비정상적인 위치
- 지나치게 큰 그림/과도한 용지 사용
- 지나친 가장자리의 사용(특히 편집증의 경우)
- 심한 폐쇄 곤란
- 경미한 회전
- 퇴영
- 단편화(경미한 것에서 심한 것까지)
- 심한 정교화
- 전 도형을 재묘사함.
- 단순화

③ 신경증(성격장애 제외)
- 지나치게 엄격하거나 불규칙한 순서
- 매우 작은 그림
- 곡선 곤란(경미)
- 각의 변화(경미)
- 회전(경미)
- 그려 나가는 방식의 비정상 또는 불일치
- 교차 곤란
- 선의 질이 매우 굵거나, 가늘거나, 심하게 비일관적

9 심리치료의 목표를 설정하기 위해 내담자를 통해 탐색해야 할 주요 정보 4가지를 쓰시오.

모범답안

① 도움을 청하는 직접적인 이유(주 호소 문제)

　내담자가 도움을 청하는 직접적인 이유가 무엇인지, 왜 지금 문제가 되는지, 현재 문제로 인해 어떤 증상이 있는지를 구체적으로 파악한다. 다양한 질문 등을 통해 내담자가 도움을 필요로 하는 동기가 무엇인지를 보다 명료하게 탐색한다.

② 현재 문제의 발생 배경

　현재 문제의 발생 배경을 확인하여야 증상을 보다 명확하게 이해할 수 있다. 내담자의 배경을 확인하는 것은 문제에 대한 내담자의 주요 정보나 분명하지 않은 정보를 탐색하는 데 유용하다.

③ 환경적 특성

　내담자가 처한 환경적 특성을 살펴보면 당면한 문제를 구체화할 수 있다. 환경적 특성으로는 가정환경, 또래 및 동료 환경, 학교 또는 직업 환경, 지역사회 환경 등이 있다.

④ 심리 상태 평가

　내담자의 외모, 태도, 운동기능 및 활동 수준, 의식 기능, 정서 상태, 기분, 언어, 사고의 내용과 과정, 지각, 지적 기능, 자기인식, 통찰과 판단력, 스트레스 대처 자원 등을 면담이나 심리검사를 통해 면밀히 평가한다.

PART
01
임상심리사 1급 실기 기출문제

10 상담 목표 설정 시 지켜야 할 유의 사항 5가지를 쓰시오.

① 상담 목표는 반드시 상담자와 내담자가 합의하여 정해야 한다.

② 상담 목표는 검증 가능하고 구체적이어야 한다.

③ 상담 목표는 현실적으로 실현 가능한 것이어야 한다.

④ 상담 목표는 내담자의 문제를 전반적으로 설명할 수 있어야 한다.

⑤ 상담 목표는 결과 또는 성취로 진술되어야 한다.

11 벡(Beck)의 우울증 환자의 인지적 3요소를 쓰시오.

모범답안

우울한 사람들은 자기, 세상, 미래에 대해서 부정적인 사고와 심상을 지니고 있다. 우울한 사람들이 지니고 있는 세 가지 주제를 인지삼제(cognitive triad)라고 한다.

① 자기(self): 자기에 대해 결점이 많고 부족하며, 무가치하고 사랑받지 못할 존재로 생각한다.

② 세상(world): 세상과 타인이 자신에게 적대적이고 무관심하다고 생각한다.

③ 미래(future): 자신의 미래에 대해서 비관적이고 희망이 없다고 생각한다.

12 정신장애의 재활모델에서 손상, 장애, 핸디캡 용어를 정의하고, 예를 들어 설명하시오.

모범답안

- 손상

  손상 단계는 심리적 · 생리적 · 해부학적 구조 또는 기능에서 상실이나 이상이 생긴 상태를 말한다. 이 단계에서는 약물치료나 정신치료가 사용된다.

- 장애

  장애 단계는 정상인이 해야 할 사회적 역할 수행 능력이 제한되거나 부족한 상태로, 학교를 다니지 못하거나 취업하지 못하고 거주지가 없는 등의 문제가 있다. 이 단계에서는 직업재활상담과 역할훈련, 이를 지원하는 환경지원이 필요하다.

- 핸디캡

  불이익 단계는 환자가 사회로부터 불이익을 겪게 되는 경우로, 핸디캡이라고 한다. 사회의 낙인, 차별대우, 빈곤 문제 때문에 자신의 능력을 사용할 수 있는 기회를 제한당하게 된다. 이 단계에서는 정신보건 관련 제도를 개선하고, 사회적 편견을 없애며, 환자의 권익을 찾도록 노력해야 한다.

13 약물 중독자들에게 집단상담이 필요한 경우를 설명하시오.

모범답안

- 내담자가 여러 사람을 잘 이해하고, 상호 협력적인 조언을 필요로 하는 경우
- 내담자의 생활 배경 등의 이유로 다른 사람들에 대한 배려와 존경심을 습득할 필요성이 있는 경우
- 내담자가 다른 사람과의 의사소통이나 대인관계 등 사회성 향상을 위한 기술을 습득할 필요성이 있는 경우
- 내담자가 다른 사람과의 유대감, 소속감, 협동심을 향상할 필요가 있는 경우
- 동료나 타인의 이해와 지지가 내담자의 행동 변화에 도움이 되리라고 판단되는 경우

14 치료적 면접을 구조화할 때 치료자가 고려해야 할 사항을 5가지 쓰시오.

① 치료의 목표를 구체화한다. 단, 내담자의 욕구와 기대에 맞게 협력적으로 치료 목표를 수립한다.
② 치료 여건을 구체화한다. 치료 시간과 기간, 치료비, 치료 과정에서 내담자와 치료자가 지켜야 할 규칙 등을 제공한다.
③ 치료 윤리를 구체화한다. 특히 비밀 유지의 원칙과 예외 상황에 관한 지침을 안내한다.
④ 치료적 관계를 구체화한다. 내담자–치료자 관계의 협력적인 속성과 역할, 책임에 관한 정보를 제공한다.
⑤ 치료 과정을 구체화한다. 내담자가 치료 과정을 잘 이해할 수 있도록 치료의 절차와 내담자의 기대, 치료에 따르는 어려움 등을 합의한다.

15 게슈탈트 상담의 목표 5가지를 쓰시오.

모범답안

① 내담자의 체험을 확장한다. 자신의 사고와 감정, 욕구, 상상, 신체감각, 환경에 대한 지각을 확장함으로써 환경과 효과적으로 접촉하면서 자신의 바람을 표현하고 충족하는 것을 배우도록 한다.

② 내담자의 인격을 통합한다. 내담자로 하여금 그동안 억압되고 소외되어 온 인격의 부분들을 다시 알아차리고 체험함으로써 자신의 인격으로 통합시키도록 한다.

③ 내담자의 자립 능력을 증진한다. 내담자의 자립 능력을 일깨워 회복하도록 돕는다. 게슈탈트 치료자들은 내담자 스스로 자신을 보살필 수 있다고 믿는다.

④ 내담자로 하여금 자신의 삶에 대한 책임을 자각하게 한다. 내담자가 타인에게 의존하려는 자세를 버리고 자신의 행동을 스스로 선택하고 책임질 수 있도록 돕는다.

⑤ 내담자의 성장을 돕는다. 내담자의 증상 제거보다는 성장에 초점을 두고 스스로 혼란을 극복하여 새로운 변화와 성장을 향해 나아가도록 돕는다.

⑥ 내담자의 실존적 삶을 촉진한다. 내담자로 하여금 내적으로는 자신의 유기체적 욕구를 외면하지 않고 받아들여서 모든 잠재적 가능성을 실현시켜 나가는 동시에 외적으로는 타인이나 자연 세계의 본연의 모습을 인식하며 진실한 접촉을 하도록 돕는다.

16 심리상담 시 내담자의 저항을 다루는 방법을 6가지 쓰시오.

모범답안

① 내담자가 보일 수 있는 분노, 좌절, 방어를 이해하고 저항의 의미를 인식하도록 돕는다.

② 내담자에게 비판단적인 태도와 더불어 수용, 인내심, 이해를 보이며, 상호 관계의 기본적인 신뢰 형성을 촉진한다.

③ 내담자가 보이는 저항에 직면을 사용하여 다른 새로운 효과적인 행동을 하거나 문제 인식을 할 수 있도록 돕는다.

④ 내담자가 기저 욕구를 표현할 수 있도록 돕고, 이를 통해 새로운 경험을 할 수 있도록 촉진한다.

⑤ 내담자의 저항을 다루기 위해 은유나 비유로 이야기하거나 그림이나 다른 실용적인 기법을 활용한다.

⑥ 내담자의 저항을 해석하여 욕구와 갈등을 다루는 새로운 관점을 갖도록 돕는다.

17 행동 관찰을 통한 객관적 평가 방법의 장점 3가지를 설명하시오.

 모범답안

① 행동 관찰의 목적이 수검자에게 알려지지 않기 때문에 실제 임상 장면에서 적절하게 사용될 수 있다.
② 질문지법에서와 같은 피검자의 반응 경향성이 방지될 수 있다.
③ 신체 반응 측정과 같은 방법은 성격의 횡문화적 연구에 널리 사용될 수 있다.

 학습 Plus | 행동 평가 방법

- **행동적 면담**
  선행사건, 행동, 결과 간의 관계를 기술하고 이해하는 데 초점을 둔다. 구체적인 표적행동의 빈도, 강도, 지속시간 등을 기술하며 당면한 문제의 인과적 요인을 확인한다.
- **행동적 관찰**
  문제 행동과 관련된 모든 행동이 표적행동이 되며, 모든 행동은 명확히 관찰할 수 있도록 객관적이고 분명하게 정의되어야 한다. 자연 상태에서의 관찰, 관찰자(부모, 교사)에 의한 관찰, 이야기 기록(관심 행동을 기록하고 추론, 가설을 세우는 데 도움), 평가 기록 등을 활용한다.
- **기능 분석**
  행동의 결과만을 보는 것이 아니라 행동을 이끄는 선행조건에 대해서도 분석이 이루어지는 것으로, 행동이 이루어지게 된 원인, 환경적인 자극, 행동을 유지시키거나 발달시키는 요인, 결과와의 관계를 분석한다.
- **자기보고 평가**
  행동 평가를 위한 자기보고 검사나 측정치를 활용하는 방법이며, 때론 질문지나 평가지가 부모, 교사 등의 주변인들에 의해 평가될 수 있다. 보다 구체적인 문제 특성을 밝히는 데 유용하다.

18 차별강화의 종류 중 3가지를 쓰고 설명하시오.

① **저비율 차별강화(Differential Reinforcement of Low rates: DRL)**

특정 반응이 낮은 비율로 발생할 때에만 강화가 주어지는 강화계획이다(예 10번의 소리 내기 행동 → 3번 이하로 발생하면 강화가 제공됨).

② **반응빈도 영 차별강화(Differential Reinforcement of zero rate: DRO)**

명시된 반응이 정해진 시간 간격 동안에 발생하지 않을 때에만 강화물이 제시되는 강화계획이다. 단, 시간 간격이 지나기 전에 표적반응이 발생하면 시간 간격이 다시 시작된다(예 손톱을 뜯는 행동이 5분 동안 한 번도 일어나지 않으면, 즉 반응 빈도가 영이었다면 강화가 제공됨).

③ **양립 불가능한 행동 차별강화(Differential Reinforcement of Incompatible behavior: DRI)**

특정한 표적반응을 제거하기 위해 표적행동과 동시에 표출할 수 없는 반응을 제시하는 것이다(예 교실에서 뛰어다니는 행동을 제지하면 더욱 바람직하지 않은 눕기 행동으로 대치될 수 있어 뛰는 행동과 양립 불가능한 제자리에 조용히 앉아 있는 행동을 강화함).

④ **대안 행동 차별강화(Differential Reinforcement of Alternative behavior: DRA)**

문제 행동과 어느 정도 다르지만 반드시 양립 불가능한 것은 아닌 행동을 강화하는 것을 말한다. 즉, 대안 행동을 강화하는 계획을 말한다(예 공격적인 행동은 무시하고 다른 운동 활동은 강화함).

19 상담의 구조화 과정 중 '고지된 동의'의 주요 내용 6가지를 쓰시오.

모범답안

고지된 동의(informed consent)는 내담자에게 상담에 관해 알려 주고 상담과 관련하여 자발적인 결정을 할 수 있게 한다.

① 상담의 목표를 구체화하기 위한 논의를 한다.

② 내담자에 대한 상담자의 책임과 내담자의 책임을 안내한다.

③ 비밀보장의 한계와 예외 사항을 설명한다.

④ 상담 과정에 대한 안내(회기, 절차, 비용, 시간 등)를 한다.

⑤ 내담자가 기대할 수 있는 심리 서비스에 관해 이야기한다.

⑥ 상담관계에서 정립할 수 있는 법적 · 윤리적 기준을 설명한다.

학습 Plus	상담 구조화의 3가지 영역

상담의 구조화란 상담 과정 전반에 대한 세부적인 안내 과정을 말한다. 구조화 작업은 상담 첫 회기에 진행하는 것이 일반적이다. 상담의 구조화 과정은 크게 세 가지 영역으로 구분된다.

① **상담 여건의 구조화**

상담 여건의 구조화는 상담 시간, 상담 횟수, 상담 장소, 상담 시간에 늦거나 약속을 지키지 못할 일이 발생했을 때 연락하는 방법 등에 대한 구조화다.

② **상담관계의 구조화**

상담관계의 구조화는 상담 과정이 어떻게 진행되며, 상담자와 내담자가 어떤 역할을 하는가를 알려 주는 구조화다.

③ **비밀보장의 구조화**

상담자는 내담자에 대한 비밀보장을 유지하고 지켜 주어야 할 의무가 있다. 그러나 비밀보장이 특수한 경우에는 한계가 있음을 알려 줄 필요가 있다.

20 단기상담이 적합한 내담자의 특징 6가지를 쓰고 설명하시오.

🗳 **모범답안**

① 환경적인 요인에 의해 급성적으로 발생한 문제로 고통 받는 내담자

② 이전에 양호한 적응 능력을 가진 경험이 있었던 내담자

③ 대인관계에서 타인과 양호한 관계 형성의 능력이 있는 내담자

④ 상담에 대한 동기가 높은 내담자

⑤ 주 호소 문제를 구체적으로 표현할 수 있는 내담자

⑥ 인간관계에서 소통이 잘되고 정신 기능이 비교적 건강한 내담자

⑦ 비교적 문제가 경미하며, 그 문제에 대한 생각이 좀 더 명확하게 해결되기를 원하는 내담자

⑧ 조직체의 구성원인 내담자(각종 조직이나 기관의 구성원)

⑨ 인생에 중요한 영향을 끼친 주요 인물과 최근에 사별했거나 이별한 내담자

⑩ 생활이나 지위에 최근 어떤 변화가 일어나서 급성적 상황으로 정서적 어려움을 겪는 내담자

⑪ 인간으로서 겪는 다양한 발달 과업에 수반하는 심리적 변화를 겪는 내담자(임신, 출산, 자녀 양육, 은퇴, 노화 등)

⑫ 성격장애에 해당되지 않는 내담자

21 성격 5요인 모델(Big Five)에서 NEO의 3가지를 쓰고 설명하시오.

모범답안

성격 5요인 모델은 신경증(Neuroticism), 외향성(Extraversion), 개방성(Openness), 우호성 (Agreeableness), 성실성(Conscientiousness)으로 구성되어 있다.

높은 점수를 받는 사람의 특성	특성 척도	낮은 점수를 받는 사람의 특성
걱정이 많은, 과민한, 감정적인, 불안정한, 부적절한, 상처를 잘 입는	신경증 (Neuroticism)	침착한, 이완된, 강인한, 안정된, 이지적인, 자기-만족의
사교적인, 활동적인, 수다스러운, 사람지향적인, 낙천적인, 인정 많은	외향성 (Extroversion)	침착한, 생기가 없는, 위축된, 조용한, 초연한, 나서기 싫어하는
창의적인, 자유로운, 독창적인, 호기심 많은, 비관습적인, 상상력이 풍부한	개방성 (Openness)	인습적인, 보수적인, 관심의 범위가 좁은, 비예술적인, 실질적인

② 2021년 기출문제

1 로샤 검사 시 수검자의 흔한 질문에 대한 응답의 5가지를 쓰시오.

 모범답안

로샤 검사 시 수검자의 보편적 질문의 예와 응답은 다음과 같다.

① 이 검사를 왜 하나요?

"개인의 특성이나 성격에 대한 이해뿐만 아니라 앞으로의 치료, 상담에서 당신을 이해하고 돕기 위한 자료로서 도움이 됩니다."

② 카드를 돌려 봐도 되나요? 전체를 봐야 합니까?

"마음대로 하세요." "좋을대로 하십시오."

③ 다른 사람들은 보통 몇 가지 반응을 하나요?

"대개 1개 이상의 반응을 합니다."

④ 이 카드를 보고 보통 뭐라고 응답하나요?

"다양한 여러 종류의 반응을 합니다."

⑤ 전에 검사를 받은 경험이 있는데 그때와 똑같이 대답해도 되나요?

"지금 보이는 대로 이야기하면 됩니다." "지금 당신이 보는 대로 이야기하면 됩니다."

 학습 Plus | 로르샤흐 검사 실시 단계

① **반응 단계**

- 표준절차에 따라 로샤를 간단히 소개한 뒤 카드 I을 손에 쥐어 주면서 다음과 같이 질문한다. "이것은 무엇으로 보입니까?"
- 검사가 시작되면 검사자는 가능한 한 침묵을 지키고 수검자에게 카드를 바꿔 주거나 어떤 설명이 필요할 때에만 개입한다. 주의할 점은 수검자에게 상상력 혹은 창의력 검사를 하고 있다는 인상을 주어서는 안 된다.

② **질문 단계**

- 질문 단계는 가능한 한 정확하게 채점을 하기 위해서이며, 질문을 통해 내용, 위치, 결정인을 파악해야 한다. 직접적인 질문이나 유도질문은 지양해야 하며, "당신이 본 그대로 보기가 어렵군요. 당신이 본 그대로 볼 수 있도록 도와주세요."라고 말하는 것으로 충분하다.
- 반응영역이 불확실한 경우에는 "어디가 그렇게 보였나요?" "손으로 그 위치를 그려주세요."라고 말한다.
- 결정인을 파악하기 위한 기본 질문은 다음과 같다. "무엇 때문에 거기서 그렇게 보았는지 잘 모르겠습니다."

③ **채점**

수검자의 반응을 로샤 기호로 바꾸는 과정이다. 채점이 정확해야 해석의 타당성이 확립되므로 부호화 절차에 따라 단계적으로 실시한다. 로르샤흐 검사의 채점은 반응영역, 발달질, 결정인, 형태질, 반응내용, 평범반응, 조직화활동(Z점수), 특수점수 순으로 단계적으로 채점해 나간다.

2 합리정서행동치료(REBT)를 적용하기 어려운 임상군 4가지를 쓰시오.

모범답안

① 언어적 표현 능력과 사고 능력이 낮은 내담자
② 심각한 정신적 혼란을 보이는 정신장애를 지닌 내담자
③ 자살과 같은 급격한 위기상황에 놓인 내담자
④ 심한 성격장애의 문제를 지닌 내담자

학습 Plus 합리정서행동치료(REBT)의 기본 원리와 한계점

〈기본 원리 6가지〉
① 인지는 인간 정서의 가장 중요한 핵심적 요소이다.
② 역기능적 사고는 정서장애의 중요한 결정 요인이다.
③ 인간의 고통은 비합리적 사고에 있기에 사고의 분석이 우선되어야 한다.
④ 비합리적 사고와 정신병리를 유발하는 원인적 요인들은 유전적 · 환경적 영향을 포함하는 중다요소로 되어 있다.
⑤ 행동에 대한 과거의 영향보다는 현재에 초점을 맞춘다.
⑥ 비합리적 신념은 적극적이고 지속적인 노력에 의해 변화될 수 있다.

〈한계점〉
① 치료이론은 비합리적 신념에만 초점을 두고 있어 다양하고 복잡한 심리적 장애를 설명하기에는 너무 단순하다.
② 치료의 이론적 주장에 대한 과학적이고 실증적인 지지 근거가 부족하다.
③ 치료의 적용 범위에 제한이 있다. 교육수준이 높은 지적인 내담자에게는 효과적이지만, 언어적 표현과 사고 능력이 낮은 내담자들에게는 효과적으로 적용되기가 어렵다.
④ 자살과 같이 위기상황에 있는 사람들에게 적용하기 어렵고, 성격장애 내담자에게 효과적인 결과를 검증하기가 어렵다.
⑤ 정신분열증이나 심각한 사고장애와 같이 정신적인 문제나 제한이 있는 사람들에게는 효과적으로 사용될 수 없다.
⑥ 치료기법이 단도직입적이며, 사고의 변화는 내담자의 정서를 변화시키는 가장 간단한 방법이 아닐 수 있다.
⑦ 내담자의 정서적 또는 관계적 측면을 간과하는 경향이 있다. 비합리적 신념에 영향을 준 다양한 측면에 대한 고려가 필요하다.

3 MMPI-2의 6번 임상척도의 결과, T점수 70인 경우에 나타나는 특징 5가지를 쓰시오.

🗳️ 모범답안

① 타인의 사소한 말이나 행동에 예민하고 과민하게 반응한다.
② 상대방의 동기, 의도를 의심하고 오해하여 조심스럽고 경계적인 태도를 취한다.
③ 세상은 불공평하며 자신에게 불리하게 작용한다고 지각한다.
④ 적대감과 분노감을 드러내며 논쟁적이다.
⑤ 사고나 태도가 매우 경직되어 있고 융통성이 부족하다.
⑥ 피해망상, 과대망상, 관계사고 및 기타 사고장애 등 명백한 정신증적 증상과 그에 수반한 행동 특성을 보일 가능성이 높다(T≥70).
⑦ 자신이 음모에 휘말렸거나 남들로부터 부당한 대우, 모함, 괴롭힘을 당한다고 지각한다.
⑧ 투사, 합리화, 주지화 등의 방어기제를 많이 사용한다.

학습 Plus	MMPI-2: 척도 6 편집증(Paranoia: Pa)

- 척도 6은 편집증적 상태 혹은 편집증을 보이는 환자들을 탐지할 목적으로 개발되었으며, 문항들은 관계사고, 피해의식, 의심, 지나친 예민성, 과대한 자기개념, 경직된 태도 등의 내용들을 포함하고 있다. 문항의 예를 들면 다음과 같다(괄호 안은 채점 방향).

  - 누가 내 뒤를 몰래 따라다닌다(그렇다).
  - 나를 꼭 해치고 싶어 하는 적(원수)은 없다(아니다).

- 60~70T에 속하는 경우, 대인관계에서 예민하고 과도하게 반응하는 등 편집증적인 경향을 시사하는 특징들을 보인다. 자신들이 힘들고 불공평하게 살아가고 있다고 느끼며, 자신들의 어려움을 외부의 탓으로 돌리면서 합리화하는 경향을 보인다.
- 70T보다 높은 경우, 피해망상(persecutory delusion), 과대망상(grandiose delusion), 관계사고(idea of reference) 등과 같은 정신병적 증상을 보일 수 있다. 자신이 타인들로부터 정당한 대우를 받지 못한다고 느끼며 분개하거나 원한을 품고 있을 수 있다.
- 대표적인 방어기제는 투사(projection)로서 자신의 문제를 인정하기보다는 남의 탓으로 돌린다. 임상장면에서는 정신분열증, 망상장애로 진단받는 경우가 많다.
- 척도 점수가 높은 사람들은 치료자와의 라포 형성이 어렵고, 자신의 정서적 문제를 인정하지 않으므로 심리치료의 예후는 좋지 않다.

※ 척도 6이 높은 경우
- 타인의 사소한 말이나 행동에 예민하고 과민하게 반응한다.
- 상대방의 동기, 의도를 의심하고 오해하여 조심스럽고 경계적인 태도를 취한다.
- 세상은 불공평하며 자신에게 불리하게 작용한다고 지각한다.
- 적대감과 분노감을 드러내며 논쟁적이다.
- 사고나 태도가 매우 경직되어 있고 융통성이 부족하다.
- 피해망상, 과대망상, 관계사고 및 기타 사고장애 등 명백한 정신증적 증상과 그에 수반한 행동 특성을 보일 가능성이 높다(T≥70).
- 자신이 음모에 휘말렸거나 남들로부터 부당한 대우, 모함, 괴롭힘을 당한다고 지각한다.
- 투사, 합리화, 주지화 등의 방어기제를 많이 사용한다.

4 로샤 검사는 9가지로 채점된다. 이 중 5가지를 쓰고 설명하시오.

모범답안

로샤 검사의 채점영역은 반응영역, 발달질, 결정인, 형태질, 반응내용, 평범반응, 조직화점수(Z점수), 특수점수 등이 있으며, 이를 단계적으로 채점해 나간다.

① 반응영역

　수검자가 반응한 카드의 영역이 전체인지 부분인지 혹은 공백을 포함하고 있는지를 평가한다.

② 발달질

　반응형성에 포함되어 있는 인지적인 처리의 발달수준을 평가하기 위한 것으로, 반응한 대상의 형태가 얼마나 구체적인가, 반응한 대상들 간의 관계가 의미 있게 조직화되어 있는가에 따라 네 가지 기호로 채점된다.

③ 결정인

　수검자의 반응을 이끌어 낸 카드의 특징을 말하는 것으로, 반점의 형태, 운동, 유채색, 무채색, 음영, 차원 등이 이에 해당된다.

④ 형태질

　수검자의 반응이 얼마나 잉크 반점에 잘 부합되는지를 보는 것으로, 수검자의 지각적 정확성과 현실검증력에 대한 정보를 준다.

⑤ 반응내용

　수검자가 반응한 내용의 대상들이 어떤 범주에 들어가느냐를 평가한다.

⑥ 평범반응

평범반응 채점을 통해서는 대부분의 사람들이 보고하는 반응을 수검자도 지각하여 반응할 수 있는지 평가한다.

⑦ 조직화점수(Z점수)

각 카드 자극의 복잡성을 고려할 때 얼마나 조직화된 반응을 하고 있는지를 가중치를 부여하여 수량화한 것이다.

⑧ 특수점수

기본적인 부호화 채점으로 평가가 되지 않는 특징들을 채점에 포함하기 위하여 개발되었고, 각 영역들은 사고의 비논리적이고 우회적이며 특이한 정도가 수준에 따라 수준 1과 수준 2로 구분된다.

※ 쌍반응은 결정인의 범주에 해당되나, 수검자가 쌍반응을 보인 경우 채점 항목으로 별도로 표기한다(9개 채점 항목: 반응영역, 발달질, 결정인, 형태질, 반응내용, 평범반응, 조직화점수, 특수점수, 쌍반응).

학습 Plus 　로르샤흐 검사의 결정인의 7가지 범주

① 형태(form): 반점의 형태에 반응한 경우. 대부분의 반응에서 가장 흔하게 사용되는 결정인. 단독으로 사용되거나 또는 다른 결정인과 같이 사용된다.

② 운동(movement): 반응에 움직임이 묘사된 경우, 인간 운동반응, 동물 운동반응, 무생물 운동반응으로 구분되며, 모든 운동반응은 능동적(active) 또는 수동적(passive) 운동반응으로 나뉘어 기호화된다.

③ 유채색(chromatic color): 색채가 반응을 결정하게 한 경우

④ 무채색(achromati color): 무채색이 반응을 결정하게 한 경우

⑤ 음영(shading): 반점의 음영을 사용한 정도에 따라서 재질(texture), 깊이 또는 차원(dimension), 확산(diffuse)의 세 가지 하위범주를 가진다.

⑥ 형태차원(form dimension): 반점의 크기나 모양을 근거로 차원을 지각했을 경우

⑦ 쌍반응(pairs)과 반사반응(reflection): 쌍반응은 두 개의 동일한 사물을 지각하는 경우이며, 반사반응은 대칭적인 성질에 근거하여 반사되거나 거울에 비친 모습으로 지각되는 경우이다.

5 내담자의 저항을 확인할 수 있는 내용에 대해 6가지를 쓰시오.

모범답안

① 상담 약속 시간을 잊어버리고 오질 않거나 약속보다 늦게 나타나는 경우가 잦아진다.

② 자신의 감정 표현을 지나치게 억제하며 드러내지 않으려 한다.

③ 치료자의 피드백에 민감하고 방어적인 태도를 보인다.

④ 자신의 행동에 대해 주지화하며 스스로 분석하려 한다.

⑤ 치료자의 질문에 단답형으로 말하거나 침묵으로 일관하려 한다.

⑥ 갑작스런 주제 전환을 하며 핵심 문제에 다가가지 않으려고 한다.

6 우볼딩이 제시한 내담자의 자살위험도 평가 시 치료자가 살펴보아야 할 징후 5가지를 쓰시오.

🗃️ **모범답안**

① 이전에 자살을 시도한 내력이 있다.
② 값비싼 물건을 처분한다.
③ 자살계획을 구체적으로 세우고 토의한다.
④ 희망감의 상실과 무력감을 보인다.
⑤ 자신이나 타인 및 세상에 대해 분노를 보인다.
⑥ 우울감을 보인 후 갑작스럽게 긍정적인 감정을 보인다.

학습 Plus 자살위험도 평가

① **자살위험 수준 평가**

상담자는 자살을 생각하는 내담자를 대상으로 그 위험 수준에 대해 질문을 하며, 질문 내용은 자살에 대한 생각이 얼마나 자주 떠오르는지, 이를 얼마나 오랫동안 견디어 낼 수 있는지에 대한 질문이 포함된다.

② **자살계획 평가**

상담자는 내담자가 실제 자살을 계획하고 있는지를 파악해야 한다. 자살계획의 치명성, 자살의 방법과 도구, 계획의 구체성 등에 대해 평가한다.

③ **과거 자살시도 경험**

과거 자살을 시도한 경험이 있는 사람의 경우에 자살위험의 가능성이 높다. 상담자는 내담자의 가족이나 주변 인물들 중 자살을 시도했거나 실제 자살한 사람이 있는지를 파악한다.

④ **심리적 증상**

심리적인 고통과 증상에 대해 파악하고, 내담자가 심각한 정신장애를 가지고 있는 경우 즉각적인 치료적 개입이 필요하다.

⑤ **환경적 스트레스**

내담자가 어떠한 스트레스 상황에서 자살충동을 느끼는지를 파악하고, 내담자의 스트레스 대처방식 및 자살을 문제 상황의 도피방법으로 생각하는 것은 아닌지 살펴본다.

⑥ **자원 및 지지체계**

내담자에게 도움이 될 수 있는 유용한 자원 및 지지체계에 대해 살펴보아야 한다. 위기전화상담, 긴급히 연락을 취할 수 있는 방법에 대해서 안내해 준다.

7 TAT에서 편집증 환자가 보일 수 있는 반응상의 특징 5가지를 쓰시오.

 모범답안

① 검사 목적을 의심하고 경계하며 회피한다.

② 이야기가 자신의 개인적인 것이 아님을 강조한다.

③ 이야기를 간결하게 하여 방어적으로 감추려고 하거나 세부적으로 나타내어 결론을 정교
화하거나 다른 사람의 탓을 하는 경향을 보인다.

④ 작은 단서에 민감하게 반응하며 과잉 해석을 한다.

⑤ 사회적 관계에 불신감을 보이고 감정 접촉이 낮은 편이다.

 학습 Plus | TAT에서 나타나는 진단별 반응 특징

• 편집증
  – 검사 목적을 의심하고 경계하며 회피한다.
  – 이야기가 자신의 개인적인 것이 아님을 강조한다.
  – 이야기를 간결하게 하여 방어적으로 감추려고 하거나 세부적으로 나타내어 결론을 정교화하거나 다른 사람의
    탓을 하는 경향을 보인다.
  – 작은 단서에 민감하게 반응하며 과잉 해석을 한다.
  – 사회적 관계에 불신감을 보이고 감정 접촉이 낮은 편이다.
  – 불신, 교활함, 사악한 외부의 힘에 대한 강조, 갑작스러운 인물의 변화 등이 나타난다.
  – 인물의 성이나 연령 등을 오지각하는 경우를 자주 보인다.

- **조현병**
  - 이야기 구조의 와해, 지각의 오지각, 기괴한 언어화, 일관된 주제의 결여, 환자 자신과 그림의 사건을 구별하지 못하는 거리감의 상실 등이 나타난다.
  - 내용상에서는 사회적으로 수용될 수 없는 이야기(금기된 공격, 성적 도착 등), 불합리하고 기괴한 요소, 상반되는 내용, 망상적 자료, 엉뚱한 독백이나 상징주의 등이 표현된다.
  - 인물들은 감정의 깊이가 결여되어 있으며 고립되어 있거나 철수되어 있다.
- **우울증**
  - 사고가 위축되어 있고 반응과 언어가 느리고 정동이 가라앉아 있다.
  - 이야기는 대개 자살사고, 고립감, 거부당함, 무가치감, 인물들의 무능력 등에 관한 주제를 포함한다.
- **경조증**
  - 언어 방출에 대한 압력, 사고 비약, 다행증 등으로 이야기를 매우 빨리 말한다.
  - 정신증적 수준에서 현실검증력을 상실한 조증 환자들은 부인(denial)이라는 원시적 방어기제를 자주 사용하는데, 내용상 우울, 죄책감, 분노, 무기력 등이 부인되고 유쾌함, 평온함, 좋은 감정 등이 교대로 출현한다.
- **히스테리성 성격**
  - 두드러진 특징으로 정서적 가변성(affective lability)을 들 수 있다. 공포스럽거나 또는 예쁜 장면들에 대한 정서적인 반응이 급변하여 나타난다.
  - 언어적 표현에 있어서는 서술 자료를 지나치게 많이 사용하고, 이야기가 양가적이다.
  - 내용상 피상적이고 성적인 내용이 많이 나타난다.
- **강박장애**
  - 이야기의 길이가 길고, 수정을 많이 한다.
  - 검사자극에 대한 불확신감으로 인해서 지루하고 반추적이고 현학적인 이야기를 만들어 낸다.
  - 어떤 경우에는 객관적으로 나타난 세부적인 것만 기술하고 이야기를 만들 수 없다고 하기도 한다.
  - 내용도 주로 인물들의 주저와 망설임을 표현하는 경우가 많고, 주제도 부지런함과 복종, 완벽함이 강조된다.
- **불안 상태**
  - 이야기가 간결하고, 행동이 극적이며, 강박적이다.
  - 양자택일의 상황이 자주 나타난다.
  - 모호, 주저, 당황을 암시하는 표현이 많다.
  - 도판 내의 인물과 직접적으로 동일시한다.
  - 검사자에게 불안 섞인 질문을 자주 한다.
  - 내용상 갈등, 욕구 좌절, 비극 등이 흔히 나타난다.

8 규준 참조검사와 준거 참조검사의 기본적 차이점을 설명하시오.

- 규준 참조검사

  한 개인의 점수와 다른 사람의 점수와의 비교를 통해서 수검자가 상대적으로 어느 위치에 있는지를 밝히고자 한다(예 지능검사, 적성검사).

- 준거 참조검사

  연구자가 미리 설정한 기준 점수와 비교하여 그 점수보다 수행 수준이 어떠한가를 밝히고자 한다(예 학업성취도 검사, 자격증 시험).

9 상담의 구조화 과정 중 '고지된 동의'의 주요 내용 5가지를 쓰시오.

모범답안

고지된 동의(informed consent)는 내담자에게 상담에 관해 알려 주고 상담과 관련하여 자발적인 결정을 할 수 있게 한다.

① 상담의 목표를 구체화하기 위한 논의를 한다.
② 내담자에 대한 상담자의 책임과 내담자의 책임을 안내한다.
③ 비밀보장의 한계와 예외 사항을 설명한다.
④ 상담 과정에 대한 안내(회기, 절차, 비용, 시간 등)를 한다.
⑤ 내담자가 기대할 수 있는 심리서비스에 관해 이야기한다.
⑥ 상담관계를 정립할 수 있는 법적 · 윤리적 기준을 설명한다.

10 신경심리평가에서 배터리 방법과 개별검사 방법이 있다. 배터리 방법의 장점과 단점에 대해 각각 2가지씩 설명하시오.

 모범답안

<장점>

① 배터리 검사는 평가되는 기능에 관한 자료가 종합적이다. 이러한 종합적인 기능 평가는 소검사 간의 점수를 비교 분석하여 임상 진단에 관한 유용한 정보를 제공해 줄 수 있다.

② 배터리 검사의 구성에 따라서 개별 환자의 원래 기능 수준에 대한 평가가 가능하고, 이에 따라 환자의 현재 기능 수준이 어느 정도 손상된 수준인지를 알아볼 수 있다.

<단점>

① 일부 기능에 대해서는 필요 이상으로 자료를 제공하는 반면, 어떤 기능에 대해서는 불충분한 자료를 제공하게 된다.

② 배터리 검사는 여러 검사를 실시하게 되면서 발생되는 시간과 비용 문제에 있어서 소모적일 수 있다.

11 임상 · 교육 · 상담 장면에서 활용하는 K-WAIS-IV와 같은 지능검사의 목적 5가지를 쓰시오.

🗂️ **모범답안**

① 지능검사를 통해 개인의 전반적인 지적 능력을 평가한다.
② 지능검사 프로파일을 통해 개인의 인지적 특성을 파악한다.
③ 지능검사 결과를 바탕으로 임상적 진단을 명료화한다.
④ 지능검사 결과를 바탕으로 기질적 뇌손상의 유무, 뇌손상으로 인한 인지적 손상을 평가한다.
⑤ 지능검사 결과를 바탕으로 합리적인 치료목표를 수립한다.

학습 Plus 웩슬러 지능검사의 목적

웩슬러 지능검사는 개인의 인지적·신경심리학적 기능뿐만 아니라 검사 수행과 관련된 개인의 독특하고 대표적인 행동을 직접 관찰함으로써 수검자의 성격 특성과 적응적·부적응적 행동 양상을 이해하는 데에도 유용하다.

① **지능검사를 통해 개인의 전반적인 지적 능력을 평가한다.**
- 웩슬러 지능검사는 일차적으로 개인의 지적 능력의 수준을 평가하며, 지적 잠재력을 측정할 수 있는 IQ 점수를 산출한다.
- 지능검사에서 산출된 IQ는 편차 IQ이므로 해당 연령대의 상대적인 위치에 관한 정보를 제공하며, 이로써 개인 간 비교가 가능해진다.

② **지능검사 프로파일을 통해 개인의 인지적 특성을 파악한다.**
- 소검사 프로파일 분석을 통해 인지적 강점과 약점을 파악함으로써 개인 내 비교가 가능(소검사 내 점수분산을 근거로 형태분석 실시)하다.
- 적응적·부적응적 측면에 대한 정보를 수집하여 적절한 지적 활동영역을 탐색하여 지적 성취를 효율적으로 계획할 수 있도록 돕는다.

③ **지능검사 결과를 바탕으로 임상적 진단을 명료화한다.**
- 지능검사 결과는 지적 능력뿐만 아니라 개인의 성격 특성이나 불안, 목표 자각, 의욕적 성향 등의 비지능적 요인에 의해 영향을 받을 수 있음.
- 지능검사의 결과를 면밀하게 분석할 경우, 수검자의 성격적·정서적 특징을 파악할 수 있고 심리적 장애를 진단하고 평가하는 데 도움이 된다.
- 양적 분석을 넘어서 검사반응에 관한 질적 분석은 매우 유용한 정보를 제공한다. 검사반응에서의 특이 사항이 있을 시 이를 고려하고 뒷받침할 수 있는 정보를 수집해야 한다.

④ **지능검사 결과를 바탕으로 기질적 뇌손상의 유무, 뇌손상으로 인한 인지적 손상을 평가한다.**
- 지능검사가 특정 뇌기능을 측정하기 위한 신경심리검사는 아니지만, 신경심리검사의 기능을 대신하기도 한다 (**예** 기호쓰기–뇌손상 민감).
- 지능검사만으로 기질적 뇌손상의 유무 또는 뇌손상으로 인한 인지적 손상을 평가하는 데에는 한계가 있지만, 뇌손상의 어떤 특징들은 지능검사에 표현되기도 한다.

⑤ **지능검사 결과를 바탕으로 합리적인 치료목표를 수립한다.**
- 임상 및 상담 장면에서 수검자에게 어떤 치료방법을 선택할 것인지, 선택한 치료방법을 적용할 때 예상되는 결과는 무엇인지, 치료효과를 방해하는 요인은 무엇인지에 대한 해답을 제공한다.
- 수검자의 현재의 심리적 어려움과 연결된 능력을 평가할 수 있기 때문에 합리적인 치료목표를 설정하는 데 도움이 된다.

12 MMPI-2의 타당도 척도 중 F척도의 점수가 상승하는 이유 5가지를 쓰시오.

F척도 상승의 의미
① 문항 내용과 상관없이 무작위로 반응하였을 가능성(T<80)
② 어느 한 방향으로만 고정 반응으로 응답하였을 가능성(T<80)
③ 일반적인 사람들이 좀처럼 경험하지 않는 심각한 심리적 문제를 겪고 있을 가능성(VRIN, TRIN이 정상 범위라면 환각, 망상, 판단력 손상, 극단적인 철수 등 매우 혼란스러운 상태의 심각한 정신병리를 반영함)
④ 심각한 문제를 겪고 있지는 않지만 의도적으로 부적응을 부각시키고 심리적 문제를 가장했을 부정 왜곡 가능성(VRIN, TRIN이 정상 범위, F(P)척도<100)
⑤ 도움을 요청하는 의도로서 증상을 과장하여 표현했을 가능성(TRIN 척도 정상 범위, F(P) 척도가 70~99점 범위로 상승되어 있을 경우)
⑥ 채점이나 기록에서의 오류로 인한 경우
⑦ 문항 이해나 읽기의 어려움으로 인한 경우
⑧ 청소년의 경우, 반항, 적개심, 거부를 의미할 수 있음.

학습 Plus **MMPI-2: 비전형(F) 척도**

- F척도는 규준 집단에서 매우 낮은 빈도로 응답되는 60개의 문항으로 구성되어 있다. 이는 통계적으로 이탈된 이상 반응 경향 혹은 관습적인 태도에서 벗어난 비전형적인 반응 경향을 탐지하기 위해 개발되었다. F척도가 상승하는 경우에는 몇 가지 가능성을 고려해 볼 수 있다.

※ F척도 상승의 의미
- 문항 내용과 상관없이 무작위로 반응하였을 가능성(T<80)
- 어느 한 방향으로만 고정 반응으로 응답하였을 가능성(T<80)
- 일반적인 사람들이 좀처럼 경험하지 않는 심각한 심리적 문제를 겪고 있을 가능성(VRIN, TRIN이 정상범위라면 환각, 망상, 판단력 손상, 극단적인 철수 등 매우 혼란스러운 상태의 심각한 정신병리를 반영함)
- 심각한 문제를 겪고 있지는 않지만 의도적으로 부적응을 부각시키고 심리적 문제를 가장했을 부정 왜곡 가능성(VRIN, TRIN이 정상 범위, F(P)척도<100)
- 도움을 요청하는 의도로서 증상을 과장하여 표현했을 가능성(TRIN척도 정상 범위, F(P)척도가 70~99점 범위로 상승되어 있을 경우)
- 채점이나 기록에서의 오류로 인한 경우
- 문항 이해나 읽기의 어려움으로 인한 경우
- 청소년의 경우, 반항, 적개심, 거부를 의미할 수 있음

- F척도의 T점수가 평균 범위보다 낮은 경우라면(입원 환자 T≤54, 외래 환자 T≤54, 비임상장면 T≤39) 방어적일 가능성을 고려해 볼 수 있다.
- 정신병리를 보일 가능성이 있는 수검자가 낮은 F척도 점수를 보인다면 자신의 심리적 문제를 부인하거나 축소하여 보고했을 가능성이 있기에 긍정 왜곡(faking good)의 가능성을 고려하여 다른 방어 척도를 검토할 필요가 있다.

13 중독환자에게 자주 보이는 인지적 오류의 예시이다. 각각 인지적 오류의 종류를 쓰시오.

> 알코올 중독자 남편의 아내는 남편의 수입이 없어 시댁 식구들과 함께 생활하면서 살고 있다. 남편은 술을 마시면 집안의 물건을 닥치는 대로 부수며 폭력을 행사하였다. 아내는 남편으로 인해 우울증이 생겨 좌절과 고통을 겪었다. 부부간 결혼생활에 좌절과 고통이 심했기 때문에 남편은 절제 노력을 해 보았지만, "지난번에도, 이번에도 실패했어. 앞으로 계속 실패할 거야." "이번에도 성공하지 못했어. 난 실패자야."라는 생각에 사로잡혀 있었다. 또한 "술을 끊으려는 나에게 당신은 더 친절하게 말해야만 했어."라는 식의 강압적인 이야기를 하기도 했다.

- "지난번에도, 이번에도 실패했어. 앞으로 계속 실패할 거야." – 과잉 일반화
  한 가지 사건에 기초한 결론을 광범위하게 적용시키는 것을 말한다. 하나 또는 몇 개의 고립된 사건에서 일반적인 규칙을 추출해 내고 이를 다른 사상이나 상황에 부적절하게 적용하는 것을 의미한다.
- "이번에도 성공하지 못했어. 난 실패자야." – 이분법적 사고(흑백논리적 사고)
  어떤 상황을 연속선상에서 보지 않고 양극단으로만 보는 것을 말한다. 두 가지 극단 중 하나로 경험을 범주화하는 것을 의미한다.
- "술을 끊으려는 나에게 당신은 더 친절하게 말해야만 했어." – 당위적 사고
  어떤 상황이나 태도에 대해 당연시여기는 비합리적 사고의 형태를 말하며 당위적 진술이 포함된다.

14 내담자가 상담을 끝낼 준비가 되어 있는가를 평가하는 데 유용한 기준 5가지를 쓰시오.

종결 여부를 결정하는 기준
① 내담자의 기저 문제 또는 증상이 경감되거나 사라졌다고 판단되는 경우
② 상담의 초기 목표가 해결되었거나 성취되었다고 판단되는 경우
③ 상담에 오게끔 했던 스트레스를 유발하는 감정이 해소되었다고 판단되는 경우
④ 내담자가 자신이 획득하고자 원했던 영역에서 도움이 되었거나 긍정적인 발전이 있는 경우
⑤ 내담자의 대처 능력 및 자신과 다른 사람들을 이해하는 정도가 증진된 경우
⑥ 내담자의 자기이해 및 다른 사람들과 관계 맺는 능력이 향상된 경우
⑦ 내담자가 계획을 세우고 생산성 있게 일할 수 있는 능력을 얻은 경우
⑧ 내담자가 더 즐겁게 활동하고 삶을 의미 있게 즐길 수 있다고 판단된 경우

15 유능한 슈퍼바이저가 가져야 할 자세 5가지를 쓰시오.

모범답안

① 상담 전반에 대한 지도와 교정을 통해 상담자로서의 전문적인 능력을 함양할 수 있도록 돕는다.

② 전문가로서의 역량과 태도를 갖추고 상담자에게 영향을 미치는 본보기의 기능을 수행한다.

③ 질문과 의견 제시를 통해 상담자에게 임상적/전문적 상황의 문제를 해결하도록 촉진하며, 직면한 이슈들에 대해 자문을 제공한다.

④ 공감적 주의, 격려, 건설적 직면을 통해 상담자에게 어려움을 극복하고 자신감을 가지도록 하며, 전문성을 발달시키도록 도움을 준다.

⑤ 상담장면에서 지켜야 할 상담자 윤리강령의 중요성을 인식시키며, 이를 준수하도록 지도한다.

PART 01 임상심리사 1급 실기 기출문제

학습 Plus

〈슈퍼바이저의 역할과 기능〉

① 교사 역할

슈퍼바이저는 슈퍼비전을 통해서 슈퍼바이지에게 사례를 파악하고 이해하는 데 필요한 사례개념화, 상담기법, 상담목표 수립 등에 대해서 함께 토의하고 필요한 경우에 이를 교육한다.

② 자문가 역할

슈퍼바이저는 슈퍼비전 과정에서 발생되는 다양한 자문 요구에 적절히, 효과적으로 대응하여야 한다. 자문을 요하는 쟁점들은 다양할 수 있으며(사례 종결 여부 판단, 내담자 위험성 대처, 내담자와의 관계 등) 해당 질문들이 해소될 수 있도록 돕는다.

③ 치료자 역할

슈퍼바이저는 상담 과정 중에 발생될 수 있는 다양한 문제를 검토하고 도움을 준다. 슈퍼바이지가 상담 과정 중에 내담자가 전달하는 내용이나 반응을 잘 파악하지 못하거나 자신의 개인적 문제로 인해 발생되는 역전이 등이 발생 시 자기탐색을 할 수 있는 치료적 기회를 제공한다.

④ 평가자 역할

슈퍼바이저는 여러 가지 이유로 인해서 슈퍼바이지를 평가하는 입장에 놓인다. 슈퍼바이저는 슈퍼바이지가 전문가로서 발달하는 과정과 수준을 수시로 평가하여야 하는데, 그 주요 평가 내용은 슈퍼바이지의 발달 수준, 장점과 약점, 전문가 역량, 개인적 문제 등이 될 수 있다.

⑤ 멘토 역할

슈퍼바이저는 슈퍼바이지의 멘토 역할을 통해 전문적인 발전을 할 수 있도록 돕는다. 슈퍼바이저는 자신이 그러한 입장에 있음을 인식하여 슈퍼바이지에게 바람직한 역할 모델이 될 수 있도록 노력하여야 한다.

〈Kadushin의 슈퍼비전의 기능〉

① 교육적 기능

효과적인 직무 수행을 위해 필요한 지식과 기술을 제공하고 전문적 자아발달을 도모하는 것이다. 전문적 능력 향상을 통해 상담자의 업무 능력을 개선하고, 전문직업적 정체성을 확립하도록 돕는다.

② 지지적 기능

상담자가 능률적으로 업무를 수행할 수 있도록 심리적 자원을 제공하는 것이다. 즉, 업무 수행을 방해하는 스트레스 감소, 사기 진작을 통한 업무 수행 동기를 증대시켜 직무만족도를 높이는 것을 의미한다.

③ 행정적 기능

직무를 효과적으로 수행할 수 있도록 환경을 구조화하고 필요한 자원을 제공한다. 즉, 내담자를 돕는 과정에서 윤리적·전문적인 서비스 체계에 따라 상담자가 효율적으로 자원을 활용할 수 있도록 돕고 필요한 지식과 기술을 적용할 수 있도록 조력한다.

16 상식 소검사 수행 시 영향을 미치는 요소 6가지를 쓰시오.

① 문화적 기회
② 폭넓은 지식
③ 풍부한 초기 학습 환경
④ 지적 호기심 추구
⑤ 학교 학습 환경
⑥ 환경에 대한 기민성
⑦ 폭넓은 독서

학습 Plus K-WAIS-Ⅳ의 언어이해 소검사와 측정내용

① **공통성(Similarity: SI)**
- 과도하게 정교화된 반응, 과잉 일반화된 반응, 과잉 포괄적인 반응, 자기참조적인 반응 등에 주목해야 한다. 과잉 정교화는 강박성을 시사한다. 과잉 포괄적인 반응은 사고장애를 시사할 수 있다. 자기참조적인 반응은 공통성 소검사에서는 매우 이례적으로 나타나는 것으로, 개인적인 집착의 표시일 수 있다.
- 이 과제의 수행 시 수검자의 자동화된 언어적 습관이 반영될 수 있으며, 과제를 수행하는 과정에서 좌절 상황을 다루는 방식이 드러날 수 있다.

② **어휘(Vocabulary: VC)**
- 청각적 이해력과 언어적 표현력도 이 과제의 수행에 영향을 줄 수 있다.
- 수검자의 문화적 배경, 사회발달, 좌절에 대한 반응 등을 알아볼 수 있다.
- 높은 점수는 생활 속에서의 지적 야망 또는 성취 압력을 반영하는 것일 수 있다.
- 반응에 나타나 있는 내용은 수검자의 두려움, 죄의식, 집착, 기분, 흥미, 배경, 문화적 환경, 기괴한 사고 과정, 보속성, 음향연상(clang association) 등에 관한 분석을 제공한다. 수검자가 이러한 유형의 특이한 반응을 보이는 경우 추가적인 질문을 통해 그러한 반응의 배경을 탐색해 보아야 한다.

③ **상식(Information: IN)**
- 정규교육, 학습 환경에 영향을 받는다.
- 지적 야망은 높은 점수로 반영될 수 있으며, 이 경우 어휘 소검사에서도 높은 점수를 기록한다.
- 검사수행 과정에서 어려운 문항에서는 성공하지만 쉬운 문항에서는 실패가 반복되는 경우 낮은 동기 수준, 불안감, 지루함, 장기기억에서의 인출 실패 등의 가능성을 고려해 볼 수 있다.
- 지나치게 길고 구체화된 여러 개의 응답을 한 경우에는 강박적이거나 완벽주의적인 성향을 나타내며, 그렇지 않다면 단순히 재능이 있거나 검사자에게 좋은 인상을 남기기 위해 노력한 것일 수도 있다.
- 기괴하거나 괴상한 반응은 개인의 정신적 상태를 반영하는 것일 수 있다.

④ **이해(Comprehension: CO)**
- 수검자가 보유한 결정화된 지능, 관습적인 행동 기준, 사회적 판단, 장기기억, 일반적인 상식 수준이 수행에 영향을 준다.
- 이 소검사에서 보이는 반응을 통해 개인의 성격적 특성, 윤리적 태도와 사회적 및 문화적 배경에 대해 알 수 있다. 사회적 상황에 대한 판단을 요구하기 때문에 각 응답은 사회적 상황에 대한 개인의 태도를 반영한다.

17 로샤 반응 채점의 주요 원칙 2가지를 쓰시오.

① 수검자가 자유연상 단계에서 자발적으로 응답한 반응만 채점한다.

　질문 단계에서 검사자의 질문을 받고 유도한 반응은 원칙적으로 채점하지 않는다. 단, 질문 단계에서 응답되었다고 할지라도 검사자의 질문을 받지 않고 자발적으로 수검자가 응답한 경우라면 채점에 포함된다.

② 반응 단계에서 나타난 모든 요소가 빠짐없이 모두 채점되어야 한다.

　수검자가 응답한 내용을 어느 부분도 빠트리지 않고 모두 채점이 되어야 하기에 부호화 과정의 절차와 평가영역을 명확하게 이해해야 한다.

 로샤 검사의 채점 원칙

- 채점은 수검자가 반응 단계에서 응답할 당시에 일어난 인지적 작용에 대해서 이루어져야 한다.
- 질문 단계에서 검사자의 질문을 받고 유도된 반응은 원칙적으로 채점되지 않는다.
- 반응 단계에서 나타난 모든 요소가 채점에 포함되어야 한다.
- 질문 단계에서 나온 내용이더라도 수검자가 자발적으로 응답한 것이라면 채점에 포함시킨다.
- 여러 개의 결정인이 복합적으로 사용된 경우, 각 요인들은 모두 개별적으로 채점되어야 한다.

18 MMPI-2에서 K교정을 사용하지 않는 것이 유용한 경우 2가지를 쓰시오.

모범답안

① 심각한 정신과적 문제를 지니지 않은 사람들을 대상으로 규준집단에서의 상대적인 위치를 파악하고자 하는 경우
② 비임상장면에서 주로 혹은 전적으로 K교정으로 인해 임상척도 점수가 경미하게 상승하는 검사자료를 해석할 경우

| 학습 Plus | 교정(K) 척도 |

- 교정 척도는 검사문항에 방어적으로 응답하는 정도를 측정하고, 이러한 방어적 태도가 임상척도 점수에 미치는 영향을 교정하기 위해서 개발되었다. 이 척도는 L척도에 반영되는 것보다는 좀 더 세련되고 교묘한 방어성을 탐지하기 위한 것이다.
- K척도가 상승한 수검자들은 심각한 심리적 문제를 나타내지 않는 방향으로 반응했을 가능성이 크기 때문에 상승한 임상척도가 없다 하더라도 심리적 문제가 없다고 결론 내릴 수는 없다.
- K척도가 매우 높게 상승했다면 전형적으로 방어적 수검 태도를 시사하지만, 경미하게 상승한 경우에는 자아 강도가 강하고 심리적 자원이 풍부하며 현실 대처 능력을 갖추고 있음을 반영하기도 한다.
- K척도 점수가 75T 이상이라면(임상장면에서는 65T 이상) 자신을 좋은 방향으로 왜곡해서 응답하는 긍정 왜곡(faking good)의 가능성이 있는데, 이 경우 수검자가 대개 '아니다'로 반응한 경향성이 높기에 TRIN 척도의 점수를 같이 검토하는 것이 필요하다.
- K척도는 방어적 수검 태도가 임상척도 점수에 미치는 영향을 교정하기 위해 임상척도 1,4,7,8,9 척도를 K교정을 통해 보정하여 진단적 정확성을 향상시켰음에도, K척도가 상승하면 방어 성향이 강하기 때문에 임상척도가 상승하지 않는 경향이 있어 신중하게 프로파일을 검토해야 한다.

※ K교정 점수
- 높은 K척도 점수로 나타나는 수검자의 방어 성향이 임상척도의 점수를 낮추는 효과를 교정하기 위해 임상척도에 부여할 적당한 가중치 수준을 결정하여 부여하였다.
- 몇몇 임상척도들의 경우에는 임상척도의 원점수가 개인의 임상적 상태를 정확하게 예측하였기 때문에 K교정 가중치를 부여하지 않았으나, 1(Hs), 4(Pd), 7(Pt), 8(Sc), 9(Ma) 척도는 점수를 적절하게 조정하여 각각의 원점수에 0.2~1.0까지 범위의 K교정 가중치를 부여하여 원래의 임상도 점수에 합산하였다.

19 실존적 심리치료와 정신분석 심리치료의 유사점 2가지를 쓰고 설명하시오.

모범답안

① 불안에 대한 접근

　실존주의 심리치료에서는 실존적 불안에 대한 태도가 심리적 문제를 야기한다고 보았고, 정신분석에서도 성격 구조 간의 갈등이나 중재의 실패가 불안을 유발하여 정신병리를 초래한다고 보았다.

② 상담의 정의적 접근

　실존주의 심리치료와 정신분석치료에서는 치료장면에서 정의적 접근방식을 취하는데, 즉 정서적 측면의 변화에 일차적 관심을 주면서 다른 측면의 변화가 촉진되도록 하는 접근을 취하고 있다.

※ 개별상담 이론은 인간의 사고, 감정, 행동 중 어느 것을 강조하는가에 따라 인지적 접근, 정의적 접근, 행동적 접근으로 구분된다. 인지적 접근으로는 인지치료, 합리정서행동치료, 교류분석 등이 있으며, 정의적 접근으로는 인간중심치료, 게슈탈트치료, 실존치료, 정신분석치료 등이 해당되며, 행동적 접근으로는 행동치료, 현실치료 등이 있다.

20 심리검사 실시 전 검사자가 준비해야 할 사항 3가지를 쓰시오.

모범답안

① 수검자에게 평가 동의를 구하고 평가 절차와 과정 전반에 대하여 안내를 한다.
② 심리검사 이전에 수검자의 주 호소 문제, 배경 정보, 내원 사유에 대한 검토를 한다.
③ 검사 시행의 지침과 검사 도구에 대한 준비, 검사 환경에 대한 고려를 해야 한다.

학습 Plus 심리검사 실시 과정에서 고려해야 할 사항

① 라포 형성

관심과 흥미, 협조적, 동기 부여, 편안한 분위기가 필요하다.

> **※ 심리검사의 일반적 라포 형성 방법**
> - 검사자는 가능한 한 최선을 다해 수검자가 심리검사에 대해 관심과 흥미를 갖게 하고 협조적으로 검사에 임하도록 편안한 분위기를 만들어 주어야 한다.
> - 수검자가 최대로 집중할 수 있도록 돕고, 반응에 실패할 경우 수행을 잘 마칠 수 있도록 지지적 환경을 조성한다.
> - 검사자는 수검자가 자신의 반응을 검열하거나 삭제 및 긍정적으로 편향된 반응을 하지 않도록 있는 그대로 솔직하게 응답할 수 있도록 격려한다.
> - 수검자가 자극에 충분히 반응할 수 있도록 동기를 부여하고, 심리적 특성을 고려하여 피로감이 들지 않도록 주의를 기울인다.
> - 검사자는 평가 매뉴얼을 명확하게 숙지하여 수검자가 불필요한 검사 환경에 노출되지 않도록 조력해야 한다.

② 수검자 변인

심리검사에 대한 부정적 · 양가적 · 거부적 태도를 보일 수 있다. 검사목적을 설명하고 심리검사의 이로운 점에 대해 알린다.

③ 검사자 변인

따뜻하고 공감적이며 존중의 태도가 필요하다. 검사자의 행동이 수검 태도와 반응에 영향을 줄 수 있다.

④ 검사 상황 변인

소음과 자극으로부터 보호되어야 하며, 안정적인 자리 배치와 정서적 안정감이 필요하다.

③ 2020년 기출문제

1 비표준화된 면접의 단점을 3가지 쓰시오.

🗃️ 모범답안

① 임상가의 기술과 창의성에 따라 자료 수집의 효율성과 수집된 자료의 가치에 차이가 있을 수 있다.

② 임상가의 판단과 능력이 다양하기 때문에 면담을 통해 가치 있고 유용한 자료를 얻기 위해서는 임상가의 숙련된 전문성이 필요하다.

③ 임상가의 질문에 의존하는 형식으로 인해 수집된 자료를 객관적으로 수량화하기가 어렵다.

학습 Plus 구조화된 면담과 비구조화된 면담의 장점과 단점

- **구조화된 면담**

  (장점)

  – 표준화된 방식의 자료수집이 가능하기에 면담자 간 신뢰도를 높여 주며, 해석에 도움이 되는 규준 값을 제공할 수 있다.

  – 면담 절차와 질문이 구체적으로 만들어져 있어 정해진 시간 내에 최대한의 주요 정보를 얻을 수 있다.

  (단점)

  – 사전 준비된 질문의 범위를 벗어나는 정보를 얻을 수 없기에 면담의 상황이나 내담자의 문제와 상태에 따른 융통성을 발휘할 수 없다.

  – 면담 과정에서 내담자의 자발성이 억제되기 때문에 구체적인 개개인에 초점을 맞춰 평가하는 데 한계가 있다.

- **비구조화된 면담**

  (장점)

  – 미리 정해진 일정한 구조와 틀이 없이 내담자의 반응을 검토하고 질문하기에 면담의 융통성이 있고 라포 형성에 유리하다.

  – 내담자의 진술에 따라 특정한 내용에 초점을 맞추어 중요한 정보를 집중적으로 탐색할 수 있다.

  (단점)

  – 임상가의 기술과 창의성에 따라 자료수집의 효율성과 수집된 자료의 가치에 차이가 있을 수 있다.

  – 임상가의 판단과 능력이 다양하기 때문에 면담을 통해 가치 있고 유용한 자료를 얻기 위해서는 임상가의 숙련된 전문성이 필요하다.

2 다중양식이론은 행동치료나 합리적-정서적 행동치료 및 인지치료 등에서 나왔지만 다른 모든 접근과는 별개의 독특한 특성을 갖고 있다. MMT의 특성을 5가지만 쓰시오.

 모범답안

① BASIC ID 전체에 독특하고 포괄적인 주의를 둔다.
② 이차적인 BASIC ID 평가를 사용한다.
③ 양식 프로파일을 사용한다.
④ 구조적 프로파일을 사용한다.
⑤ 의도적인 다리놓기 절차를 사용한다.
⑥ 양식의 점화 순서를 추적한다.

<BASIC ID>
• Behavior: 행동
• Affect: 정동
• Sensation: 감각(예 보기, 듣기, 냄새 맡기, 맛보기, 만지기)
• Image: 심상
• Cognition: 인지(예 신념, 가치)
• Interpersonal relationship: 대인관계
• Drug: 약품(약물 사용, 건강, 다이어트 등을 포함하여 건강에 관한 관심)

중다양식 접근에서는 BASIC ID(Behavior, Affect, Sensation, Image, Congnition, Interpersonal Relationship, Drug)에 해당되는 7가지 요소를 치료에서 고루 사용할 때 효과적임을 강조한다.

3 인지적 왜곡의 5가지 유형을 쓰고 설명하시오.

모범답안

① 이분법적 사고(흑백논리적 사고)

어떤 상황을 연속선상에서 보지 않고 양극단으로만 보는 것을 말한다. 두 가지 극단 중 하나로 경험을 범주화하는 것을 의미한다.

② 과잉 일반화

한 가지 사건에 기초한 결론을 광범위하게 적용시키는 것을 말한다. 하나 또는 몇 개의 고립된 사건에서 일반적인 규칙을 추출해 내고 이를 다른 사상이나 상황에 부적절하게 적용하는 것을 의미한다.

③ 정신적 여과(선택적 추상화)

전체를 보지 않고 부정적인 하나의 세부 사항에만 지나치게 집중하고 선택적으로 받아들여 결론을 내리는 것을 말한다.

④ 임의적 추론

어떤 결론을 지지하는 증거가 없거나 그 증거가 결론에 위배됨에도 불구하고, 명확한 근거나 증거의 뒷받침 없이 주관적으로 추측하여 이를 토대로 결론을 내리는 것을 말한다.

⑤ 의미 확대, 의미 축소

자신이나 다른 사람 혹은 어떤 상황을 평가할 때, 부정적인 측면을 지나치게 강조하고 긍정적인 측면은 최소화하는 것이다.

학습 Plus　　인지오류의 유형

- **이분법적 사고(흑백논리적 사고)**: 어떤 상황을 연속선상에서 보지 않고 양극단으로만 보는 것을 말한다. 두 가지 극단 중 하나로 경험을 범주화하는 것을 의미한다.
- **과잉 일반화**: 하나 또는 몇 개의 고립된 사건에서 일반적인 규칙을 추출해 내고 이를 다른 사상이나 상황에 부적 절하게 적용하는 것을 의미한다.
- **정신적 여과(선택적 추상화)**: 전체를 보지 않고 부정적인 하나의 세부 사항에만 지나치게 집중하고 선택적으로 받아들여 결론을 내리는 것을 말한다.
- **의미 확대, 의미 축소**: 자신이나 다른 사람 혹은 어떤 상황을 평가할 때, 부정적인 측면을 지나치게 강조하고 긍 정적인 측면은 최소화하는 것이다.
- **감정적 추론**: 자신의 감정 반응이 실제 상황을 반영하고 사실이라고 믿고, 그 반대의 증거는 무시하거나 고려하 지 않는 것을 말한다.
- **개인화**: 인과적 연결을 지지하는 증거 없이 외부적 사건을 자기 자신에게 귀인하여 잘못 해석하는 것을 말한다.
- **잘못된 명명(낙인 찍기)**: 자기 스스로 부정적인 관점을 통해 개인의 정체성과 인식을 평가하는 것을 말한다.
- **독심술**: 충분한 근거 없이 상대방의 생각이나 의도, 마음을 알고 있다고 믿는 것을 말한다. 상호작용이나 관계에 있어서 타인이 어떤 생각을 하고 있는지 본인이 안다고 생각하는 것을 의미한다.
- **예언자적 오류**: 충분한 근거 없이 미래에 일어날 일을 단정하고 확신하는 것이다. 마치 미래의 일들을 미리 볼 수 있는 예언자인 것처럼 앞으로 일어날 결과를 부정적으로 예측하고 이를 굳게 믿는다.
- **파국화**: 어떤 사건에 대해 과도하게 염려하거나 두려워하는 것을 말한다. 항상 최악의 상황을 상상하기에 공포나 불안을 크게 느낀다.
- **임의적 추론**: 어떤 결론을 지지하는 증거가 없거나 그 증거가 결론에 위배됨에도 불구하고, 명확한 근거나 증거 의 뒷받침 없이 주관적으로 추측하여 이를 토대로 결론을 내리는 것을 말한다.

4 REBT에서 논박의 유형에 대해 4가지를 쓰고 설명하시오.

모범답안

① 논리적 논박: 내담자 신념의 논리성에 관한 질문을 통해 비합리적 신념을 수정한다.
  예 그러한 신념이 타당하다는 논리적 근거는 무엇인가? 그렇게 생각하는 것은 논리적 비약이 아닌가?

② 경험적 논박: 내담자 신념의 현실성에 관한 질문을 통해 비합리적 신념을 수정한다.
  예 그러한 신념이 타당하다는 사실적 또는 경험적 근거는 무엇인가? 그렇게 생각할 만한 현실적인 근거가 있는가?

③ 실용적/기능적 논박: 내담자 신념의 실용성에 관한 질문을 통해 비합리적 신념을 수정한다.
  예 그러한 신념은 당신이 추구하는 목적을 달성하는 데 도움이 되는가? 당신의 기분을 좋게 만드는 데 도움이 되는가? 당신의 인간관계를 긍정적으로 만드는 데 어떤 도움이 되는가?

④ 철학적 논박: 내담자 신념의 삶의 유익성에 관한 질문을 통해 비합리적 신념을 수정한다.
  예 그러한 신념이 과연 당신을 행복하게 하는가? 당신의 인생에 있어서 어떤 의미를 가지고 있는가?

학습 Plus | REBT의 비합리적 신념과 당위성 유형

※ 비합리적 신념

심리적 문제의 원인이 되고, 문제 상태를 계속해서 유지시키는 생각을 말하며, 당위성(당위적 진술)이 포함된다.

〈당위성의 유형〉

① 자신에 대한 당위성

'나는 실수해서는 안 된다.' '나는 항상 올바르게 행동해야 한다.' '나는 성공해야 한다.' '나의 외모는 매력적이어야 한다.' '나는 절대 살쪄서는 안 된다.'

② 타인에 대한 당위성

'가족이니까 나에게 관심을 가져야 한다.' '사람들은 내 말을 잘 들어줘야 해.' '가족은 나에게 화를 내면 절대 안 된다.' '자식이니까 내 말을 들어야 한다.' '사람들은 서로 돕고 이해해야 한다.'

③ 세상에 대한 당위성

'우리가 사는 세상은 항상 공정하고 안전해야 한다.' '나의 가정(직장)은 문제가 없어야 한다.' '우리 집에 나쁜 일이 일어나서는 안 된다.'

5 치료 중 내담자가 '죽고 싶다'고 보고하였을 때 치료자의 적절한 반응 6가지를 구체적으로 쓰시오.

 모범답안

① 내담자와 신속히 라포를 형성하고 개방형 질문과 적극적 경청으로 내담자의 언어적·비언어적 메시지 모두에 관심을 기울인다.

② 내담자의 안전을 돕고 자살 이외의 다른 대안들을 생각할 수 있도록 한다.

③ 내담자의 욕구나 갈등을 파악하고 문제를 해결할 수 있는 계획을 세우도록 돕는다.

④ 내담자가 이용할 수 있는 지역사회의 다양한 인접 자원들을 활용하도록 도움을 준다.

⑤ 위기전화상담이나 긴급히 연락을 취할 수 있는 방법에 대해서 안내해 준다.

⑥ 상담자는 신속한 위기 개입을 위해 다른 전문기관에 내담자를 의뢰할 수 있어야 한다.

6 행동수정에서 처벌의 사용이 야기할 수 있는 해로운 효과를 5가지 쓰시오.

모범답안

① 바람직하지 않은 반응을 감소시키면서 동시에 바람직한 대안 반응을 증가시키지 않으면 처벌적 기능만 남을 수 있다.

② 바람직하지 않은 행동 뒤에 처벌을 즉각적으로 주어져야 한다. 처벌이 지연되면 바람직한 행동이 나올 수 있고, 처벌이 지연되는 동안에 출현한 모든 행동이 부적 처리가 될 수 있다.

③ 간혹 주는 처벌은 바람직하지 않은 행동을 할 때마다 처벌을 주는 것보다 효과가 떨어지고, 행동과 처벌 간의 유관성이 낮아 학습이 안 되고 심리적 긴장과 불안을 초래할 수 있다.

④ 바람직하지 않은 행동 뒤에 즉각적인 강화를 받는다면(관심, 위안, 돌봄 등) 오히려 문제행동의 빈도가 커질 수 있다.

⑤ 처벌을 주며 분노와 좌절 등의 감정을 보이면 바람직하지 않은 행동이 오히려 강화될 수 있고, 혹은 처벌의 강도나 일관성이 변질될 수 있다.

7 알코올 중독 부모를 둔 청소년들을 대상으로 집단상담을 할 경우 상담에서 포함
되어야 할 사항 5가지를 쓰시오.

모범답안

① 부모의 음주 행동이 자신의 탓이 아님을 인식시킨다.

② 동일한 문제를 지닌 집단원 속에서 돌봄과 지지, 공감을 나누도록 한다.

③ 자기 스스로를 돌보도록 하고 일상의 기능을 회복하도록 돕는다.

④ 자신의 감정을 표현하고 정화하는 과정에서 자기조절을 키우도록 한다.

⑤ 심리적 안정감을 돕고 긍정적인 자기개념을 증진하도록 한다.

⑥ 자신의 가치를 증진하는 활동을 통해 희망과 기대를 유지하도록 한다.

8 Locke와 Latham(1984)의 내담자가 스스로 치료목표를 설정했을 때 내담자에게 도움이 되는 장점 5가지를 쓰시오.

① 목표는 동기의 기초이며 특정한 방향으로 행동을 이끈다.
② 목표는 개인이 일에 얼마나 많은 노력을 기울여야 하는지를 결정하기 위한 지침을 제공한다.
③ 목표는 의도적인 행동으로서 과업 수행에 대한 내적 동기와 노력을 유발한다.
④ 목표를 선택하고 실행하는 동안에 개인적 가치와 의미가 증진된다.
⑤ 목표를 선택하고 수행하는 과정은 자기평가의 기준을 제공한다.

학습 Plus 목표설정이론(goal setting theory)

1968년에 로크(E. A. Locke)에 의하여 개념화된 인지과정 이론의 일종으로, 목표가 실제 행위나 성과를 결정하는 요인으로 보는 이론을 말한다.

※ 목표 설정 단계에서의 유의점
- 목표는 측정 가능하고 계량적이어야 한다.
- 목표는 구체적이어야 한다.
- 목표는 기대되는 결과를 확인할 수 있어야 한다.
- 목표는 내담자의 능력 범위 내에 있어야 한다.
- 목표는 현실적이고 달성 가능해야 한다.
- 목표는 그 달성에 필요한 시간의 제한을 명확히 나타내어 주어야 한다.

9 투사적 검사의 장점과 단점에 대해 각각 2가지씩 쓰시오.

① 투사적 검사의 장점

- 검사 반응이 독특하다.

  투사적 검사는 객관적 검사와는 다르게 개인의 독특한 반응을 나타나게 해 준다는 점에 서 개인을 이해하는 데 유용하다.

- 방어가 어렵다.

  투사적 검사는 모호하고 생소하고 불분명한 자극을 제시하므로 수검자가 그에 대해 적 절한 방어를 하기가 어렵다. 객관적 검사와 비교해 보면 수검자는 객관적 검사의 문항 을 읽으면서 그 내용을 이해할 수 있고 그에 따라 방어적으로 응답할 수 있지만, 투사적 검사에서는 자신의 의도에 맞추어 방어적으로 응답하기가 어렵다.

- 검사의 반응이 풍부하다.

  투사적 검사는 검사 자극이 모호하고 검사 지시가 일정한 응답 방식을 요구하지 않으므 로 독특하고 다양하고 풍부한 내용의 반응이 드러나기 쉽다는 점에서 개인의 심리적 특 성을 잘 반영해 줄 수 있다.

② 투사적 검사의 단점

- 투사적 검사는 신뢰도가 낮다.

  검사 반응의 일관성이 결여되어 있다는 투사적 검사의 특징에 기인한다. 특히 투사적 검사의 반응이 개인의 지속적인 특성을 반영하는 것이 아니라 정서적 상태나 심리적 상 태를 반영하는 경우 반응의 일관성이 부족하게 되고, 이로 인해 투사적 검사의 신뢰도가 저하되는 경향이 있다.
- 투사적 검사는 타당성 문제가 있다.
  투사적 검사 해석의 근거가 과학적으로 충분히 검증되지 않았다는 점으로 인해 타당도 측면에서 해석에 필요한 근거를 충분히 마련할 필요가 있다.
- 검사 반응이 상황에 따라 영향을 받는다.
  검사자의 성, 태도, 수검자에 대한 선입견 등이 검사 반응에 영향을 미침으로써 수검자의 특성 외에 검사 시행의 상황적 조건이 영향을 미칠 수 있다.

<투사적 검사와 객관적 검사의 장점과 단점>

투사적 검사		객관적 검사	
장점	단점	장점	단점
• 검사 반응이 독특하다. • 방어가 어렵다. • 검사의 반응이 풍부하다. • 개인의 무의식적 내용이 반영된다.	• 신뢰도가 낮다. • 타당성 문제가 있다. • 검사 반응이 상황에 따라 영향을 받는다.	• 검사 실시가 간편하다. • 신뢰도가 검증되어 있다. • 객관성이 보장되어 있다. • 타당도가 검증되어 있다.	• 사회적 바람직성의 영향을 받는다. • 반응 경향성이 나타날 수 있다. • 문항 내용이 제한되어 있다.

10 MMPI-2를 법정장면에서 사용할 때 피검자가 '모두-그렇다' 또는 '모두-아니다'로 반응하는 경우 어떻게 해석해야 하는가?

모범답안

- 실제 정신병적 혼란일 수 있거나 혹은 자신의 증상을 과장하여 보고했을 가능성이 있다. 또는 비협조적인 태도나 동기 부족, 부주의한 경향으로 인한 결과일 수 있다. 검사 해석에 주의할 필요가 있고, 80T 이상이면 타당성이 의심되기에 무효 파일로 간주할 수 있다.
- 문항 내용과 상관없이 무분별하게 '그렇다'로 응답하는 경향(모두 긍정) 혹은 '아니다'로 응답하는 경우, 원점수가 13점 이상(T≥80)이면 검사자료의 타당성을 의심할 수 있는 정도의 비일관적인 응답을 보인 것으로 간주하여 해석하지 않도록 한다.

11 MMPI에서 0번 척도 Si가 낮을 경우 임상적 특징을 5가지 쓰시오.

모범답안

① 사교적이고 활발하며 외향적이다.

② 언변이 유창하고 말수가 많으며 자기표현을 잘한다.

③ 다른 사람들과 어울리고자 하는 대인관계의 욕구가 강하다.

④ 여러 사람과 잘 어울리고 폭넓은 관계를 맺지만 피상적일 수 있다.

⑤ 권력, 지위, 인정 등에 관심이 있으며, 경쟁적인 상황을 즐기는 편이다.

학습 Plus 척도 0 내향성(Social introversion: Si)

- 척도 0은 내향성-외향성 차원과 관련된 특징들을 측정하는 척도이다.
- 해당 문항들은 대인관계 기술의 부족, 사회적 상호작용의 불편감, 사회 활동에 대한 회피적 태도 등을 반영하며, 그 외에 전반적인 신경증적 부적응 및 자기비하 양상을 다루는 내용으로 구성되어 있다.

※ 척도 0 (내향성/외향성)

① 척도 0이 높은 경우
- 사회적으로 내향적이고 소극적이며 수줍음이 많다.
- 다른 사람에게 자신이 어떻게 비춰지는지에 민감하다.
- 다른 사람에게 자신의 생각과 감정을 잘 표현하지 않으며 행동이 조심스럽다.
- 사회적 상황에 대한 불편감, 불안정감을 느끼며, 많은 사람과 어울려야 하는 상황이나 집단 활동을 어려워한다.
- 대인관계에서 수동적이고 순응적이며, 권위적인 대상의 의견을 거부하지 못하고 쉽게 받아들인다.

② 척도 0이 낮은 경우
- 사교적이고 활발하며 외향적이다.
- 언변이 유창하고 말수가 많으며 자기표현을 잘한다.
- 다른 사람들과 어울리고자 하는 대인관계의 욕구가 강하다.
- 여러 사람과 잘 어울리고 폭넓은 관계를 맺지만 피상적일 수 있다.
- 권력, 지위, 인정 등에 관심이 있으며, 경쟁적인 상황을 즐기는 편이다.

12 지능검사 실시 후에 병전지능을 추정하는 방법에 대해서 설명하시오.

① 소검사에 근거한 추정

소검사 중 어휘, 상식, 토막짜기 소검사의 환산점수에 기초해 병전지능을 추정한다.

② 언어 능력에 근거한 추정

어휘 및 언어 능력 점수에 기초해 병전지능을 추정한다. 이는 일반적 병전지능을 추정하는 데 안정적인 특성이 있어 상대적으로 다른 소검사에 기반한 추정에 비해 유용하다.

③ 인구통계학적 특성을 활용한 추정

지능검사의 수행 양상과 연령, 교육수준, 과거 학업 성취도 및 직업력 등 인구통계학적 특성을 함께 고려해 병전지능을 추정한다.

학습 Plus

- **현재 지능**

  전체지능지수(Full Scale Intelligence Quotient : FSIQ), 언어이해지수(VCI), 지각추론지수(PRI), 작업기억지수(WMI), 처리속도지수(PSI)를 백분위, 오차 범위로 밝히는 방식으로 기술한다.

- **병전지능의 추정**

  – 지능검사 후, 원래의 지능 수준을 추정하여 현재의 지능 수준과의 차이를 계산해 봄으로써 급성적·만성적 병적 경과, 지능의 유지나 퇴보 정도를 파악한다.

  – 대표적인 병전지능 추정 방식으로는 소검사에 근거한 추정방법이 있다. 병전지능 추정의 기준이 되는 소검사는 요인분석 결과 가장 안정적이고 대표적인 '어휘'와 '상식', '토막짜기'로, 피검자의 현재 지능이 병전지능에 비해 15점 이상 저하되어 있다면 유의한 지적 기능의 저하로 간주한다.

- **언어성 검사와 동작성 검사 간의 비교**

  각 개인이 속한 연령 집단에서의 유의미한 점수 차이를 근거로 하여 피검자의 언어성 검사지수와 동작성 검사지수 간의 차이가 유의미한지를 판단한다. 만약 차이가 난다면 유의미한 이유에 대해 추론해 보아야 한다.

- **소검사 점수 분산 분석**

  각 소검사의 평균치들의 유의한 점수 차이는 어휘분산, 평균치 분산, 변형된 평균치 분산 분석의 3가지 방식에 따라 측정한다.

13 로샤 검사에서 연령과 상이한 환경, 상이한 특성 등이 있다. 로샤 검사 시 연령 차이에 따라 같은 반응이라도 해석이 달라질 수 있으므로 아동 로샤 검사 시 정확한 검사를 위해 임상가가 반드시 알아야 하는 내용에 대해 4가지를 쓰시오.

모범답안

① 로샤 검사의 채점과 해석 시 연령에 따른 규준을 잘 알고 있어야 한다.
② 아동의 성격 발달과 정신병리에 대한 이해와 지식을 갖추고 있어야 한다.
③ 아동의 상이한 환경과 상이한 특성상의 변화요인과 안정요인에 대한 이해가 있어야 한다.
④ 검사 실시 절차와 과정을 이해하고 수집된 자료와 배경 등의 정보를 통합적으로 고려해야 한다.

14 로샤 검사의 특수 지표 중 우울 지표 5가지를 쓰시오.

모범답안

• 우울 지표
  – (FV+VF+V>0) 혹은 (FD>2)
  – (Col-Shd Blends>0) 혹은 (S>2)
  – [3r+(2)/(R)>.44이고 Fr+rF=0] 혹은 [3r+(2)/R<.33]
  – (Afr<.46) 혹은 (Blends<4)
  – (Sum Shading>FM+m) 혹은 (Sum C′>2)
  – (MOR>2) 혹은 (2AB+Art+Ay>3)
  – (COP<2) 혹은 (Bt+2Cl+Ge+Ls+2Na/R>.24)
    * 5개 이상 해당될 경우 DEPI(Depression Index)

학습 Plus	로샤 검사의 특수 지표

로샤 검사의 특수 지표	
S-Constellation(Suicide Potential)	PTI(Perceptual-Thinking Index)
☐ 8개 이상 해당될 경우 체크 　주의: 14세 이상의 수검자에게만 적용 ☐ FV+VF+V+FD>2 ☐ Color-Shading Blends>0 ☐ 3r+(2)/R<.31 혹은 >.44 ☐ MOR>3 ☐ Zd>+3.5 혹은 Zd<-3.5 ☐ es>EA ☐ CF+C>FC ☐ X+%<.70 ☐ S>3 ☐ P<3 혹은 P>8 ☐ Pure H<2 ☐ R<17	☐ XA%<.700|고 WDA%<.75 ☐ X-%>.29 ☐ LVL2>2이고 FAB2>0 ☐ R<17이고 WSUM6>12 혹은 　R>16이고 WSUM6>16 ☐ M->1 혹은 X-%>.40
DEPI(Depression Index)	CDI(Coping Deficit Index)
☐ 5개 이상 해당될 경우 체크 ☐ (FV+VF+V>0) 혹은 (FD>2) ☐ (Col-Shd Blends>0) 혹은 (S>2) ☐ [3r+(2)/(R)>.44이고 Fr+rF=0] 　혹은 [3r+(2)/R<.33] ☐ (Afr<.46) 혹은 (Blends<4) ☐ (Sum Shading>FM+m) 혹은 (Sum C'>2) ☐ (MOR>2) 혹은 (2xAB+Art+Ay>3) ☐ (COP<2) 혹은 　[(Bt+2Cl+Ge+Ls+2xNa)/R>.24]	☐ 4개 또는 5개 이상이면 체크 ☐ (EA<6) 혹은 (Adj D<0) ☐ (COP<2)이고 (AG<2) ☐ (Weighted Sum C<2.5) 혹은 　(Afr<.46) ☐ (Passive>Active+1) 혹은 (Pure H<2) ☐ (Sum T>1) 혹은 (Isolate/R>.24) 혹은 　(Food>0)
HVI(Hypervigilance Index)	OBS(Obsessive Style Index)
☐ 1번을 만족시키고 아래 7개 중 최소한 4개가 해당될 경우 체크 ☐ (1) FT+FT+T=0 ☐ (2) Zf>12 ☐ (3) Zd>+3.5 ☐ (4) S>3 ☐ (5) H+(H)+Hd+(Hd)>6 ☐ (6) (H)+(A)+(Hd)+(Ad)>3 ☐ (7) H+A:Hd+Ad<4:1 ☐ (8) Cg>3	☐ (1) Dd>3 ☐ (2) Zf>12 ☐ (3) Zd>+3.0 ☐ (4) Populars>7 ☐ (5) FQ+>1
	☐ 1개 이상 해당될 경우 체크 ☐ (1)~(5) 모두 해당 ☐ (1)~(4) 중에서 2개 이상 해당되고 　FQ+>3 ☐ (1)~(5) 중에서 3개 이상 해당되고 　X+%>.89 ☐ FQ+>3이고 X+%>.89

15 로샤 검사의 소외 지표 계산 공식을 쓰고 답을 쓰시오.

Bt=1, Cl=0, Ge=0, Ls=1, Na=1, R=16

소외 지표(isolation index): (Bt+2Cl+Ge+Ls+2Na)/R

{1+(2×0)+0+1+(2×1)}/16=0.25

학습 **Plus**　　로샤 검사의 구조 요약: 대인관계 영역

대인관계 영역(interpersonal section)은 5개의 빈도 자료를 포함하여 총 10개의 항목이 해당된다.

- 빈도 자료: COP, AG, Food, Pure H, PER
- GHR: PHR
- Sum T
- a: p
- 대인관계 관심(Interpersonal Interest: Human Cont): 인간에 대한 관심을 나타내는 지표로, Hx는 포함되지 않는다.

Human Cont=Sum H+(H)+Hd+(Hd)

- 소외 지표(Isolation Index: Isolate/R): 사회적 고립과 관련되어 있으며, 구름과 자연 범주는 2배로 계산한다.

Isolate/R=Bt+2Cl+Ge+Ls+2Na/R

16 지능검사 지각추론 소척도 5가지를 쓰시오.

모범답안

- 지각추론지수(PRI): 지각추론지수는 언어를 사용하지 않고 시각적인 자극을 추상적으로 추론하여 얻게 된다. 비언어적인 기술, 주의력과 집중력, 시지각적 추론과 변별, 시공간 능력, 유동적이고 비언어적인 추론능력 등을 측정한다.

구분	소검사	측정내용
핵심 소검사	토막짜기	유동적 지능, 시지각 및 조직화 능력, 동시적 처리능력, 시각-운동 협응 능력, 공간적 시각화 능력 등을 측정한다.
	행렬추론	부분과 전체의 관계를 파악하는 능력, 유동적 지능, 동시적 처리능력, 지각적 조직화 능력, 추상적 추론능력, 시공간적 추론능력 등을 측정한다.
	퍼즐	비언어적 추론능력, 시각적 재인능력, 시공간적 추론능력, 유동적 추론능력, 지속적인 시각적 주의력 및 집중력 등을 측정한다.
보충 소검사	무게비교	비언어적 수학적 추론능력, 양적 및 유추적 추론능력, 시각적 조직화 및 집중력, 귀납적 사고 및 연역적 사고, 지속적 주의력 등을 측정한다.
	빠진 곳 찾기	시지각적 조직화 능력, 시각적 집중력, 시각적 주의, 시각적 재인 및 장기기억, 본질과 비본질을 구분하는 능력 등을 측정한다.

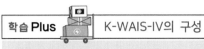

학습 Plus   K-WAIS-IV의 구성

지수척도(index scale)			소검사	
			핵심 소검사	보충 소검사
전체척도 (full scale)	일반능력지수 (GAI)	언어이해지수 (VCI)	공통성 어휘 상식	이해
		지각추론지수 (PRI)	토막짜기 행렬추론 퍼즐	무게비교 빠진 곳 찾기
	인지효능지수 (CPI)	작업기억지수 (WMI)	숫자 산수	순서화
		처리속도지수 (PSI)	동형찾기 기호쓰기	지우기

17 문장완성검사를 실시할 때 수검자에게 설명해야 할 핵심적인 내용을 5가지 쓰시오.

📦 모범답안

① 답에는 정답, 오답이 없기에 생각나는 것을 쓰도록 함
② 글씨 쓰기나 글짓기가 아니기에 글씨나 문장의 좋고 나쁨을 걱정하지 말고 작성할 것
③ 주어진 어구를 보고 제일 먼저 생각나는 것을 쓸 것
④ 시간 제한은 없으나 오래 생각하기보다는 빨리 쓰도록 할 것
⑤ 펜이나 연필로 쓰되 지울 때는 두 줄로 긋고 옆에 빈 공간에 쓸 것

18 유동성 지능과 결정성 지능을 측정하는 소검사를 각각 3가지 이상 제시하고 설명하시오.

① 유동성 지능

　　유전적이고 선천적인 지능으로, 뇌와 중추신경계의 성숙에 비례하여 발달하게 되며, 외부요인 혹은 노령화에 의해 퇴화되는 지능이다(옌 토막짜기, 모양 맞추기, 빠진 곳 찾기).

② 결정성 지능

　　성장하면서 겪게 되는 개인의 교육, 문화 등 다양한 환경 속 상호작용을 통해 발달하며 유동적 지능을 기반으로 학습을 통해 계속 발달해 나가는 지능이다(옌 공통성, 기본지식, 어휘, 이해).

19 심리검사 문항 작성 시 고려해야 할 사항 5가지를 쓰시오.

모범답안

① 명확하고 간단하게 문항을 작성한다.
② 각 문항은 단일한 개념을 지니고 있어야 한다.
③ 문장은 가급적 짧고 이해하기 쉽게 작성한다.
④ 문장은 현재의 시제로 쓴다.
⑤ 긍정과 부정의 느낌을 표현하는 문장들의 수가 같도록 한다.

20 로샤 검사에서 반응 응답으로 알 수 없을 때 추가로 확인해야 하는 것에 대해 3가지를 쓰시오.

모범답안

① 반응영역(어디서 그렇게 보았는지, 즉 전체를 보았는지 또는 부분을 보았는지 등)
② 반응결정인(무엇이 그렇게 보도록 만들었는지, 즉 형태 때문인지 또는 색채 때문인지 등)
③ 반응내용(어떤 내용인지, 즉 사람, 동물, 풍경 등)

※ 피검자의 응답이 주어지고 난 후에는 기본적으로 세 가지 항목에 대한 질문을 통해 반응을 구체화한다.

④ 2019년 기출문제

1 가족치료자들이 가족의 기능을 변화시키기 위해 사용하는 치료법을 3가지 쓰고 설명하시오.

① 가족 조각(family sculpting)
- 가족 조각 기법은 가족이 특정한 사건에 대한 거리감, 대처하는 자세나 태도를 신체를 통하여 시각적, 공간적으로 표현하는 기법이다.
- 가족 안에서 가족의 감정적인 대립이나 갈등들을 말로만 표현하는 데에는 한계가 있다. 이에 가족 구성원 간의 관계를 시각화하여 묘사함으로써 가족이 가족 구조를 사실적으로 지각하며 인정할 수 있다.
② 가족 가계도(genogam)
- 가계도란 내담자 가족의 여러 세대에 걸쳐 나타나는 가족의 패턴을 알고, 가족사에서 나타나는 죽음, 질병, 사고, 성공 등이 핵가족의 사건과 어떤 관계가 있고, 어떤 영향을 미치는지 이해하기 위한 가족 도표이다.

- 가계도는 적어도 3대에 걸쳐서 조사되며, 가능하다면 가족이 많이 참여한 가운데서 상담자와 함께 작성하는 것이 바람직하다. 상담 횟수가 많아질수록 가족관계는 더욱 구체적이고 세분화되어 그려진다.

③ 빈 의자 기법(empty chair in family therapy)
- 빈 의자 기법은 빈 의자를 어떤 상징적인 대상으로 간주하여 대화하도록 하는 기법으로서, 내담자와 갈등을 일으키고 있는 대상과 문제, 그에 대한 감정 상태를 알 수 있다.
- 이 기법은 빈 의자를 내담자와 갈등을 일으키고 있는 대상으로 여기고, 의자를 내담자 앞에 두고 2개의 의자에 번갈아 옮겨 가면서 두 사람의 역할을 하며 대화하는 방식을 취한다.
- 이 기법에서는 현재의 갈등 대상자를 빈 의자 역할로 대신 사용할 수 있고, 빈 의자를 통해 내담자 원가족의 부모와의 관계에서 가족 투사, 가족 연합, 희생양, 부모화 역할 등을 재작업할 수 있다.

④ 가족 재구성(family reconstruction)
- 원가족에 대한 가족 지도를 작성하고, 가족규칙과 가족주제를 함께 나눈다. 내담자 자신의 어린 시절의 한 사건을 선택하여 재연하게 하고, 이를 통하여 원가족과 자신에 대한 다른 감정과 시각을 가질 수 있도록 재구조화한다.
- 한 개인의 역기능적이고 왜곡된 과거의 경험과 현재의 대처방식을 긍정적인 방향으로 선택하고 성장할 수 있도록 도와주는 역할을 한다.

⑤ 관계실험(relationship experiment)
- 가족 내의 삼각관계를 변화시키기 위해 가족 구성원에게 새로운 관계를 시도해 보는 행동적 과제를 준다. 가족으로 하여금 가족체계 과정을 인식하고 그 과정 내에서 자신의 역할을 깨닫도록 학습시킨다.

2 게슈탈트 상담의 목표 5가지를 쓰시오.

모범답안

① 내담자의 체험을 확장한다. 자신의 사고와 감정, 욕구, 상상, 신체감각, 환경에 대한 지각을 확장함으로써 환경과 효과적으로 접촉하면서 자신의 바람을 표현하며 충족하는 것을 배우도록 한다.

② 내담자의 인격을 통합한다. 내담자로 하여금 그동안 억압되고 소외되어 온 인격의 부분들을 다시 알아차리고 체험함으로써 자신의 인격으로 통합시키도록 한다.

③ 내담자의 자립 능력을 증진한다. 내담자의 자립 능력을 일깨워 회복하도록 돕는다. 게슈탈트치료자들은 내담자가 스스로 자신을 보살필 수 있다고 믿는다.

④ 내담자로 하여금 자신의 삶에 대한 책임을 자각하게 한다. 내담자가 타인에게 의존하려는 자세를 버리고 자신의 행동을 스스로 선택하고 책임질 수 있도록 돕는다.

⑤ 내담자의 성장을 돕는다. 내담자의 증상 제거보다는 성장에 초점을 두고 스스로 혼란을 극복하여 새로운 변화와 성장을 향해 나아가도록 돕는다.

⑥ 내담자의 실존적 삶을 촉진한다. 내담자로 하여금 내적으로는 자신의 유기체적 욕구를 외면하지 않고 받아들여 모든 잠재적 가능성을 실현시켜 나가는 동시에 외적으로는 타인이나 자연 세계의 본연의 모습을 인식하며 진실한 접촉을 하도록 돕는다.

3 상담목표를 설정 시 유의사항 5가지를 쓰시오.

 모범답안

① 목표는 행동보다는 결과적 또는 성취적 목표로 설정해야 한다.

② 목표는 검증이 가능하며, 구체적인 행동으로 이어질 수 있는 것이어야 한다.

③ 목표는 가시적이고 실제적인 차이로 나타나는 것이어야 한다.

④ 목표는 내담자의 능력 및 통제력을 고려한 현실적인 것이어야 한다.

⑤ 목표는 내담자의 가치에 맞는 것이어야 한다.

⑥ 목표는 도달을 위한 현실적인 기간이 설정되어야 한다.

학습 Plus 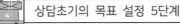	상담초기의 목표 설정 5단계

① **1단계**: 상담목표 설정의 목적과 필요성에 대해 내담자가 납득할 수 있도록 자세히 설명한다.

② **2단계**: 내담자가 원하는 것을 근거로 하여 상담목표를 설정한다.

③ **3단계**: 내담자가 세워진 목표에 합의하는지 확인해 본다.

④ **4단계**: 목표 달성이 가져다줄 이점과 손실을 검토하고 목표 달성에 장애가 될 수 있는 요인을 파악한다.

⑤ **5단계**: 필요한 경우 목표 실행 과정에서 원래 정한 목표를 수정하여 새로운 목표를 설정한다.

4 단기상담이 적합한 내담자의 특징 6가지를 쓰고 설명하시오.

🗃 모범답안

① 환경적인 요인에 의해서 급성적으로 발생한 문제로 고통 받는 내담자
② 이전에 양호한 적응 능력을 가진 경험이 있었던 내담자
③ 대인관계에서 타인과 양호한 관계 형성의 능력이 있는 내담자
④ 상담에 대한 동기가 높은 내담자
⑤ 주 호소 문제를 구체적으로 표현할 수 있는 내담자
⑥ 인간관계에서 소통이 잘되고 정신 기능이 비교적 건강한 내담자
⑦ 비교적 문제가 경미하며 그 문제에 대한 생각이 좀 더 명확하게 해결되기를 원하는 내담자
⑧ 조직체의 구성원인 내담자(각종 조직이나 기관의 구성원)
⑨ 인생에 중요한 영향을 끼친 주요 인물과 최근에 사별했거나 이별한 내담자
⑩ 생활이나 지위에 최근 어떤 변화가 일어나서 급성적 상황으로 인한 정서적 어려움을 겪는 내담자
⑪ 인간으로서 겪는 다양한 발달 과업에 수반하는 심리적 변화를 겪는 내담자(임신, 출산, 자녀 양육, 은퇴, 노화 등)
⑫ 성격장애에 해당되지 않는 내담자

5 사별한 노인을 대상으로 하는 자조집단의 운영목표 3가지를 쓰시오.

 모범답안

① 사별로 인한 충격을 완화하고 애도 과정을 통해 상실을 극복하도록 한다.
② 사별로 인한 슬픔의 과정을 극복할 수 있도록 돕는다.
③ 일상생활과 사회에 잘 적응할 수 있는 구체적인 도움을 제공한다.
④ 위기와 질병을 예방하고 변화된 삶, 성숙한 삶을 유지해 나가도록 돕는다.
⑤ 소속감과 동질감을 통해 새로운 지지적 관계망을 수립하도록 한다.

6 상담 및 심리치료 중 슈퍼비전 과정에서 이루어지는 내용에 대해 3가지를 쓰고 설명하시오.

① 상담기술

상담자가 상담 과정에서 나타내는 상담기법을 말하며, 구체적인 상담기술과 상담기법의 사용이 포함된다.

② 사례개념화

내담자의 심리사회적 역사, 현재의 호소 문제에 대한 이해, 상담자 자신이 갖는 인간 발달과 변화에 대한 신념에 기초하여 다양한 내담자 유형에 적용 가능한 개념적 틀을 갖는 것을 말한다.

③ 전문적 역할

슈퍼바이지가 내담자를 돕기 위해 적절하게 외부 자원을 활용할 수 있는 전문가로서의 역할을 하는지, 전문적이고 윤리적 원리를 적용하는지, 적절한 기록 관리나 상담 절차를 따르는지, 전문가들과 관계를 적절하게 맺고 슈퍼비전 관계에 적절하게 참여하는지 등을 포함한다.

④ 정서적 자각

내담자와의 관계, 슈퍼비전 관계에 영향을 미치는 자신의 느낌, 사고, 행동에 대해 슈퍼바이지가 스스로 알아차리는 것을 말한다. 슈퍼바이지의 심리내적 자각과 대인관계적 자각 모두가 포함된다.

⑤ 자기평가

내담자와의 상담과 슈퍼비전에서 기꺼이 자신의 능력의 한계를 인식하고 스스로 평가하고자 하는 노력을 말한다.

7 인지치료 관점에서 아래 내담자의 사고 또는 인지적 왜곡의 종류를 5가지 쓰고 각각의 의미를 설명하시오.

> 어느 노동자가 해고 통지서를 받고는 매우 화가 나고 좌절되었다. 그는 "이것은 도대체 세상이 좋지 못하다는 것을 의미해. 나한테는 행운도 없을 것이야!"라고 생각했다.

 모범답안

① **이분법적 사고(흑백논리적 사고)**: 어떤 상황을 연속선상에서 보지 않고 양극단으로만 보는 것을 말한다. 두 가지 극단 중 하나로 경험을 범주화하는 것을 의미한다.

② **과잉 일반화**: 한 가지 사건에 기초한 결론을 광범위하게 적용시키는 것을 말한다. 하나 또는 몇 개의 고립된 사건에서 일반적인 규칙을 추출해 내고 이를 다른 사상이나 상황에 부적절하게 적용하는 것을 의미한다.

③ **정신적 여과(선택적 추상화)**: 전체를 보지 않고 부정적인 하나의 세부 사항에만 지나치게 집중하고 선택적으로 받아들여 결론을 내리는 것을 말한다.

④ **임의적 추론**: 어떤 결론을 지지하는 증거가 없거나 그 증거가 결론에 위배됨에도 불구하고, 명확한 근거나 증거의 뒷받침 없이 주관적으로 추측하여 이를 토대로 결론을 내리는 것을 말한다.

⑤ **의미 확대, 의미 축소**: 자신이나 다른 사람 혹은 어떤 상황을 평가할 때, 부정적인 측면을 지나치게 강조하고 긍정적인 측면은 최소화하는 것이다.

8 웩슬러 지능검사 반응 중에 질적 분석이 요구되는 상황 3가지를 적으시오.

① 쉬운 문항에서 실패하고 어려운 문항에서 성공하는 경우
② 드물거나 기괴한 내용을 응답하는 경우
③ 한 문항에 대해 강박적으로 여러 가지 응답을 나열하는 경우
④ 잘 모르면서 짐작으로 응답하는 경우
⑤ 지나치게 상세하고 구체화된 응답을 하는 경우
⑥ 주관적인 감정이 포함된 정서적인 응답을 하는 경우
⑦ 반응 시간 및 검사를 대하는 태도
⑧ 개인적 경험을 언급하거나 개인적 가치 판단이 개입된 경우

학습 Plus 웩슬러 지능검사의 양적 분석

양적 분석은 지능검사 결과 얻어진 수치를 분석하는 것으로, 전체지능지수(FSIQ)와 일반능력지수(GAI), 네 가지 점수 및 소검사의 환산점수를 얻을 수 있다. 이를 바탕으로 전체적인 것에서 세부적인 것으로 분석을 한다.

K-WAIS-IV 분석 절차

순차적 해석 절차	프로파일 기본적 분석
• 수준 I: FSIQ의 해석 – IQ의 백분위와 진단분류를 결정함	• 단계 1: FSIQ의 보고 및 기술

• 수준 II: 지수점수 및 CHC 군집 해석
  – 지수점수 간의 차이가 유의한 경우 수검자의 개인적 강점 및 약점 해석
  – 규준적 해석
	• 단계 2: VCI의 보고 및 기술
	• 단계 3: PRI의 보고 및 기술
	• 단계 4: WMI의 보고 및 기술
	• 단계 5: PSI의 보고 및 기술
	• 단계 6: 지적 수준에서의 차이값 비교 평가
	• 단계 7: 강점과 약점 평가

• 수준 III: 소검사 간 분산 분석	• 단계 8: 소검사 수준에서의 차이값 비교 평가
• 수준 IV: 질적/과정 분석	• 단계 9: (선택) 소검사 내 점수패턴 평가 • 단계 10: (선택) 과정 분석 수행
• 수준 V: 소검사 내 분산 분석	

9 로샤 검사의 발달질 정의와 평가기준을 설명하시오.

모범답안

• 발달질

수검자가 정보를 의미 있는 방식으로 분석하고 통합하는 데 얼마나 관심이 있는지를 나타낸다. 반응영역의 반응에서 의미 있는 조직화나 통합 정도는 얼마나 사용되었는가를 알려 준다.

• 발달질 평가기준

기호	정의	기준
+	통합 반응 (synthesized response)	브롯의 전체나 분리된 부분들이 처음에는 분리되었다가 하나의 반응으로 다시 통합. 두 개 이상의 사물이 분리되어 있지만 서로 의미 있는 관계에 있다. 관련 사물 중 최소 하나는 원래 일정한 형태를 지니고 있거나 일정한 형태를 지니고 있는 상태로 묘사되어 있다.
o	보통 반응 (ordinary response)	브롯의 한 영역이 단일한 사물을 가리키는 데 사용. 사물은 원래 일정한 형태를 지니고 있거나 형태를 지니고 있는 상태로 묘사되어 있다.
v/+	모호–통합 반응 (vague/synthesized response)	브롯의 전체 부분이나 분리된 부분이 처음에는 분리되고 난 다음 하나의 반응으로 다시 통합. 두 개 이상의 사물들이 분리되어 있으나 의미 있는 관계 속에 있다. 관련된 사물들 가운데 어떤 것도 원래 일정한 형태가 있는 사물이 아니거나 특정한 형태를 지니고 있는 것으로 묘사되고 있지 않다.
v	모호 반응 (vague response)	브롯의 영역에서 한 사물이 응답되었는데 응답된 사물이 특정한 형태를 지니고 있지 않으며, 사물 묘사가 특정한 형태를 드러내고 있지 않다.

10 정신병적 상태의 환자가 지능검사 실시 또는 검사 결과에서 전형적으로 나타나는 특징 5가지를 쓰시오.

① 상식, 어휘 소검사를 중심으로 극단적인 분산을 보임(지적 기능의 심한 불균형).
② 언어성 지능과 동작성 지능의 차이가 현저함(언어성 > 동작성).
③ 쉬운 문항에서의 잦은 실패
④ 문항에 대한 잘못된 이해
⑤ 이해 문제 점수가 낮음.
⑥ 공통성 점수가 낮음.
⑦ 빠진 곳 찾기, 산수 문제가 낮음.
⑧ 토막짜기 점수가 낮음.

학습 Plus 　지능검사에서 나타나는 진단별 반응 특징

〈정신증〉

① 상식, 어휘 소검사를 중심으로 극단적인 분산을 보임(지적 기능의 심한 불균형).
② 언어성 지능＞동작성 지능의 차이가 현저함(14점).
③ 쉬운 문항에서의 잦은 실패
④ 문항에 대한 잘못된 이해(오해석)
⑤ 이해 문제 점수가 낮음(사회적 적응능력의 손상).
⑥ 공통성 점수가 낮음(추상적 사고능력 손상).
⑦ 빠진 곳 찾기, 산수 문제가 낮음(주의집중력 저하).
⑧ 토막짜기 점수가 낮음(시지각적 조직화 능력 저하).

〈강박장애〉

① 전체지능지수가 110 이상의 점수를 보임.
② 상식, 어휘문제 점수가 높음(주지화로 인해).
③ 이해 점수가 낮음(냉소적이고 회의적 태도로 인해).
④ 언어성 지능＞동작성 지능(강박적 반응 경향 및 주지화로 인해)

〈반사회성 성격장애〉

① 언어성 지능＜동작성 지능의 차이를 보임.
② 소검사 간 분산이 심한 편임.
③ 이해 검사가 낮음(사회적 판단력 문제 및 사회적 상황에 대한 예민성).
④ 무성의하거나 충동적인 응답 경향성
⑤ 반사회적 기준, 현학적인 반응 경향을 보일 수 있음.

〈우울증〉

① 언어성 지능＞동작성 지능
② 쉽게 포기하는 경향, 에너지 수준 저하
③ 전반적으로 반응이 느림.
④ 산수, 숫자 검사의 점수 저하(주의집중력 곤란)
⑤ 공통성 검사 점수가 낮고, 동작성 검사 전반의 낮은 수행(빠진 곳 찾기 제외)
⑥ 반응의 정교화 및 언어 표현의 유창성 부족
⑦ 비관적이고 비판적인 반응내용

11 MMPI에서 임상척도 8번이 유의미하게 낮은 경우 임상적 특징을 6가지 쓰시오.

모범답안

① 순응적이고 복종적이며 권위에 대하여 지나치게 수용적인 태도를 보인다.

② 실용적인 것을 추구하며 사변적이거나 이론적 혹은 철학적인 문제에 흥미를 보이지 않는다.

③ 여러 가능성을 생각하지 못하며 자신처럼 지각하지 못하는 타인을 이해하기 어려워한다.

④ 비창조적이며 경직되어 있고 짜여진 생활을 좋아한다.

⑤ 사고가 실제적이고 구체적이며 문제해결 방식이 조심스럽다.

⑥ 성공과 지위, 권력에 대해 관심을 갖는다.

학습 Plus | 척도 8 정신분열증(Schizophrenia: Sc)

- 척도 8은 조현병(정신분열증) 환자를 감별하기 위해 개발된 척도로, 문항들은 기태적인 심리 상태, 지각적 이상 경험, 피해망상, 환각 등과 같은 정신병적 증상뿐 아니라 사회적 소외, 가족관계 문제, 성에 대한 염려, 충동 통제 및 주의집중 곤란 등 다양한 주제를 포함하고 있다.
- 척도 8이 75T보다 높은 경우 심각한 정신적 혼란, 망상 수준의 기이한 사고, 환각, 판단력 상실 등의 문제를 보이는 정신병적 장애를 지니고 있을 가능성이 있다. 단, 급성적으로 심리적 혼란을 경험하고 있거나, 도움을 절실히 요청하는 경우에도 높은 점수를 얻을 수 있다.
- 척도 8이 높은 사람들은 다른 사람들로부터 소외되거나 고립되고, 받아들여지지 못한다고 느낀다. 또한 사회적으로 위축되어 있고 은둔적이며, 자신을 숨기는 경향이 있어 남들이 쉽게 다가가기가 어렵다.
- 스트레스를 받을 때 백일몽(day-dreaming)이나 공상에 빠져드는 경우가 많고, 현실과 공상을 구분하는 데 어려움을 느낄 수 있다.

※ 척도 8이 높은 경우
- 조현병(정신분열증)을 비롯해 정신증적 장애를 지닐 수 있다(T>75인 경우).
- 사고의 혼란, 와해된 행동, 현실검증력 수준의 심각한 손상을 보일 수 있다.
- 성적 혹은 종교적 공상에 집착하든지 기인한 사고나 행동, 환각, 망상 등을 보일 수 있다.
- 내적인 생각, 충동, 공격성, 분노, 적대감을 스스로 통제하지 못하고 외현화된 행동으로 보일 수 있다.
- 다른 사람들로부터 이해나 수용을 받지 못한다는 느낌, 소외감, 고립감을 경험한다.
- 사회적으로 위축되어 있고 타인과의 접촉을 회피하며 은둔 생활을 한다.
- 체계적 · 조직화된 사고나 목표지향적인 사고가 어렵다.
- 무능감, 부적절감, 열등감을 경험하거나 스스로에 대해 회의적이며, 자살사고를 보일 수 있다.

12 투사적 검사의 특징 3가지를 쓰시오.

🗃️ 모범답안

① 검사 반응이 독특하다.

　투사적 검사는 객관적 검사와는 다르게 개인의 독특한 반응을 나타나게 해 준다는 점에서 개인을 이해하는 데 유용하다.

② 방어가 어렵다.

　투사적 검사는 모호하고 생소하고 불분명한 자극을 제시하므로 수검자가 그에 대해 적절한 방어를 하기가 어렵다. 객관적 검사와 비교해 보면 수검자는 객관적 검사의 문항을 읽으면서 그 내용을 이해할 수 있고 그에 따라 방어적으로 응답할 수 있지만, 투사적 검사에서는 자신의 의도에 맞추어 방어적으로 응답하기가 어렵다.

③ 검사 반응이 풍부하다.

　투사적 검사는 검사 자극이 모호하고 검사 지시가 일정한 응답 방식을 요구하지 않으므로 독특하고 다양하고 풍부한 내용의 반응이 드러나기 쉽다는 점에서 개인의 심리적 특성을 잘 반영해 줄 수 있다.

13 11세의 ADHD 아동에게 평가 가능한 실행기능 검사 3가지를 쓰시오.

🗃️ 모범답안

① 스트룹 검사(Stroop Test)
- 5세 이상 아동 및 청소년에게 실시함.
- 색상과 단어를 불일치시킨 자극을 빠르게 읽어 나가는 검사이며, 주의력, 정신적 기민성과 유연성, 자동화된 반응의 억제 능력을 측정한다.

② 아동 색선로 검사(Children's Color Trails Test: CCTT)/선로 잇기 검사(Trail Making Test: TMT)
- 5~15세 아동의 경우 CCTT, 16세 이상의 청소년은 TMT를 실시함.
- 아동의 경우 숫자와 색상, 성인의 경우 숫자와 글자를 번갈아 연결하도록 하는 검사이다. 인지적 세트를 변환하는 데 요구되는 집중력, 시각적 탐사 활동, 융통성을 측정한다.

③ 레이-오스테리스 복합도형 검사(Rey-Osterrieth Complex Figure Test: ROCF)
- 5세 이상의 아동, 청소년에게 실시함.
- 구조화된 모사 및 지연 회상 검사이다. 시각적 조직화 능력, 일반적인 계획능력, 복잡한 시각 정보에 대한 기억력을 측정. 주의력, 실행 기능, 시운동·시지각·시공간 기능을 측정한다.

④ 위스콘신 카드분류 검사(Wisconsin Card Sorting Test: WCST)
- 6세 6개월 이상의 아동 및 청소년에게 실시함.
- 일련의 카드를 제시한 후 카드 분류의 규칙을 추론하도록 하는 컴퓨터 검사이다. 추상적인 개념 형성능력, 전략적인 계획능력, 인지적 반응 세트를 유지하거나 변경하기 위해 환경적인 피드백을 사용하는 능력, 충동적인 반응을 조절할 수 있는 능력을 측정한다.

14 다음은 로샤 검사 1번 카드를 본 내담자의 반응이다. 채점을 하시오.

> 전체가 날고 있는 박쥐 같다.
>
> 여기가 얼굴이고 몸통이다.
>
> 색깔은 검고 시커멓다.
>
> 박쥐가 날개를 펴고 날아가는 것 같다.
>
>
> 조직화점수 전체: 1.0   인접 부분: 4.0   비인접 부분: 6.0   흰 공간 통합: 3.5

- Wo FC′. FMa o A P 1.O
- 로샤 검사의 채점영역은 반응영역, 발달질, 결정인, 형태질, 반응내용, 평범반응, 조직화활동(Z점수), 특수점수 등이 있으며, 이를 단계적으로 채점해 나간다.
    - 반응영역: W
    - 발달질: o
    - 결정인: FC′. FMa (운동반응-능동운동(a), 수동운동(p) 중 표기)
    - 형태질: o
    - 반응내용: A
    - 평범반응: P
    - 조직화점수: 1.0
    - (특수점수: 해당 없음)

15 신경심리평가의 방법에는 배터리 방법과 개별검사 방법이 있다. 배터리 방법의 장점과 단점 3가지를 쓰고 설명하시오.

모범답안

<장점>

① 배터리 검사는 평가되는 기능에 관한 자료가 종합적이다. 이러한 종합적인 기능 평가는 소검사 간의 점수를 비교 분석하여 임상 진단에 관한 유용한 정보를 제공해 줄 수 있다.

② 배터리 검사의 구성에 따라서 개별 환자의 원래 기능 수준에 대한 평가가 가능하고, 이에 따라 환자의 현재 기능 수준이 어느 정도 손상된 수준인지를 알아볼 수 있다.

③ 배터리 검사 실시는 임상장면에서 동일한 검사자료가 자동적으로 축적되게 함으로서 임상적 평가목적과 연구목적이 함께 충족될 수 있다.

<단점>

① 일부 기능에 대해서는 필요 이상으로 자료를 제공하는 반면, 어떤 기능에 대해서는 불충분한 자료를 제공하게 된다.

② 배터리 검사는 여러 검사를 실시하게 되면서 발생되는 시간과 비용 문제에 있어서 소모적일 수 있다.

③ 배터리 검사를 실시하는 경우, 신속하게 변화되고 있는 신경심리학적 연구 추세에 따라 평가 방법을 변형할 수 없기에 최신의 신경심리학적 발전과 개념을 반영하지 못할 수 있다.

학습 Plus	종합심리검사 배터리

심리검사는 개별적인 검사를 중심으로 시행될 수도 있지만 심리검사 배터리(psychological test battery)로 실시되기도 한다. 심리검사 배터리로 실시될 경우 3개 이상 또는 5개 이상의 검사가 한 세트로 묶여서 시행된다.

〈심리검사 배터리를 시행하는 이유〉
- 어떤 검사도 모든 영역을 다룰 수 있을 만큼 평가영역이 넓지 못하기 때문에 여러 심리검사를 함께 사용함으로써 수검자의 다양한 특성과 기능에 관심을 기울일 수 있고, 개인에 대한 폭넓은 자료를 수집할 수 있다.
- 다양한 심리검사는 어느 정도 평가영역이 중첩되기 때문에 단일한 검사로부터 얻은 결과의 타당성이 다른 검사 결과를 통해 검증될 수 있다.
- 심리검사 배터리는 측정오차를 최소화하고 검사 결과의 정확도를 최대화한다는 장점이 있기에 단일 검사만 시행되는 것보다 충분한 근거를 마련할 수 있다.
- 심리검사 배터리에 일반적으로 포함되는 객관적 검사와 투사적 검사는 상호 보완적인 측면이 있어 수검자 문제를 보다 정확하게 이해하는 데 유용성이 있다.

16 지능검사 중 숫자외우기 소검사 점수에 영향을 미치는 요인을 5가지만 쓰시오.

① 수동적으로 자극을 수용하는 능력
② 주의력 범위
③ 불안
④ 주의산만
⑤ 융통성(바로 따라 하기에서 거꾸로 따라 하기로 바꿀 때)
⑥ 학습장애
⑦ 비협조적 태도(숫자들을 역전하려는 노력을 거부, '의미 없는' 검사를 하지 않으려는 태도)

학습 Plus  K-WAIS-Ⅳ의 작업기억 소검사와 측정내용

① 숫자(Digit Span: DS)
- 바로 따라 하기는 즉각적 단기기억의 폭을 측정하며, 암기 학습과 기억, 주의력, 부호화, 그리고 청각적 처리 과정을 포함하고 있다. 거꾸로 따라 하기는 작업기억, 정보의 변형과 정신적 조작, 시공간적 심상화를 포함하고 있다. 순서대로 따라 하기는 작업기억 및 정신적 조작 기능을 측정한다.
- 두 과제(바로 따라 하기, 거꾸로 따라 하기)에서 높은 점수를 받는 것은 인지적 유연성, 기억 전략, 스트레스에 대한 인내력, 우수한 집중력 등을 의미한다.
- 바로 따라 하기에 비해 거꾸로 따라 하기에서 더 높은 점수를 받는다면 이는 인지적 요구가 높은 과제에서 더 많은 인지적 자원을 활용함을 의미하며, 수리적인 능력, 표상적인(높은 수준의) 과제에 유능성을 나타낸다.
- 과제의 수행은 개인의 불안 수준, 특히 상태 불안(또는 시험 불안)의 영향을 받을 수 있다.
- 검사자가 숫자를 다 불러 주기도 전에 반응을 시작하는 경우 또는 수검자가 숫자를 매우 빠른 속도로 되뇌는 경우는 충동성의 증거가 된다.

② 산수(Arithmetic: AR)
- 수 계산 능력, 정신적 조작, 집중력, 주의력, 단기 및 장기 기억, 수리적 추론능력, 정신적 주의 등을 포함한다.
- 산수문제에서 실패의 원인(계산 실수, 추론 실패, 주의 실패, 질문의 의미에 대한 오해 등)을 추론해 보는 것이 유용하다.
- 특이한 반응은 부주의, 이해력 결핍 혹은 사고장애를 암시할 수도 있다.

③ 순서화(Letter-Number Sequence: LN)
- 순서화 능력, 빈약한 단기기억, 부주의, 산만성, 불안 등은 이 소검사에서 어려움의 원인으로 작용할 수 있다.
- 숫자와 글자(요인)를 올바로 기억은 하지만 잘못된 순서로 기억할 때는 순서화 능력상의 문제로 볼 수 있다. 만약 순서가 맞지만 일부 숫자 혹은 문자가 누락되었다면 이는 단기기억 능력의 제한을 시사한다.
- 이 과제에서 수행이 빈약한 수검자는 유동적 능력(fluid ability, 예를 들어 행렬추론) 혹은 유연성(flexibility, 예를 들어 공통성)에 의존하는 다른 과제에서 어려움을 보일 수 있다.
- 어떠한 방식으로 대답하고 실수의 유형이 어떠한지를 살펴보는 것이 개인의 특성을 이해하는 데 도움이 된다(예 생략반응, 추가반응, 보속반응, 순서 오류, 청각적 자극의 변별 실패).
- 이 소검사의 수행은 만성적 불안보다는 상태 불안의 영향을 더 많이 받는다.

17 로샤 검사에서 주지화 지표(intellectualization index) 계산 공식을 쓰시오.

- 주지화 지표(intellectualization index): 2AB+(Art+Ay)
  - AB(추상적 내용): 인간의 감정이나 감각 경험과 관련된 경우, 대상에 대한 명백하고 구체적인 상징적 표상이 사용될 때
  - Ay(인류학): 특별한 문화나 역사의 의미를 가진 대상(예 화살촉, 유대교의 장식 촛대, 선사시대 도끼)
  - Art(예술): 추상적인 것부터 현실적인 것까지의 모든 예술 작품(예 동상, 보석, 샹들리에)

 학습 **Plus**   로샤 검사의 구조요약: 관념영역(ideation section)

관념영역은 9개의 항목으로 구성된다. 9개중 5개는 구조적 요약표의 상단 부분의 값들을 변환한 빈도치들이다 (MOR, Sum6, 수준 2의 특수점수, M−, Mnone), WSum6는 구조적 요약 상단에 이미 계산되어 있다. 남은 3개의 항목은 2개의 비율과 1개의 지표로 구성된다.

- **능동 : 수동(active : passive ratio a : p)**
  이 비율은 관념과 태도의 융통성과 관련된다. 왼편에는 운동 반응들 가운데 능동운동 반응들의 합(M^a+FM^a+m^a)이 들어가고, 오른편에는 수동운동 반응들의 합(M^p+FM^p+m^p)이 들어간다.
- **인간움직임 능동 : 수동 (M^a : M^p)**
  이 비율은 사고특징과 연관되며, 인간움직임 반응만이 이 항목에 해당된다.
- **주지화 지표[2AB+(Art+Ay)]**
  이 지표는 특수내용인 추상반응 AB와 예술, 인류학 반응내용으로 계산된다. 추상반응에 2를 곱하고 여기에 예술 반응내용과 인류학 반응내용을 합하면 지표점수가 나온다.

18 Big Five 성격모델에서 NEO의 3가지를 쓰고 설명하시오.

모범답안

성격의 5요인 모델에 포함되는 요인은 신경증(Neuroticism), 외향성(Extroversion), 개방성(Openness), 우호성(Agreeableness), 성실성(Conscientiousness)으로 구성되어 있다.

높은 점수를 받는 사람의 특성	특성 척도	낮은 점수를 받는 사람의 특성
걱정이 많은, 과민한, 감정적인, 불안정한, 부적절한, 상처를 잘 입는	신경증 (Neuroticism)	침착한, 이완된, 강인한, 안정된, 이지적인, 자기-만족의
사교적인, 활동적인, 수다스러운, 사람지향적인, 낙천적인, 인정 많은	외향성 (Extraversion)	침착한, 생기가 없는, 위축된, 조용한, 초연한, 나서기 싫어하는
창의적인, 자유로운, 독창적인, 호기심 많은, 비관습적인, 상상력이 풍부한	개방성 (Openness)	인습적인, 보수적인, 관심의 범위가 좁은, 비예술적인, 실질적인

 **학습 Plus**   NEO-PI(Personality Inventory)

- 성격의 5요인 모델에 포함되는 요인은 신경증(Neuroticism), 외향성(Extroversion), 개방성(Openness), 우호성(Agreeableness), 성실성(Conscientiousness)으로 구성되어 있다.
- 검사의 구성으로는 개인 반응의 타당도를 확인하기 위한 세 개의 문항을 포함하여 다섯 개의 요인과 각 요인별로 여섯 개의 하위 요인 및 하위 요인별 8개 문항으로 구성되어 총 243개 문항으로 이루어져 있다.
- 이 검사는 정상 성인의 성격을 측정하기 위해 개발되었지만, 정신장애의 진단, 심리치료의 경과 예측, 내담자에게 적합한 치료 유형 선택 등에도 사용할 수 있다.

요인	하위 요인	요인 설명
신경증	불안, 적대감, 우울, 자의식, 충동성, 취약성	대부분 상황에서 우울, 불안, 분노를 느끼는 성향
외향성	온정, 사교성, 주장성, 활동성, 자극 추구, 긍정적 정서	자기주장적이고 활동적이며 다른 사람들과 어울리는 것을 선호하는 성향
개방성	상상, 심미성, 감정개방성, 행동개방성, 사고개방성, 가치개방성	내외적 경험에 대해 호기심이 많고 수용적이며 상상력이 풍부한 성향
우호성	신뢰성, 솔직성, 이타성, 순응, 겸손, 동정	타인에 대해 긍정적이고 공감적이며 협조적으로 행동하는 성향
성실성	유능감, 질서정연, 충실성, 성취 갈망, 자기규제, 신중성	목표를 추구함에 있어 꾸준하고 끈기 있는 성향

19 신뢰도 계수에 영향을 미치는 요인 3가지를 제시하고 각각에 대해 설명하시오.

모범답안

모든 신뢰도 계수는 측정치를 상관 정도에 따라 구하기 때문에 문항과 피험자 변산의 영향을 받게 된다.

① 신뢰도 계수의 크기는 피험자 집단의 진점수와 오차 점수의 변산의 합수이다. 따라서 피험자 집단이 동질적일수록 신뢰도 계수가 낮아지게 된다.

② 시간 제한이 있는 검사의 경우, 검사 시간에 기인한 검사 수행의 일관성 때문에 신뢰도 추정치가 과도하게 높게 나타날 수 있다.

③ 진점수 분산과 관찰점수 분산에 영향을 주는 요인은 검사 문항이다. 신뢰도는 검사 문항이 많을수록 높게 나타날 수 있다.

⑤ 2018년 기출문제

1 심리전문가의 전문적 책임 및 윤리적 고려사항 5가지를 쓰시오.

① 심리전문가는 스스로 결정하고 선택하려는 내담자의 자기결정을 존중하며, 이에 따라 문제를 해결할 수 있도록 도와야 한다.
② 심리전문가는 내담자의 어려움을 해결하는 데 필요한 전문적인 교육과 훈련 및 능력을 갖추고 있어야 한다.
③ 심리전문가는 내담자와의 상담관계에 영향을 줄 수 있는 어떤 형태의 해로운 관계를 맺지 않아야 하며, 위해를 방지할 수 있어야 한다.
④ 심리전문가는 내담자를 하나의 인격체로 편견 없이 존중하고 있는 그대로 수용하는 태도를 지녀야 한다.
⑤ 심리전문가는 책임감을 갖고 책무를 이행해야 하며, 내담자를 조력할 때 자신의 전문적 한계에 대해 충분히 자각하여야 한다.

학습 Plus Kitchener가 제시한 상담의 일반적인 윤리적 원칙 5가지

① **자율성(autonomy)**: 타인의 권리를 해치지 않는 한 내담자가 자신의 행동을 선택할 권리가 있음을 의미한다.

② **선행(beneficence)**: 내담자와 타인을 위해 선한 일을 하는 것을 의미한다.

③ **무해성(nonmaleficence)**: 내담자에게 해를 끼치는 행동을 하지 않는 것을 의미한다.

④ **공정성(justice, fairness)**: 모든 내담자는 평등하며, 성별과 인종, 지위에 관계없이 공정하게 대우받아야 한다.

⑤ **충실성(fidelity)**: 상담자는 내담자에게 믿음과 신뢰를 주며 상담관계에 충실해야 한다.

※ 피해야 할 이중관계

- 사제관계이면서 동시에 사적으로 친밀관계인 경우
- 사제관계이면서 동시에 치료자-내담자 관계인 경우
- 같은 기관에 소속되어 사제관계, 고용관계, 또는 상하관계에 있으면서 기관 내의 치료자-내담자에 대한 지도감독의 대가로 직접 금전적 관계를 형성하는 경우
- 치료자-내담자 관계이면서 동시에 사적으로 친밀관계인 경우
- 내담자의 가까운 친척이나 보호자와 사적으로 친밀관계인 경우
- 기타 업무 수행의 공정성을 저해할 가능성이 있거나 착취를 하거나 피해를 입힐 가능성이 있는 경우

2 벡의 우울증 환자의 인지적 3요소를 쓰시오.

🔲 **모범답안**

우울한 사람들은 자기, 세상, 미래에 대해서 부정적인 사고와 심상을 지니고 있다. 우울한 사람들이 지니고 있는 3가지 주제를 인지삼제(cognitive triad)라고 한다.

① 자기(self): 자기에 대해 결점이 많고 부족하며, 무가치하고 사랑받지 못할 존재로 생각한다.
② 세상(world): 세상과 타인이 자신에게 적대적이고 무관심하다고 생각한다.
③ 미래(future): 자신의 미래에 대해서 비관적이고 희망이 없다고 생각한다.

학습 Plus | Beck의 인지치료의 주요개념

① 자동적 사고

인지행동치료의 핵심으로, 사람들이 경험하는 심리적 문제는 스트레스 사건을 경험했을 때 선택 또는 노력과 상관없이 자동적으로 떠오르는 부정적인 생각의 내용들이다.

〈우울증의 인지삼제(cognitive triad)〉

• 자신에 대한 부정적 생각("나는 무가치한 사람이다.")

• 세상에 대한 부정적 생각("세상은 매우 살기 힘든 곳이다.")

• 미래에 대한 부정적 생각("나의 앞날은 희망이 없다.")

② 중간 신념(intermediate belief)

사람들의 자동적 사고를 형성하는 극단적이며 절대적인 규칙과 태도를 의미한다. 핵심 신념의 영향을 받은 삶에 대한 태도와 방식, 규칙과 가정으로 구성된 진술문으로, 핵심 신념과 자동적 사고를 매개하는 역할을 한다.

③ 핵심 신념(Core belief)

자신에 대한 중심적 생각으로, 보통 중재적 신념에 반영된다. 핵심 신념은 보편적이며 과잉 일반화된 절대적인 것으로 표현된다. 어린 시절에 중요한 인물과 상호작용하면서 형성된 가장 근원적이며 깊은 수준의 믿음이다. 가장 깊은 수준의 인지로 개인에게 잘 인식되지는 않으나, 큰 영향력을 행사하며 암묵적으로 받아들여진다.

④ 역기능적 인지 도식

인지 도식은 개인의 삶에서 자신과 세상을 이해하고 현실을 지각하는 사고의 틀을 말한다. 인지 도식은 생의 초기에 시작되어 생의 전반에 걸쳐 발달하는 전체적인 것으로, 초기 아동기의 경험을 통해 긍정적 또는 역기능적 신념체계를 형성하게 되고 이러한 기본 신념이 인지 도식화된다.

⑤ 인지적 오류

인지적 오류(cognitive error)는 잘못된 사고, 부적절한 정보에 근거한 잘못된 추론 등으로부터 오는 부적절한 가정 혹은 개념을 의미하며, 인지적 오류가 빈번하게 발생할 때 심리장애가 발생할 수 있다.

3 인지-행동 면담을 할 때 내담자의 자기관찰을 통해 면담을 시행한다. 이때 인지-행동 면담의 심리적 요소 3가지를 적고 설명하시오.

모범답안

인지-행동 면담에서는 3가지 심리적 요소인 외현적 행동, 인지적 요소, 신체적 활동에 대한 내담자 자신의 관찰 결과를 중심으로 면담을 진행해 나간다. 즉, 3가지 구체적 요소에 대한 내담자 자신의 평가에 대해 질문한다.

① 외현적 행동

객관적으로 관찰 가능한 문제행동의 요소들, 문제행동을 유인하는 환경적 자극 신호, 문제행동으로부터 야기되는 환경적 반응 결과를 알아보고자 한다.

② 인지적 요소

심리적 장애에 선행하거나 동반되거나 뒤따르는 사고 내용을 알아보고자 한다.

③ 신체적 활동

심리적 장애에 동반되는 다양한 신체적 변화에 대해 알아보고자 한다.

4 상담의 구조화 과정 중 '고지된 동의'의 주요 내용 6가지를 쓰시오.

모범답안

고지된 동의(informed consent)는 내담자에게 상담에 관해 알려 주고 상담과 관련하여 자발적인 결정을 할 수 있게 한다.

① 상담의 목표를 구체화하기 위한 논의를 한다.
② 내담자에 대한 상담자의 책임과 내담자의 책임을 안내한다.
③ 비밀보장의 한계와 예외 사항을 설명한다.
④ 상담 과정에 대한 안내(회기, 절차, 비용, 시간 등)를 한다.
⑤ 내담자가 기대할 수 있는 심리서비스에 관해 이야기한다.
⑥ 상담 관계를 정립할 수 있는 법적·윤리적 기준을 설명한다.

학습 Plus   상담의 구조화의 3가지 영역

상담의 구조화란 상담 과정 전반에 대한 세부적인 안내 과정을 말한다. 구조화 작업은 상담 첫 회기에 진행하는 것이 일반적이다. 상담 구조화 과정은 크게 3가지 영역으로 구분된다.
① **상담 여건의 구조화**: 상담 여건의 구조화는 상담 시간, 상담 횟수, 상담 장소, 상담 시간에 늦거나 약속을 지키지 못할 일이 발생했을 때 연락하는 방법 등에 대한 구조화이다.
② **상담관계의 구조화**: 상담관계의 구조화는 상담 과정이 어떻게 진행되며, 상담자와 내담자가 어떤 역할을 하는가를 알려 주는 구조화이다.
③ **비밀보장의 구조화**: 상담자는 내담자에 대한 비밀보장을 유지하고 지켜 주어야 할 의무가 있다. 그러나 비밀보장이 특수한 경우에는 한계가 있음을 알려 줄 필요가 있다.

5 의사교류분석, 형태치료, 현실치료의 치료목표를 쓰시오.

모범답안

• 의사교류분석

　내담자의 자율성 성취와 통합된 어른 자아를 확립하도록 하며, 인생의 방향과 관련하여 새로운 결단을 내리도록 한다.

• 형태치료

　내담자의 성장 욕구와 인격적 성장을 돕고, 자신의 욕구와 현실을 인식하여 스스로 자립하도록 하며, 자기와 세계에 대한 새로운 인식과 개념 형성을 하도록 한다.

• 현실치료

　내담자가 자신의 욕구를 인식하고 바람직한 방향으로 달성하며, 현실에 기초하여 책임감 있는 행동을 선택하도록 한다.

6 자살위기 고위험군 내담자를 대상으로 상담자가 할 수 있는 대처방법 5가지를 쓰시오.

🛒 모범답안

① 내담자의 안전을 돕고 자살 이외의 다른 대안들을 생각할 수 있도록 한다.

② 내담자의 욕구나 갈등을 파악하고 문제를 해결할 수 있는 계획을 세우도록 돕는다.

③ 내담자가 이용할 수 있는 지역사회의 다양한 인접 자원들을 활용하도록 도움을 준다.

④ 위기전화상담이나 긴급히 연락을 취할 수 있는 방법에 대해서 안내해 준다.

⑤ 상담자는 신속한 위기 개입을 위해 다른 전문기관에 내담자를 의뢰할 수 있어야 한다.

학습 Plus	자살위험도 평가

① **자살위험 수준 평가**

상담자는 자살을 생각하는 내담자를 대상으로 그 위험 수준에 대해 질문을 하며, 질문 내용은 자살에 대한 생각이 얼마나 자주 떠오르는지, 이를 얼마나 오랫동안 견디어 낼 수 있는지에 대한 질문이 포함된다.

② **자살계획 평가**

상담자는 내담자가 실제 자살을 계획하고 있는지를 파악해야 한다. 자살계획의 치명성, 자살의 방법과 도구, 계획의 구체성 등에 대해 평가한다.

③ **과거 자살시도 경험**

과거 자살을 시도한 경험이 있는 사람의 경우에 자살위험의 가능성이 높다. 상담자는 내담자의 가족이나 주변 인물들 중 자살을 시도했거나 실제 자살한 사람이 있는지를 파악한다.

④ **심리적 증상**

심리적인 고통과 증상에 대해 파악하고, 내담자가 심각한 정신장애를 가지고 있는 경우 즉각적인 치료적 개입이 필요하다.

⑤ **환경적 스트레스**

내담자가 어떠한 스트레스 상황에서 자살충동을 느끼는지를 파악하고, 내담자의 스트레스 대처방식 및 자살을 문제 상황의 도피방법으로 생각하는 것은 아닌지 살펴본다.

⑥ **자원 및 지지체계**

내담자에게 도움이 될 수 있는 유용한 자원 및 지지체계에 대해 살펴보아야 한다. 위기전화상담, 긴급히 연락을 취할 수 있는 방법에 대해서 안내해 준다.

7 REBT에서 논박하는 방법 4가지를 쓰고 설명하시오.

🗃 **모범답안**

① 논리적 논박: 내담자 신념의 논리성에 관한 질문을 통해 비합리적 신념을 수정한다.
  例 그러한 신념이 타당하다는 논리적 근거는 무엇인가? 그렇게 생각하는 것은 논리적 비약이 아닌가?
② 경험적 논박: 내담자 신념의 현실성에 관한 질문을 통해 비합리적 신념을 수정한다.
  例 그러한 신념이 타당하다는 사실적 또는 경험적 근거는 무엇인가? 그렇게 생각할 만한 현실적인 근거가 있는가?
③ 실용적/기능적 논박: 내담자 신념의 실용성에 관한 질문을 통해 비합리적 신념을 수정한다.
  例 그러한 신념은 당신이 추구하는 목적을 달성하는 데 도움이 되는가? 당신의 기분을 좋게 만드는 데 도움이 되는가? 당신의 인간관계를 긍정적으로 만드는 데 어떤 도움이 되는가?
④ 철학적 논박: 내담자 신념의 삶의 유익성에 관한 질문을 통해 비합리적 신념을 수정한다.
  例 그러한 신념이 과연 당신을 행복하게 하는가? 당신의 인생에 있어서 어떤 의미를 가지고 있는가?

8 자신의 분노반응을 조절하지 못해 심리적 문제를 겪는 경우 적용할 수 있는 인지행동적 접근의 분노 조절 기법 5가지를 쓰시오.

모범답안

① 사고중지

원치 않는 생각들이 떠올라 내담자를 지속적으로 괴롭힐 때, 중지 단어나 신호를 말함으로써 부적응적인 생각을 중지하는 방법이다.

② 재정의하기

문제를 재정의하는 것은 문제를 보다 구체적이고 개인적으로 만들고 내담자 자신의 관점에서 말할 수 있도록 도와 자신의 사고 과정에 대한 이해를 촉진한다.

③ 이완훈련

스트레스와 긴장을 완화하고 충동적 행동을 조절하는 데 도움을 제공할 수 있다. 이완을 통한 자기조절 능력을 증진하여 즉각적인 감정 표출이 일어나지 않도록 한다.

④ 행동 실험

자동적 사고와 중간 신념이 타당한지를 검증하기 위해 특정한 행동을 해 보고 어떤 결과가 나타나는지를 확인한다.

⑤ 사회기술훈련

대인관계 상호작용 기술을 통해 감정을 효과적으로 표현하고 대인관계에 적응적인 대처를 하도록 돕는다.

학습 Plus | 인지행동치료 기법

① **소크라테스식 대화**
- 내담자의 인지적 변화를 촉진하기 위해서 상담자가 주로 질문을 통해 대화하는 방식을 의미한다. 상담자가 내담자에게 해결책을 제시하거나 그들의 사고를 논박하기보다는 일련의 신중한 질문을 통해 내담자가 스스로 해결책을 찾도록 돕는다.
- 소크라테스식 대화는 충고나 지시 대신 적절한 질문을 통해서 내담자가 스스로 자기이해와 통찰을 통해 유익한 결론에 도달하도록 돕는 상호작용 방식이다.

② **재정의**
- 상담자는 내담자가 사용하는 단어와 그 의미를 내담자에게 자세히 질문함으로써 문제를 재정의하도록 돕는다 (예 우울한 내담자의 경우 '속상한' '실패한' '우울한' '죽고 싶은'과 같은 모호하고 부정적인 단어를 사용하기 쉬운데, 이런 경우 '나는 잘해 보고 싶다' '나는 다른 사람의 관심과 돌봄이 필요하다.'라고 재정의함).
- 문제를 재정의하는 것은 문제를 보다 구체적이고 개인적으로 만들고, 내담자 자신의 관점에서 말할 수 있도록 도와 자신의 사고 과정에 대한 이해를 촉진한다.

③ **재귀인**
내담자가 어떤 사건에 대하여 책임이 없음에도 불구하고, 상황이나 사건에 대한 책임을 스스로에게 부여함으로써 죄책감을 느끼고 우울해 할 경우에 사용된다. 내담자로 하여금 사건에 대한 책임과 원인을 공정하게 귀인하도록 돕는 방법이다.

④ **탈파국화하기**
내담자가 걱정하고 염려하여 특정 사건을 지나치게 파국화시키는 경우, 내담자가 두려워하는 일이 실제로 어느 정도 발생할 수 있을지를 현실적이고 합리적으로 생각해 보도록 하는 것이다. 이를 통해 내담자는 자신의 염려, 두려움, 불안 등이 지나치게 과장되어 있었다는 것을 깨닫고 파국화에서 벗어날 수 있게 된다.

⑤ **절대성에 도전하기**
내담자가 '모든' '항상' '결코' '아무도'와 같이 극단적인 용어를 통해 자신의 고통을 표현하고 호소할 경우, 절대적 진술에 대해 상담자는 질문을 통해 내담자가 보다 정확하고 구체적으로 표현할 수 있도록 돕는 방법이다.

⑥ **사고중지**
원치 않는 생각들이 떠올라 내담자를 지속적으로 괴롭힐 때, "멈춰!"라고 말함으로써 부적응적인 생각을 중지하는 방법이다. 더 나아가 그것을 보다 긍정적인 생각으로 대체하는 노력을 통해 왜곡된 생각이나 감정의 빈도와 강도가 점점 감소하게 된다.

⑦ **행동 실험**
내담자가 지니는 생각의 타당성을 직접적으로 행동을 해 봄으로써 검증하는 방법이다. 자신의 행동으로 인해 다른 사람의 생각이나 반응을 왜곡할 수 있으므로 내담자로 하여금 실제로 그러한 행동을 해 보고 어떤 결과가 나타나는지를 확인하는 일종의 실험을 해 보는 것이다.

9 MMPI 4-7 척도가 높은 경우의 임상적 특징 4가지를 쓰시오.

① 자신의 감정이나 문제에는 상당히 관심이 있지만 타인의 욕구와 감정에는 냉담하고 무관심하다.

② 과도한 행동을 한 후에는 자기를 비난하며 죄책감을 느끼지만 행동 억제로 이어지진 않는다.

③ 두통이나 위장통 등의 모호한 신체적 고통을 호소하며, 긴장감이나 피로감 및 소진감 등을 보고한다.

④ 부정적인 기분이나 좌절감을 해소하고자 알코올 남용, 성적 행동, 공격적인 행동을 보이는 등 행동화 문제가 나타난다.

⑤ 자신의 가치를 거의 항상 타인을 통해서 확인하려고 하는 의존적이고 불안정한 모습을 보인다.

⑥ 타인이 부여한 규칙이나 규제가 매우 성가시고 이는 불안을 유발한다.

학습 Plus   MMPI 4번 척도와 7번 척도

① 척도 4 반사회성((Psychopathic deviate: Pd)

- 척도 4는 반사회적 성격을 가진 환자들을 진단하기 위해 개발된 척도로서 문항 등은 삶에 대한 불만족, 가족문제, 일탈 행동, 성문제, 권위 있는 대상과의 갈등, 사회적 · 도덕적 규범에 대한 무시와 같은 다양한 주제를 포함하고 있다. 문항의 예를 들면 다음과 같다(괄호 안은 채점 방향).

  - 올바른 삶을 살아오지 못했다(그렇다).
  - 법적인 일로 말썽이 난 적이 없다(아니다).

- 점수가 높은 경우, 사회적 가치를 내면화하는 데 어려움이 있으며 법규나 규범에 반항적이다. 거짓말, 사기, 절도, 성적 일탈 행동, 알코올 남용과 같은 반사회적 행동 및 범죄 행동을 저지를 수 있다.
- 권위적인 인물에 대한 깊은 적대감과 분노를 지니고 있으나, 이러한 감정이 외부적으로 나타날 때도 있고, 자기 자신에게도 내현화되었을 가능성도 있다.
- 계획성이 부족하고 충동적이며 좌절에 대한 인내력이 낮다. 경험을 통해서 무언가를 배울 줄 모르고, 동일한 문제를 되풀이하는 경향이 있다.
- 자기중심적이고 미성숙하며, 이기적이며, 무책임하고 신뢰성이 부족하여 친밀한 관계 형성이 어렵다.
- 임상적으로 흔히 내려지는 진단은 반사회적 성격장애나 수동–공격성 성격장애(passive–aggressive personality disorder)이다.
- 법적 처벌(수감, 이혼) 등을 피하려는 목적으로 치료장면에 오는 경우가 많으며, 문제를 타인의 탓으로 돌리는 경향이 있어 심리치료의 예후가 좋지 않다.

  ※ 척도 4가 높은 경우
  - 사회의 보편적인 가치 기준, 관습, 도덕 규범 등을 받아들이지 못한다.
  - 소소한 규칙 위반, 위법 행동을 자주 보일 수 있고, 반사회적 행동이나 범법 행위(사기, 절도, 성적인 일탈 행동, 알코올 및 약물 남용 등)에 연루될 수 있다(T≥75인 경우)
  - 부모, 교사 등 권위 있는 대상에게 반항하며 갈등을 빚는다.
  - 미성숙하며 유아적, 이기적, 자기중심적이다.
  - 모험적 · 감각적 · 자극적 활동을 선호하며, 단조롭고 지루한 상황을 잘 견디지 못한다.
  - 결과를 고려하지 않고 섣부르게 결정하고 충동적으로 행동하여 시행착오가 많아 위험이 초래되기도 한다.
  - 욕구지연, 실패, 좌절에 대한 인내력이 낮다.
  - 다른 사람들의 욕구와 감정에 둔감하며, 공감 능력이 부족하며, 반복적인 대인관계 문제, 직업 및 사회적 부적응을 겪는다.

② 척도 7 강박증(Psychasthenia: Pt)

- 척도 7은 개발 당시 신경쇠약 혹은 강박증으로 특징되는 사람들이 보이는 전반적인 증상을 탐지하기 위해 개발되었으며, 문항들은 강박적 사고, 두려움, 불안, 자신의 능력에 대한 의심과 회의, 불행감, 신체적 불편감, 주의집중 곤란 등을 포함하고 있다. 문항의 예를 들면 다음과 같다(괄호 안은 채점 방향).

  - 정신이 나가거나 자제력을 잃을까 봐 두렵다(그렇다).
  - 가끔 중요하지도 않은 생각이 마음을 스치고 지나가 며칠이고 나를 괴롭힌다(그렇다).

- 점수가 높은 경우, 지나치게 불안해 하고 긴장되어 있으며 초조해한다. 사소한 문제에 대해서도 걱정이나 두려움이 많고 일어나지 않은 일을 미리 염려한다.
- 흔히 피로, 불면, 악몽, 주의집중 곤란 등을 호소하며 임상장면에서는 불안장애 진단을 받는 경우가 많다.

- 자신감이 부족하고 자기비판적이며, 지나치게 도덕적이고 완벽주의적이어서 자신이나 타인의 수행에 대한 기준이 매우 높다. 자신의 기준에 못 미칠 경우 죄책감을 느끼며 목표를 이루지 못하면 우울해진다.
- 우유부단하고 의사결정을 잘하지 못하며, 의존적이고 자기주장을 잘하지 않으며, 미성숙한 사람으로 평가받는 경향이 있다.
- 주지화(intellectualization)의 방어기제를 많이 사용하며, 합리화(rationalization), 취소(undoing)의 방어기제도 나타난다.
- 심한 불편감 때문에 치료에 대한 동기가 높을 수 있지만, 주지화/합리화하는 경향으로 인해 단기 심리치료에서는 좋은 효과를 얻기가 힘들다.

※ 척도 7이 높은 경우
- 불안하며 긴장되어 있고 초조해한다.
- 부정적 상황이 초래될 것을 미리 염려하고 두려워한다.
- 정서적 동요, 혼란감, 불편감을 경험하며 주의집중 곤란을 호소한다.
- 강박사고, 강박행동, 의례적 행동, 반추적 사고를 보인다.
- 융통성이 부족하고 경직되어 있으며 지나치게 도덕적이고 양심적이다.
- 체계적, 분석적이며 주도면밀하다.
- 자신과 타인의 수행에 대한 기대 수준이 높다.
- 사회적 평판, 다른 사람들로부터의 피드백에 민감하며 걱정이 많다.

10 다음의 설명은 어떤 상승척도 쌍에 대한 것인가?

이 척도의 상승을 보이는 사람들은 미성숙하고 자기도취적이며 자신의 행동의 원인과 결과에 대한 통찰이 결여되어 있어 제멋대로 행동하는 모습을 보인다. 이들은 타인의 관심과 인정을 갈망하면서도 타인에게 냉소적이고 의심하는 경향이 있고, 거절에 취약하며 비난을 받으면 적대감을 드러내며 수동-공격적으로 변한다. 타인의 동기를 의심하고 깊은 정서적 관계를 맺지 않으려 한다. 이들은 자주 비아냥거리고 쉽게 화를 내며, 논쟁적이고, 특히 권위자를 몹시 싫어한다.

4-6/6-4 코드 타입

- 의심이 많고 적대적이며 미성숙하고 자기중심적인 특징으로 인해 친밀한 관계를 형성하는 것이 어렵다.
- 주위 사람들에게 인정과 관심을 요구하면서도 상대방의 사소한 요구나 간섭은 잘 견디지 못한다.
- 자신의 분노와 적개심을 정당화하며 타인의 행동의 숨은 동기를 의심하고 깊은 정서적 유대관계를 맺으려고 하지 않는다.
- 권위적 대상과 갈등이 많으며 상대방의 업적이나 명성을 평가 절하하고 손상시키려 한다.
- 논쟁적이고 냉소적이며 따지기 좋아하고, 다른 사람의 마음을 부정적으로 해석하는 특징을 보인다.
- 수동-공격성 성격장애, 편집형 조현병, 조현병 전구 단계일 수 있으며, 알코올 남용이나 의존 등의 과거력이 있을 수 있어 관련 탐색이 필요하다.

학습 Plus	MMPI-2 코드 유형별 해석

- 코드 유형(code type) 해석을 할 때 정신병리 진단을 위해 개발된 척도가 아닌 척도 5와 척도 0을 제외한 8개의 임상척도를 사용한다(코드 유형을 지칭할 때는 더 높은 점수의 척도 번호를 먼저 언급함).
- 코드 유형을 활용한 해석은 개별 척도를 해석할 때보다 수검자의 행동 및 임상적 특징에 대해 보다 정확하고 유용한 해석을 할 수 있다. 단, 코드 해석은 MMPI에서 T점수가 65점 이상 상승하는 경우에 적용한다.
- 코드 해석을 위해 상승 척도 쌍을 결정할 때는 가장 높게 상승한 2개 척도의 점수와 3번째로 높은 척도 점수 간의 차이가 적어도 T점수로 5점 이상이어야 한다(3개 코드 유형 해석 시에도 동일).
- 코드 유형별 해석 시 높은 상승 점수에 초점이 맞추어져 있기에 병리적인 해석에 치우치지 않도록 신중하게 프로파일을 고려해야 한다.

① 1-3/3-1 코드
- 애정과 관심을 받고자 하는 욕구가 강하며, 사회적인 인정과 수용을 받는 것을 중요시한다.
- 메스꺼움, 식욕부진증, 폭식증, 현기증, 마비감, 쇠약감, 피로감과 같은 다양한 신체적 불편감을 호소하는데, 이러한 증상에 기저하는 자신의 심리적 문제에 대한 통찰이 낮다.
- 스트레스 상황에서 증상 호소가 증가하며, 스트레스가 사라지면 증상도 감소하거나 사라지는 경향이 있다.
- 대인관계가 피상적이고 분노 및 적대감을 느끼지만 이를 부인 및 억압 등의 방어기제를 통해 강하게 통제하다가 수동적, 간접적으로 표현한다.
- 자기중심적이며 미숙하고, 자신의 신체 증상을 이용해 다른 사람을 조종하고 통제하고자 한다.
- 건강염려증, 전환장애, 우울장애, 수동-공격성 성격장애, 히스테리성 성격장애 진단이 흔하다. 척도 2가 척도 1과 3보다 10점 이상 낮을 때 전환(conversion) V라 칭하며, 척도 2가 척도 1, 3보다 낮을수록 전환장애의 가능성이 증가한다.

② 2-4/4-2 코드
- 자신의 욕구와 충동을 통제하지 못하고 반사회적인 행동으로 표출한 뒤, 그것이 초래한 부정적 결과에 죄책감을 경험하며 불안, 초조해한다. 그러나 이러한 후회와 걱정은 결과에 대한 일시적인 반응일 뿐, 죄책감이나 걱정이 줄어들면 행동화 경향이 다시 증가한다.
- 장기적인 조망이나 결과를 예측하여 계획적으로 행동하지 못하는데, 이 유형의 행동문제를 심화시키는 요인이 된다.
- 알코올 중독이나 약물 남용이 있을 수 있고, 가정불화나 직장 부적응을 보일 때가 많으며, 법적인 문제에 연루되기도 한다.
- 대인관계가 미숙하고 자의식이 강하며 대인관계를 피상적으로 유지하며 안정감을 얻는다.
- 자신에 대해 회의적이며 비판적이고 불만족감이나 부적절감을 경험한다.
- 수동-공격성 성격장애나 반사회성 성격장애와 관련될 수 있으며, 우울 기분을 동반한 적응장애와도 관련된다. 타인파괴적 경향으로 인한 처벌적 자살사고 및 자살시도 가능성을 고려해야 하며, 흔히 우울 성격장애 진단을 받는다.

③ 2-7/7-2 코드
- 지나치게 책임감을 느끼며, 불안과 걱정 및 염려가 많고, 예측 못하는 실패나 상실에 대응해서 세상의 위험 요소를 탐색하고 어떻게 대처할지에 대해 연습하는 방어적 양상을 보인다.
- 완벽주의적이고 꼼꼼하며, 인정과 성취 욕구가 강하지만 스스로에 대한 기대 수준이 높아 목표 달성이 어렵다.
- 목표 달성에 실패하거나 일상에서의 실수, 문제 상황에 직면하면 스스로를 탓하고 비난하는 자기처벌적 태도를 보인다.

- 내면으로는 열등감, 부적절감, 불안정감을 경험하며, 내적인 스트레스 수준이 높기 때문에 신체적인 호소가 흔하다.
- 대인관계에서 비교적 유순하고 자기주장을 잘하지 못하며 자신감이 낮고 수동-의존적인 경향을 보인다.
- 주요우울장애를 비롯한 기분장애, 우울감을 동반한 불안장애, 강박장애, 공포증 진단이 흔하며, 회피성 성격장애, 강박성 성격장애, 수동-공격성 성격장애를 고려해 볼 수 있다.

④ 3-4/4-3 코드
- 만성적이고 강렬한 분노, 적대적이고 공격적인 충동을 품고 있으나 효율적으로 표현하지 못하며 간접적이고, 수동-공격적인 방식으로 표현된다.
- 애정 욕구를 충족시키기 위해 순응적으로 행동하지만 대부분 피상적이며, 상대방으로부터 비난과 거부에 민감하다.
- 자신의 행동 기저에 대한 통찰이 부족하며 미성숙하고 자기중심적이며, 자신의 분노를 타인에게 투사하며 비난한다.
- 대개 이전부터 대인관계의 어려움을 보였던 경우가 많고 행동화, 결혼생활 불화, 알코올 남용 등의 과거력이 있을 수 있다.
- 의존 대 독립의 갈등을 보이며, 타인으로부터 인정과 애정을 바라면서도 내재된 깊은 반감이 있는데, 이는 가족으로부터의 고립감과 거절감에서 나온다.
- 히스테리성 성격장애, 경계선 성격장애, 수동-공격성 성격장애, 적응장애로 진단되는 경우가 많다.

⑤ 4-6/6-4 코드
- 의심이 많고 적대적이며 미성숙하고 자기중심적인 특징으로 인해 친밀한 관계를 형성하는 것이 어렵다.
- 주위 사람들에게 인정과 관심을 요구하면서도 상대방의 사소한 요구나 간섭은 잘 견디지 못한다.
- 자신의 분노와 적개심을 정당화하며 타인의 행동의 숨은 동기를 의심하고 깊은 정서적 유대관계를 맺으려고 하지 않는다.
- 권위적 대상과 갈등이 많으며 상대방의 업적이나 명성을 평가 절하하고 손상시키려 한다.
- 논쟁적이고 냉소적이며 따지기 좋아하고, 다른 사람의 마음을 부정적으로 해석하는 특징을 보인다.
- 수동-공격성 성격장애, 편집형 조현병, 조현병 전구 단계일 수 있으며, 알코올 남용이나 의존 등의 과거력이 있을 수 있어 관련 탐색이 필요하다.

⑥ 4-9/9-4 코드
- 충동적이고 욕구 중심적인 성향이 매우 강하며 보편적인 사회적 관습, 도덕 규범을 무시하는 반사회적 행동을 보인다.
- 신체 및 정서적 흥분을 자극받을 수 있는 감각적이고 쾌락적인 대상이나 활동을 선호하며 적극적으로 추구하는 반면, 욕구 지연이나 좌절에 대한 내성은 매우 약하다.
- 자신의 행동이 초래할 결과를 고려해 신중하고 계획적으로 행동하지 못하고 즉각적인 욕구 충족에만 초점을 맞춰 충동적으로 행동한다.
- 자신의 경험과 시행착오를 통해 무엇인가를 배우지 못하며, 자신의 행동에 대해 무책임하고 죄책감을 별로 느끼지 못한다. 주로 합리화, 행동화 방어기제를 자주 사용한다.
- 공감 능력의 부족, 자기중심적인 태도, 자신의 문제행동을 합리화하고 타인에게 전가하며 비난하는 태도 등으로 인해 호혜적인 유대관계를 맺기가 어렵다.
- 반사회성 성격장애, 조증 삽화의 양극성 장애 가능성을 고려할 수 있다.

⑦ 6-8/8-6 코드

- 의심이 많고 상대방을 불신하며, 종종 다른 사람의 의도를 부정적인 방향으로 지각한다.
- 주위 사람들과 거리를 두고 소원하게 지내며 정서적 유대관계를 맺지 않기 때문에 친하게 지내는 사람들이 거의 없다.
- 자신감이 부족하고 자존감이 낮으며 열등감과 죄책감, 정서적 혼란을 경험한다.
- 사고방식이나 행동양식이 특이하고 기괴하며, 관계사고, 피해망상, 과대망상을 보이는 경우도 흔하다.
- 타인의 요구에 적절히 반응하지 못하며 둔마된 정동, 주의집중의 어려움, 현실감과 판단력의 부족으로 인해 적응상의 어려움을 겪는다.
- 편집성 성격장애, 분열성 성격장애, 편집형 조현병 진단을 많이 받는다.

⑧ 6-9/9-6 코드

- 에너지가 넘치고 쉽게 흥분하는 한편 의심이 많고 민감하며 화를 잘 낸다.
- 애정에 대한 욕구가 강하며 의존적이지만 실제 혹은 가상의 위협에 매우 취약하며, 대부분의 시간 동안 불안하고 초조해하며 긴장되어 있다.
- 사소한 스트레스에도 과도한 반응을 보이는데, 대개는 공상에 몰두하며 반추적 · 강박적 사고를 보인다.
- 감정을 적응적으로 조절해서 표현하지 못하는데, 감정을 과도하게 통제하다가도 격렬한 감정 표출이나 폭발적인 행동문제를 보이곤 한다.
- 판단력이 부족하고 스트레스에 대한 반응으로 환상으로의 철수를 보이며, 망상, 주의집중 곤란, 환각, 연상이완, 지리멸렬 등과 같은 사고장애의 징후를 보이는 경우가 흔하다.
- 편집형 조현병 진단을 많이 받으며, 양극성 장애 진단을 받기도 한다.

⑨ 7-8/8-7 코드

- 근심, 걱정을 지속적으로 반추하며 늘 긴장되어 있고 불안하며 자살사고를 경험하기도 한다.
- 자신에게 심리적 문제가 있음을 쉽게 인정하지만, 만성적인 열등감, 죄책감, 부적절감이 심하고 불안정하다.
- 대인관계에서 자신감이 부족하며 자기주장을 잘하지 못하고 수동-의존적이다. 특히 이성과의 관계에서 어려움이 크며 성기능 장애나 비정상적인 성적 공상에 몰두하기도 한다.
- 사회적 관계에서 심한 불편감을 느끼기 때문에 사회적 철수 행동으로 자신을 방어하는 경향이 있다.
- 의사결정을 잘 내리지 못하고 우유부단하며 때로는 판단력이 저하되어 있다. 자살사고가 빈번하고 혼란스러운 상태에서는 자살시도를 보일 수 있어 주의가 필요하다.
- 분열성 성격장애, 조현병, 불안장애(척도 7이 우세한 경우)의 가능성을 고려할 수 있다.

⑩ 8-9/9-8 코드

- 심신의 에너지가 넘치고 과잉 활동적이며 주의가 산만하고 미성숙하다.
- 정서적으로 매우 불안정하며 긴장되어 있고, 과대망상을 가지고 있을 가능성이 있다.
- 다른 사람에 대해 깊이 관여하려 들지 않으며 오히려 철수되어 지낼 때가 많다.
- 자신의 능력이나 객관적 여건을 고려하지 않은 비현실적인 목표를 세우고 열망하며 이행하려 한다.
- 사고과정은 산만하고 비약적이며 기태적일 수 있고, 과장된 자기평가, 과대사고를 보이며 자신에 대한 통찰이 부족하다.
- 조현병이나 조증 상태를 보이는 분열정동장애 진단이 흔하다.

11 아동, 청소년들의 정신 진단과 분류 시 고려해야 할 사항 2가지를 쓰시오.

① 아동, 청소년의 발달 과정에 대한 이해에 기반을 두고 진단 및 분류해야 한다.
② 정신 진단과 분류 시 범주적 접근과 차원적 접근을 함께 고려해야 한다.

학습 Plus　아동 및 청소년의 진단과 평가

- 아동 및 청소년을 대상으로 한 진단과 평가에서는 성인에 비해 지적 능력을 비롯해 발달적 특성이나 가족 간의 상호작용 및 가정환경 등의 영향을 많이 받기 때문에 좀 더 정교하고 통합적인 이해가 필요하다.
- 아동 및 청소년을 대상으로 진단과 평가를 하는 경우 이 시기의 정상 발달 과정에서 나타나는 인지적·정서적·행동적 특성과 사회적 기능 수준에 대해 숙지하고 있어야 부적응이나 일탈의 문제를 정확히 파악할 수 있다.
- 아동 및 청소년 수검자들에게 통용되는 언어와 사회, 문화적 특성을 충분히 잘 이해할 수 있어야 한다. 또한 수검자의 일상적 행동 특성을 잘 알고 있는 부모 혹은 주 양육자, 교사 등을 대상으로 한 면담이나 제3자 평정 등이 포함될 수 있다.

〈아동 및 청소년의 진단 및 평가 시 유의사항〉

① 의뢰 과정
- 아동 및 청소년들은 자신의 심리적 고통이나 적응상의 문제를 스스로 인식하여 도움을 찾는 경우가 매우 드물며, 부모나 교사 등 주위 성인에 의해 문제가 인지되어 심리평가에 의뢰되는 경우가 대부분이다.
- 수검자의 자발성, 검사 동기가 부족할 수 있으므로 평가자와 수검자의 라포 형성이 특히 중요하다. 의뢰인과 수검자가 호소하는 문제의 내용, 심각도, 문제를 대하는 태도 등에 어떠한 차이가 있는지 살펴보아야 한다.

② 제3자의 정보 제공
- 수검자인 아동, 청소년으로부터 수집된 자료(면담, 심리검사 및 행동관찰)만으로는 충분치 않으며 부모나 주 양육자, 교사 등 그들을 잘 아는 제3자가 제공하는 정보 역시 평가의 중요한 자료원으로 활용된다.
- 제3자는 면담, 행동관찰, 평정 척도 등을 통해 평가에 참여한다. 수검자인 아동, 청소년과 제3자의 정보 제공자의 관계, 친밀도, 정보 제공자가 평가에 참여하게 된 과정, 동기, 목적 등에 따라 제공되는 정보의 신뢰도가 달라질 수 있다.

③ 발달 특성에 대한 이해
- 영유아기, 취학 전 초기 아동기, 학령기 초기, 청소년기 등 각 발달 단계에 따라 인지, 정서, 행동 및 사회성 등의 주요 주제와 특성에 차이가 크므로 아동, 청소년을 대상으로 한 심리평가에서는 정상 발달에 대한 이해가 선행되어야 한다. 이 분야의 심리평가를 수강하는 학생들 역시 발달심리학의 선 수강을 권장한다.
- 지능을 비롯한 인지기능평가, 발달평가에서는 일반 성인에 비해 연령 규준의 구간이 짧게 적용된다(**예** WISC-Ⅲ와 WISC-Ⅳ의 경우 3개월 단위).
- 아동, 청소년 수검자의 지능이나 발달 상태는 다른 검사 수행 수준에 영향을 많이 미친다. 특히 언어 능력이 부족한 경우 언어를 매개로 한 다른 검사, 예를 들면 지능검사, 질문지형 검사 등의 수행에 제한이 따를 수 있고 다른 발달 경과상의 영향이 검사에 미치는 전반을 고려해야 한다.

12 로샤 검사를 설명하는 데 연령을 고려해야 하는 이유 2가지를 쓰시오.

 모범답안

① 해석의 과정에서 연령에 따른 규준이 다르기에 검사 결과를 해석할 때는 이를 고려해야 한다.

② 연령별 각 발달 단계에 따라 인지, 정서, 행동 및 사회성 등의 주요 주제와 특성에 차이가 있기에 검사 해석과 설명에 주의해야 한다.

 학습 Plus 로르샤흐 검사의 해석적 접근

① **구조적 특징**
잉크 반점을 구조화하는 방식은 수검자의 성격적 소인과 최근의 정서 상태와 태도에 관해 추론할 수 있는 근거가 될 수 있으며, 수검자가 반응을 형성하는 방식은 다양한 해석적 의미를 지닌다.

② **주제별 특징**
수검자가 보이는 주제적 특징을 해석하는 것은 자기지각, 대인 지각, 자기표상, 대상 표상 등과 관련된 욕구, 태도, 갈등, 관심 등에 관한 많은 단서를 제공해 준다.

③ **행동적 특징**
수검자의 행동적 특징을 해석하는 것은 심리적 상태에 대한 정보뿐만 아니라 문제 해결과 대인관계 상황에 접근하는 방식에 대한 의미 있는 자료가 된다.

④ **계열 분석**
한 반응에서 다른 반응으로 계열적으로 전환하는 과정을 검토해 보면 수검자의 고통, 방어 능력, 악화, 회복력 등의 흐름을 알 수 있고, 심리적 문제를 다루는 대응 전략의 특성과 적응적 생활 패턴을 분석할 수 있다.

13 치료자는 치료적 심리평가를 통해 심리검사 결과를 해석해 주어 내담자가 문제를 해결할 수 있도록 유용한 정보를 제공한다. 이때 심리검사의 결과 해석이 내담자에게 주는 긍정적 결과 4가지를 쓰시오.

① 자신의 심리적 증상과 문제에 대한 객관적인 이해와 통찰을 제공할 수 있다.
② 성격이나 자원의 강점과 약점에 대한 고른 이해를 하도록 돕는다.
③ 개인만의 주된 인지, 정서, 행동상의 특징을 확인하여 도움이 되는 자원을 개발할 수 있다.
④ 일상의 갈등이나 어려움을 해결해 나가기 위한 효과적인 방법을 마련할 수 있고, 치료적 연계를 통한 동기 강화에도 도움이 된다.

학습 Plus	심리평가의 기능

① **문제의 명료화**: 심리적 문제나 정신장애를 다각적으로 평가하여 문제의 원인이나 특징에 대해 정확하게 파악할 수 있도록 해 준다.
② **수검자에 대한 이해**: 심리평가는 개인의 지적 능력과 적성, 인지적 특징, 성격, 대인관계 방식, 문제 해결 방식이나 방어 양식, 적응 방식 등 다양한 특면을 평가할 수 있도록 해 준다.
③ **치료계획 세우기**: 심리평가는 적절한 치료계획을 세울 수 있는 근거를 제공한다. 적합한 치료목표를 세우고, 치료유형을 선택하며, 치료전략을 세우는 일련의 과정에 대한 정보를 제공해 준다.
④ **치료결과에 대한 평가**: 치료 종결 시 원래 계획했던 치료효과가 나타났는지, 기대했던 긍정적 변화가 일어났는지를 평가하는 데 유용하다.

14 반사회성 성격 환자를 대상으로 지능검사를 실시했을 때 검사 결과에서 나타나는 전형적인 특징 5가지를 쓰시오.

① 언어성 지능<동작성 지능의 차이를 보임.
② 소검사 간 분산이 심한 편임.
③ 이해 소검사 점수가 낮음(사회적 판단력 문제 및 사회적 상황에 대한 예민성)
④ 무성의하거나 충동적인 응답 경향성
⑤ 반사회적 기준, 현학적인 반응 경향을 보일 수 있음.

15 기질적 뇌손상 환자가 BGT에서 나타낼 수 있는 반응 특성 6가지를 쓰시오.

① 중첩(경향)

② 뚜렷한 각의 변화

③ 심한 회전(특히 수검자가 회전되었다는 사실을 모르거나 그것을 수정할 능력이 없을 때 더욱 중요)

④ 단순화

⑤ 심한 단편화

⑥ 중첩 곤란(경미한 것에서 심한 것까지 다양)

⑦ 경미한 정교화

⑧ 전 도형을 재묘사함.

⑨ 선의 굵기가 일정하지 않음.

⑩ 경직성

학습 Plus BGT에서 나타나는 진단별 반응 특징

① 기질적 뇌손상
- 중첩(경향)
- 뚜렷한 각의 변화
- 심한 회전(특히 수검자가 회전되었다는 사실을 모르거나 그것을 수정할 능력이 없을 때 더욱 중요)
- 단순화
- 심한 단편화
- 중첩 곤란(경미한 것에서 심한 것까지 다양)
- 경미한 정교화
- 전 도형을 재묘사함.
- 선의 굵기가 일정하지 않음.
- 경직성

② 조현병
- 혼란스런 배열 방식
- 도형 A의 위치가 심하게 비정상적임.
- 지나치게 큰 그림/용지를 과도하게 많이 사용
- 지나친 가장자리의 사용(특히 편집증의 경우)
- 심한 폐쇄 곤란
- 심한 곡선 곤란
- 경미한 회전
- 퇴영
- 단편화(경미한 것에서 심한 것까지)
- (심한) 정교화
- 전 도형을 재묘사함.
- 단순화

③ 신경증(성격장애 제외)
- 지나치게 엄격하거나 불규칙한 순서
- (심한) 아주 작은 그림
- (현저한) 고립적인 크기의 변화
- 곡선 곤란(경미)
- 각의 변화(경미)
- 회전(경미)
- 그려 나가는 방식의 비정상 또는 불일치
- 교차 곤란
- 선의 질이 매우 굵거나 가늘거나 심하게 비일관적

16 신뢰도 검사 방법 중 검사–재검사 방법의 단점을 3가지 쓰시오.

모범답안

검사–재검사 신뢰도는 시간 경과에 따른 검사의 안정성을 측정하며, 초기 실시의 점수와 일정한 시간이 흐른 뒤에 동일한 도구에서 얻은 점수 간의 상관 정도를 알아보는 것이다.

<단점>

① 검사에서 측정하려는 특성 이외에 다른 많은 가외 요인이 검사 점수에 영향을 줄 수 있다.

② 1차 검사 실시의 경험이 2차 검사 실시에 영향을 미칠 수 있는데, 이러한 시행 효과는 도구의 안정성을 과소 평가하거나 과대 평가하도록 만든다(연습, 기억, 기분 등).

③ 표본의 영향을 받을 수 있어 1차 검사에서 점수가 매우 높거나 낮은 동질적 집단이 재검사를 받았다면 처음 점수가 극단적인 경우라면 우연한 변동의 확률이 높다.

④ 검사–재검사 신뢰도는 비교적 안정된 것으로 보이는 능력을 측정하는 검사에 적합하다.

| 학습 Plus | 신뢰도와 타당도 |

〈신뢰도의 개념과 유형〉
신뢰도란 검사에서 측정하고자 하는 개념을 얼마나 안정적으로 일관성 있게 측정하는가를 말한다.

① **검사-재검사 신뢰도(test-retest realibility)**
　시간 경과에 따른 검사의 안정성을 재는 것으로, 동일한 검사를 일정한 시간 간격을 두고 2번 실시하여 결과가 유사한지 확인한다.

② **내적 일관성 신뢰도(internal consistency reliability)**
　검사 내 문항들이 어느 정도의 동질성을 가지고 있는가를 살펴보기 위해 문항들 간의 유사성 혹은 일치성을 추정한다.

③ **동형 신뢰도(parallel-form reliability)**
　검사도구의 신뢰도를 검증하기 위해 두 개의 동형검사를 제작한 뒤, 동일한 피험자 집단에게 검사를 실시해 두 검사 간의 상관계수로 신뢰도를 추정한다.

④ **반분 신뢰도(split-half reliability)**
　단일 척도를 두 부분으로 나누어 두 부분의 검사 점수의 상관계수를 계산 후 추정한다.

⑤ **평정자 간 신뢰도(inter-rater reliability)**
　한 검사의 측정 결과를 평가하는 데 있어 다수의 평가자들 사이에 그 해석이나 판단이 얼마나 유사한가를 나타내는 정도이다.

〈타당도의 개념과 유형〉
타당도란 검사가 측정하고자 하는 변인 또는 개념을 측정하였는가를 말한다.

① **내용타당도(content validity)**
　검사항목들이 실제로 재고자 하는 변인의 다양한 측면을 얼마나 제대로 포함하고 있는가에 대한 것이다.

② **구성타당도(construct validity)**
　어떤 검사가 그 기저에 존재하는 이론의 구성개념을 정확히 측정하고 있는가를 검증하는 방법이다.

③ **예측타당도(predictive validity)**
　어떤 검사에서 얻은 점수와 준거를 토대로 미래의 어떤 행위를 추정하는 방법이다. 예언타당도라고도 하며, 시간이 지남에 따라 그 예측한 바가 얼마나 현실에 부합하는지 확인하는 방법이다.

④ **공인타당도(concurrent validity)**
　기존에 타당성을 입증 받은 검사를 토대로 새로 제작한 검사와의 유사성 혹은 연관성을 검증하는 방법이다.

⑤ **수렴타당도(convergent validity)**
　서로 상이한 방법으로 동일한 개념을 측정했을 경우, 각 측정결과 간 상관관계의 높고 낮음을 분석해 타당도를 판단하는 방법이다.

17 정신상태 검사를 실시할 때 항목 5가지와 구체적 내용을 쓰시오.

모범답안

① 전반적 기술: 외양, 동작, 행동, 말, 태도

② 감정: 기분, 정서적 표현, 정서의 경직성

③ 지각장애: 환각과 착각, 이인증(depersonalization), 비현실감(derealization)

④ 사고과정: 사고의 흐름, 사고 내용, 망상적 사고, 강박적 사고, 사고 집착, 추상적 사고

⑤ 지남력: 시간, 장소, 인물에 대한 지남력

⑥ 기억: 과거에 대한 장기기억, 최근 사건에 대한 기억, 기억장애의 증상 유무

⑦ 충동 통제: 성적·공격적 충동의 통제력 정도

⑧ 판단: 사회적 이해 및 판단 능력

⑨ 통찰력: 자신의 정신장애에 대한 통찰력 정도

⑩ 신뢰도: 환자의 기술이 신뢰할 만한지에 대한 평가

18 웩슬러 지능검사 시 동작성 검사 점수가 언어성 검사 점수보다 유의하게 높은 경우 진단할 수 있는 정신건강 의학적 장애 3가지를 쓰시오.

모범답안

① 자폐증이 있는 경우(동작성 지능지수가 평균 12점 정도가 높음)
② 학습장애가 있는 경우(언어성 검사가 성취 지향적이고, 학습장애로 인해 언어성 지능지수 저하가 보다 특징적임)
③ 반사회성 성격장애의 경우(교육 수준의 제한이나 읽기 문제가 영향을 줄 수 있음)
④ 지적 장애의 경우(동작성 점수가 보다 상승되어 있음)

19 로샤 검사에서 주지화 지표(intellectualization index)에 사용되는 반응내용 3가지를 쓰시오.

🗃️ 모범답안

주지화 지표(intellectualization index): 2AB + (Art + Ay)

① AB(추상적 내용): 인간의 감정이나 감각 경험과 관련된 경우, 대상에 대한 명백하고 구체적인 상징적 표상이 사용될 때

② Ay(인류학): 특별한 문화나 역사의 의미를 가진 대상(예 화살촉, 유대교의 장식 촛대, 선사시대 도끼)

③ Art(예술): 추상적인 것부터 현실적인 것까지의 모든 예술 작품(예 동상, 보석, 샹들리에)

학습 Plus 로샤 검사의 채점범주와 채점기호

채점범주	로샤 검사: 채점기호 및 기준		
반응영역	W 전체반응 D 흔한 부분반응 Dd 드문 부분반응 S 공백반응		
발달질	+ 통합반응 o 보통반응 v/+ 모호/통합반응 v 모호반응		
결정인	형태 F 모양으로 인한 지각 운동 M, FM, m 인간, 동물, 무생물의 운동을 본 경우 유채색 C, CF, FC Cn 색채에 근거하여 반응한 경우 무채색 C', C'F, FC' 무채색에 근거하여 반응한 경우 음영-재질 T, TF, FT 반점의 음영으로 인해 재질을 지각 음영-차원 V, VF, FV 반점의 음영으로 인해 깊이나 차원을 지각 음영-확산 Y, YF, FY 반점의 밝고 어두운 특징을 지각 형태 차원 FD 크기와 모양에 따라 깊이나 차원을 지각 쌍반응 (2) 대칭성으로 인해 두 개의 동일한 대상으로 반응 반사반응 Fr, rF 대칭성으로 인해 반사 혹은 거울에 비친 이미지로 반응		
형태질	+보통-정교화	o 보통	u 드문	−왜곡된
반응내용	H 인간 전체 (Hd) 비현실적 인간 부분 (A) 비현실적 동물 전체 An 해부 Bl 피 Cl 구름 Fd 음식 Ls 풍경 Sx 성반응	(H) 비현실적 인간 전체 Hx 인간 경험 Ad 동물 부분 Art 예술 Bt 식물 Ex 폭발 Ge 지도 Na 자연 Xy 엑스선	Hd 인간 부분 A 동물 전체 (Ad) 비현실적 동물 부분 Ay 인류학적 반응 Cg 의복 Fi 불 Hh 가정용품 Sc 과학	
평범반응	규준집단의 1/3 이상에서 자주 나온 반응들로서 10장 카드에서 총 13개 규정되어 있고, 수검자의 반응이 이에 해당하면 P로 채점		
조직화점수	• 수검자가 자극을 얼마나 인지적으로 조직화하였는가, 얼마나 조직화하려 노력하였는가를 평가하기 위해 도입. Z점수를 줄 수 있으려면 형태가 포함되어 있는 반응이어야 하고, 반점의 부분들이 서로 의미 있는 관계를 맺고 있어야 함. • Z점수를 줄 수 있는 네 가지 기준(ZW, ZA, ZD, ZS)이 있는데, 각 카드마다 네 가지 기준에 따른 점수가 배정되어 있으므로 수검자 반응이 Z점수의 어떤 기준에 해당되는지 확인하여 점수를 부여함.		
특수점수	6개의 특이한 언어반응(DV, DR, INCOM, FABCOM, CONTAM, ALOG), 1개의 반응반복(PSV), 4개의 특수내용(AB, AG, COP, MOR), 2개의 인간표상반응(GHR,PHR), 1개의 개인적 반응(PER), 1개의 특수한 색채현상(CP)등 총 15가지로 구성됨.		

⑥ 2017년 기출문제

1 중독자에 대한 동기강화상담의 기본 원리 4가지를 쓰고 설명하시오.

① 원리 1. 공감(empathy) 표현하기

내담자의 감정을 존중하고 수용하며 의사소통하는 것을 의미한다. 비판적이거나 수치심을 주지않고, 동등한 관계에서 내담자의 의견과 생각에 존중과 수용을 표현함으로써 내담자의 행동 변화를 촉진한다.

② 원리 2. 불일치감 만들기

임상가는 내담자의 현재 사항과 목표 혹은 기대치 사이의 모순이나 불일치를 인식시킨다. 내담자들은 자신의 행동이 유발할 수 있는 결과들을 인식하면 자신의 행동을 검토하게 되며, 그 현실과 기대 사이의 불일치감에 의해 변화를 위한 동기가 부여된다.

③ 원리 3. 저항과 함께 구르기

동기강화상담에서는 내담자의 저항을 '반항'으로 간주하지 않는다. 오히려 내담자의 저항감을 인정하고 이에 대해 이야기함으로써 변화의 계기로 활용한다. 양가감정은 병적이 아니라 정상적인 반응이다. 내담자로부터 해결책이 나올 것임을 믿는다.

④ 원리 4. 자기효능감 지지하기

내담자가 스스로 변화할 수 있음을 믿도록 격려하는 것은 중요한 동기 부여의 원리이다. 자기효능감을 지지함과 동시에 내담자 자신이 개인적인 변화를 선택하고 행동할 책임이 임상가가 아닌 내담자에게 있음을 분명히 한다.

학습 Plus 동기강화상담의 대화기술(OARS)

① **열린 질문하기(Opening question)**

열린 질문은 내담자가 대답하기 전에 조금 더 생각하게 만들고, 반응하는 방식에 많은 자유를 제공하는 개방형 질문을 말한다. 열린 질문은 특정한 방향에 초점을 두고 한 가지 주제에 대해 대화할 수 있도록 한다. 연속적으로 여러 개의 질문을 하는 것은 피해야 하며, 반영하기 기술과 함께 사용한다.

② **인정하기(Affirming)**

• 인정하기는 개인에게 내재된 가치를 포함하는 좋은 면들을 알아보고 인정해 주는 것이다.

• 이해, 감사, 칭찬, 격려 등의 말을 내담자에게 직접 해 주고, 내담자의 강점과 노력하는 점에 대해 지지적 표현을 해 준다.

③ **반영하기(Reflecting)**

상담자가 내담자의 표현 속에 내재된 내면의 감정을 정확히 파악하여 이를 내담자에게 전달해 주는 것이다. 질문의 형태보다 내담자가 실제로 말한 핵심 내용을 간단하게 재진술하거나 바꾸어 말함으로써 내용을 반영할 수 있다.

④ **요약하기(Summarizing)**

현재 상담에서 다루고 있는 문제를 내담자가 더욱 초점화하고 구체적으로 탐색하면서 자신을 더욱 잘 이해할 수 있도록 돕는 방법이다. 변화 대화를 끌어내기 위해 정기적으로 요약해 주는 것이 좋다.

2 정신장애의 재활모델에서 손상, 장애, 핸디캡 용어를 정의하고 예를 들어 설명하시오.

모범답안

① 손상

손상 단계는 심리적 · 생리적 · 해부학적 구조 또는 기능에서 상실이나 이상이 생긴 상태를 말한다. 이 단계에서는 약물치료나 정신치료가 사용된다.

② 장애

역할장애 단계는 정상인이 해야 할 사회적 역할 수행 능력이 제한되거나 부족한 상태로, 학교를 다니지 못하거나 취업하지 못하거나 거주지가 없는 등의 문제가 있다. 이 단계에서는 직업재활상담과 역할훈련, 이를 지원하는 환경지원이 필요하다.

③ 핸디캡

불이익 단계는 환자가 사회로부터 불이익을 겪게 되는 경우로, 핸디캡이라고 한다. 사회의 낙인, 차별대우, 빈곤 문제 때문에 자신의 능력을 사용할 수 있는 기회를 제한당하게 된다. 이 단계에서는 정신보건 관련 제도를 개선시키고 사회적 편견을 없애며 환자의 권익을 찾도록 노력해야 한다.

학습 Plus | 정신사회재활의 기본 원리

- 개별적으로 적절한 서비스를 제공하여 자신의 능력을 최대한 개발할 수 있도록 돕는다.
- 환경 내에서 적응 능력을 향상시킬 수 있는 다양한 방법을 제공한다.
- 사회적, 직업적, 대인관계에 필요한 기술 습득과 변화가능성에 대해 희망을 갖도록 지원한다.
- 환자의 복합적인 문제를 해결하기 위해 증상에 맞는 포괄적이고 전문적인 서비스를 제공한다.
- 자기결정을 통해 재활 과정에 적극적으로 참여할 수 있도록 돕는다(동기 부여, 목표 설정 등).
- 환자의 개인내적 발전과 환경적 지원을 돕기 위해 환자와 가족을 치료와 재활에 적극적으로 개입시킨다.
- 직업재활에 초점을 두고 직업성과를 이룰 수 있도록 돕는다.
- 장기적인 재활치료를 돕기 위해 다양한 재활 전략을 수립한다(약물 사용의 감소, 가족지원 방안 등).

3 인지치료의 근본개념 3가지를 쓰고 설명하시오.

인지치료의 3가지 근본적 개념은 협동적 경험주의, 소크라테스식 대화, 인도된 발견이다.

① 협동적 경험주의

　인지치료는 치료자와 내담자가 마치 공동연구를 하듯이 협동적이고 동등한 관계 속에서 내담자의 경험에 근거하여 역기능적 인지를 찾아내고, 그 타당성을 검토하여 대안적인 인지를 발견해 나가는 모든 작업을 함께해 나간다.

② 소크라테스식 대화

　소크라테스식 대화는 치료자가 내담자의 인지적 변화를 촉진하기 위해서 주로 질문을 통해 대화하는 방식을 의미한다. 이러한 질문의 목적은 내담자로 하여금 자신의 생각을 자각하고 평가할 뿐만 아니라 스스로 대안적 사고를 발견하도록 돕는 데 있다.

③ 인도된 발견

　인도된 발견은 치료자가 내담자로 하여금 자신의 부정적 사고와 그 속에 포함된 논리적 오류 및 대안적인 사고를 발견하도록 안내하고 인도하는 치료적 과정을 의미한다.

PART
01
임상심리사 1급 실기 기출문제

  학습 Plus 인지치료의 기본 원리 및 치료원칙

① 기본 원리
- 인지치료의 기본적인 원리는 정신병리를 유발하는 왜곡된 인지를 수정하여 재구성하는 것이다. 이를 위해 내담자 스스로 자신의 부정적 사고를 인식하여 변화시키는 역량을 키우는 데 초점을 둔다.

② 치료원칙
- 자신의 부정적이고 자동적인 사고를 관찰하여 파악하기
- 인지, 정서, 행동 간의 관련성을 인식하기
- 자동적 사고의 지지 증거와 반대 증거를 검토하기
- 편향적인 인지를 좀 더 현실적인 대안적 사고로 대체하기
- 경험을 왜곡하게 만드는 역기능적 신념을 파악하고 수정하기

4 자살위기 고위험군 내담자를 대상으로 상담자가 할 수 있는 대처방법 5가지를 쓰시오.

 모범답안

① 내담자의 안전을 돕고 자살 이외의 다른 대안들을 생각할 수 있도록 한다.
② 내담자의 욕구나 갈등을 파악하고 문제를 해결할 수 있는 계획을 세우도록 돕는다.
③ 내담자가 이용할 수 있는 지역사회의 다양한 인접 자원들을 활용하도록 도움을 준다.
④ 위기전화상담이나 긴급히 연락을 취할 수 있는 방법에 대해서 안내해 준다.
⑤ 상담자는 신속한 위기 개입을 위해 다른 전문기관에 내담자를 의뢰할 수 있어야 한다.

학습 Plus | 자살위험성 평가 단계

① **1단계(자살의도 평가)**: 자살의도가 있는가를 분명하면서도 신중하고 조심스럽게 묻는다. 자살의도가 분명할수록 자살 가능성은 높아진다.
② **2단계(자살방법 평가)**: 어떤 방법으로 자살할 생각을 하고 있는지를 물어본다. 이때 방법이 더 위험할수록, 계획이 더 구체적일수록 자살의 위험성이 큰 것으로 평가된다.
③ **3단계(자살준비 평가)**: 자살을 위한 구체적인 준비를 하고 있거나 준비한 적이 있는가를 질문한다. 만일 실제로 준비하고 있다는 것을 알게 되었다면 자살에 임박한 것이 될 수 있으므로 이에 대한 긴급조치가 필요하다.
④ **4단계(자살시도 평가)**: 최근 자신이 생각한 방법으로 실제 자살시도를 남모르게 한 적이 있는지를 평가한다. 이 경우 자살의 위험성이 극도로 높은 것으로 평가되어야 한다. 즉각 주위에 알리고 관련 전문가를 통해 응급조치를 받도록 한다. 또한 최근의 일이 아닌 먼 과거라도 자살시도 경험이 있다면 주의 깊은 관심을 가져야 한다.

5 아들러(Adler)의 생활양식 조사 시 필요한 정보 2가지를 쓰시오.

 모범답안

① 가족구도 탐색

　내담자의 가족 구성이나 가족체계를 탐색한다. 가족 분위기, 출생 순서, 부모–자녀 관계, 가족 가치관, 가족 문화 등에 대한 탐색이 포함된다.

② 초기 회상

　어린 시절에 있었던 일에 대해 회상해 보고 해당 나이에 따라 그 내용을 기록한다. 이것은 내담자가 가진 기본적 오류를 파악하는 데 도움이 된다.

　* 생활양식(life style): 내담자의 모든 행동, 가족구도, 초기 기억의 회상 등을 통해 형성된 자기개념 및 타인과 세상에 대한 관점 등을 말한다.

학습 Plus	개인심리치료의 과정

- **생활양식 조사**

  개인심리학에서의 분석은 생활양식과 생활과제 간의 상호작용을 조사하고, 개인의 역기능에 미치는 영향을 살펴보는 데 있다.

  – **가족구도 탐색**: 내담자의 가족 구성이나 가족체계를 탐색한다. 가족 분위기, 출생 순서, 부모–자녀 관계, 가족 가치관, 가족 문화 등에 대한 탐색이 포함된다.

  – **초기 회상**: 어린 시절에 있었던 일에 대해 회상해 보고 해당 나이에 따라 그 내용을 기록한다. 이것은 내담자가 가진 기본적 오류를 파악하는 데 도움이 된다.

- **해석**

  내담자가 자신의 기본적 오류(basic mistake)를 깨닫도록 해 주고, 그것이 어떻게 해서 내담자에게 문제가 되는지를 해석해 준다.

  > ※ 기본적 오류 5가지
  > ① 과잉 일반화: "사람들은 적대적이다." "내 인생은 위험투성이이다."
  > ② 잘못되었거나 불가능한 목표: "사랑을 받으려면 모든 사람을 즐겁게 해야 한다."
  > ③ 삶과 삶의 요구에 대한 잘못된 지각: "인생은 고달프다."
  > ④ 자신의 가치를 과소 평가 또는 부정하기: "나는 바보야." "나와 함께 일을 하려는 사람이 있을까?"
  > ⑤ 잘못된 가치관: "누가 상처를 받든지 상관없어. 나는 일등이 되어야 해."

- **재교육**

  마지막 단계는 해석을 통해 획득된 내담자의 통찰이 실행 행동으로 전환되게 하는 재교육 단계이다. 이 과정에서 내담자에게 사회적 접촉을 실시해 보도록 격려한다.

6 정신분석적 상담의 치료기법 중 3가지를 쓰고 설명하시오.

 모범답안

① 자유연상
- 자유연상(free association)은 내담자가 편안하게 누운 상태에서 마음속에 떠오르는 것을 솔직하게 이야기하는 방법이다.
- 의식적 억제를 최소화한 자유로운 상태에서 억압된 무의식 내용이 잘 떠오른다. 감정 표현과 경험을 개방하여 자유롭게 해 주며, 마음속의 억압된 자료를 수집, 해석하여 통찰하는 데 도움을 준다.

② 꿈 분석
- 꿈은 무의식 내용을 얻는 중요한 수단으로 본다. 수면 상태에서는 의식적 억제가 약화되기 때문에 억압된 무의식적 갈등이 잘 떠오른다.
- 꿈 분석(dream analysis)은 내담자의 꿈에 나타난 주제와 내용들을 분석하는 것으로, 이를 통해 무의식적 갈등을 밝혀 낸다. 일반적으로 내담자가 보이는 증상과 꿈은 유사한 구조를 가진다.

③ 전이 분석
- 전이(transference)란 내담자가 과거에 중요한 대상에게 느꼈던 (긍정적, 부정적) 감정이나 환상을 무의식적으로 현재 상담자에게 옮겨 와 나타내는 것을 말한다.
- 전이는 정신분석 상담의 핵심으로, 상담 과정에서 내담자가 보이는 전이 현상을 면밀히 분석하고 해석해야 한다. 전이 분석을 통해 내담자는 자신의 무의식적 갈등과 현재 문제의 의미를 통찰할 수 있게 된다.

- 상담자도 내담자에게 전이 현상을 나타낼 수 있다. 이를 역전이라고 한다. 상담자의 역전이는 내담자의 반응을 왜곡하여 받아들이게 만들어 객관성을 저해할 수 있으므로 조심해야 한다.

학습 Plus   정신분석적 상담의 치료기법

① 자유연상
- 자유연상(free association)은 내담자가 편안하게 누운 상태에서 마음속에 떠오르는 것을 솔직하게 이야기하는 방법이다.
- 의식적 억제를 최소화한 자유로운 상태에서 억압된 무의식 내용이 잘 떠오른다. 감정 표현과 경험을 개방하여 자유롭게 해 주며, 마음속의 억압된 자료를 수집, 해석하여 통찰하는 데 도움을 준다.

② 꿈 분석
- 꿈은 무의식 내용을 얻는 중요한 수단으로 본다. 수면 상태에서는 의식적 억제가 약화되기 때문에 억압된 무의식적 갈등이 잘 떠오른다.
- 꿈 분석(dream analysis)은 내담자의 꿈에 나타난 주제와 내용들을 분석하는 것으로, 이를 통해 무의식적 갈등을 밝혀 낸다. 일반적으로 내담자가 보이는 증상과 꿈은 유사한 구조를 가진다.

③ 전이 분석
- 전이(transference)란 내담자가 과거에 중요한 대상에게 느꼈던 (긍정적, 부정적) 감정이나 환상을 무의식적으로 현재 상담자에게 옮겨 와 나타내는 것을 말한다.
- 전이는 정신분석 상담의 핵심으로, 상담 과정에서 내담자가 보이는 전이 현상을 면밀히 분석하고 해석해야 한다. 전이 분석을 통해 내담자는 자신의 무의식적 갈등과 현재 문제의 의미를 통찰할 수 있게 된다.
- 상담자도 내담자에게 전이 현상을 나타낼 수 있다. 이를 역전이라고 한다. 상담자의 역전이는 내담자의 반응을 왜곡하여 받아들이게 만들어 객관성을 저해할 수 있으므로 조심해야 한다.

④ 저항 분석
- 저항(resistance)이란 내담자가 상담 과정에서 나타내는 비협조적이고 반치료적인 행동들을 말한다(예 치료 시간에 늦거나 잊어버림, 자유연상이 잘되지 않음, 숙제를 잊거나 해 오지 않음).
- 저항은 내담자의 무의식적인 갈등을 반영한다고 보므로 저항적인 행동의 의미에 대해 분석을 하여야 한다.

⑤ 해석
- 해석(interpretation)이란 내담자가 명확하게 자각하지 못하는 것을 일깨워 주는 상담자의 설명을 의미한다. 내담자의 말 속에 숨은 의미를 파악하게 이를 다른 관점으로 제시함으로써 내담자가 자신의 경험, 행동, 감정, 태도에 대해 달리 생각해 볼 수 있게 하는 적극적인 상담기술이다.
- 해석을 통해 내담자는 자신의 무의식적 갈등에 대한 통찰(insight)을 얻게 된다. 내담자가 스스로 이해하기 어려운 무의식적 갈등에 대해서 상담자가 해석을 해 주어야 하는데, 해석은 가능한 한 단정적이지 않고 가설적으로 표현하는 것이 좋다.

⑥ 훈습
- 훈습(working-through)이란 상담 과정에서 통찰을 통해 얻게 된 성숙한 행동과 태도를 실제 일상생활에 적용하여 사용함으로써 변화된 적응적 행동이 지속될 수 있도록 돕는 기법이다.
- 상담을 통해 배운 것을 현실 생활에 실천하여 점진적으로 변화가 일어나고 유지되도록 하는 것이 목적이다.

7 인지적 오류의 종류 5가지를 쓰고 각각 설명하시오.

🗂️ **모범답안**

① 이분법적 사고(흑백논리적 사고)

　어떤 상황을 연속선상에서 보지 않고 양극단으로만 보는 것을 말한다. 두 가지 극단 중 하나로 경험을 범주화하는 것을 의미한다.

② 과잉 일반화

　한 가지 사건에 기초한 결론을 광범위하게 적용시키는 것을 말한다. 하나 또는 몇 개의 고립된 사건에서 일반적인 규칙을 추출해 내고 이를 다른 사상이나 상황에 부적절하게 적용하는 것을 의미한다.

③ 정신적 여과(선택적 추상화)

　전체를 보지 않고 부정적인 하나의 세부 사항에만 지나치게 집중하고 선택적으로 받아들여 결론을 내리는 것을 말한다.

④ 의미 확대, 의미 축소

　자신이나 다른 사람 혹은 어떤 상황을 평가할 때, 부정적인 측면을 지나치게 강조하고 긍정적인 측면은 최소화하는 것이다.

⑤ 감정적 추론

　자신의 감정 반응이 실제 상황을 반영하고 사실이라고 믿고, 그 반대의 증거는 무시하거나 고려하지 않는 것을 말한다.

학습 Plus	인지오류의 유형

- **이분법적 사고(흑백논리적 사고)**: 어떤 상황을 연속선상에서 보지 않고 양극단으로만 보는 것을 말한다. 두 가지 극단 중 하나로 경험을 범주화하는 것을 의미한다.
- **과잉 일반화**: 하나 또는 몇 개의 고립된 사건에서 일반적인 규칙을 추출해 내고 이를 다른 사상이나 상황에 부적절하게 적용하는 것을 의미한다.
- **정신적 여과(선택적 추상화)**: 전체를 보지 않고 부정적인 하나의 세부 사항에만 지나치게 집중하고 선택적으로 받아들여 결론을 내리는 것을 말한다.
- **의미 확대, 의미 축소**: 자신이나 다른 사람 혹은 어떤 상황을 평가할 때, 부정적인 측면을 지나치게 강조하고 긍정적인 측면은 최소화하는 것이다.
- **감정적 추론**: 자신의 감정 반응이 실제 상황을 반영하고 사실이라고 믿고, 그 반대의 증거는 무시하거나 고려하지 않는 것을 말한다.
- **개인화**: 인과적 연결을 지지하는 증거 없이 외부적 사건을 자기 자신에게 귀인하여 잘못 해석하는 것을 말한다.
- **잘못된 명명(낙인 찍기)**: 자기 스스로 부정적인 관점을 통해 개인의 정체성과 인식을 평가하는 것을 말한다.
- **독심술**: 충분한 근거 없이 상대방의 생각이나 의도, 마음을 알고 있다고 믿는 것을 말한다. 상호작용이나 관계에 있어서 타인이 어떤 생각을 하고 있는지 본인이 안다고 생각하는 것을 의미한다.
- **예언자적 오류**: 충분한 근거 없이 미래에 일어날 일을 단정하고 확신하는 것이다. 마치 미래의 일들을 미리 볼 수 있는 예언자인 것처럼 앞으로 일어날 결과를 부정적으로 예측하고 이를 굳게 믿는다.
- **파국화**: 어떤 사건에 대해 과도하게 염려하거나 두려워하는 것을 말한다. 항상 최악의 상황을 상상하기에 공포나 불안을 크게 느낀다.
- **임의적 추론**: 어떤 결론을 지지하는 증거가 없거나 그 증거가 결론에 위배됨에도 불구하고, 명확한 근거나 증거의 뒷받침 없이 주관적으로 추측하여 이를 토대로 결론을 내리는 것을 말한다.

8 약물중독에서 개별상담이 필요한 경우 4가지를 쓰시오.

① 내담자가 심각한 위기에 처했을 경우
② 내담자의 보호를 위해 비밀이 철저히 보장되어야 할 경우
③ 개인의 특정 문제를 충분히 다루어야 할 필요가 있는 경우
④ 내담자의 대인관계 기술이 매우 부족하고 비효율적인 경우
⑤ 내담자가 자신의 감정, 욕구, 사고, 행동에 대한 인식이 매우 부족한 경우
⑥ 일탈적인 문제행동의 가능성이 있거나 과거력을 가지고 있는 경우

9 이해 소검사에 영향을 미치는 요인 4가지를 쓰시오.

모범답안

- 이해(Comprehension: CO)
  수검자가 보유한 결정화된 지능, 관습적인 행동 기준, 사회적 판단, 장기기억, 일반적인 상식 수준이 수행에 영향을 준다.

- ※ 이 소검사에서 보이는 반응을 통해 개인의 성격적 특성, 윤리적 태도와 사회적 및 문화적 배경에 대해 알 수 있다. 사회적 상황에 대한 판단을 요구하기 때문에 각 응답은 사회적 상황에 대한 개인의 태도를 반영한다.

학습 Plus	이해 소검사에 영향을 미치는 요인

- 결정화된 지능
- 관습적인 행동 기준
- 사회적 판단
- 장기기억
- 일반적인 상식 수준
- 문화적 기회
- 양심이나 도덕적 판단의 발달
- 부정적 태도
- 지나치게 구체적인 사고

〈임상적 분석〉

- 적응상의 문제가 있을 경우에 낮은 점수를 보인다.
- 창조적이기보다는 보편적인 문제 해결 방식을 사용하는 경우에 점수를 얻는다.
- 반응내용은 현재의 정서적 갈등이나 불안을 알려 주는 데 도움을 준다.
- 정서문제와 갈등으로 인해 거의 0점을 얻을 수 있다.
- 일상의 대처 능력에 대한 풍부한 자료를 제공한다.
- 사회적 상황에서 적절한 행동 수행에 장애가 있는 수검자에 대한 단서를 제공한다.
- 강박적인 경우, 지나치게 길고 세부적인 응답을 한다.

10 다음은 학습의욕이 없고 일상생활에 흥미가 떨어지는 11세 남자 아동의 검사 결과이다. 진단명과 그 근거를 제시하시오.

> Rorschach: ZD < −3.5
>
> KPI-C: DEP=66, HPR=72, ERS=32
>
> HABGT: 수행시간 1분 10초 정도, 도형 A가 가운데에 위치, 5개 도형의 각도 변화, 2번 도형의 재작성

모범답안

- 진단명: 주의력결핍 과잉행동장애(ADHD)
- 근거
    - Rorschach: ZD < −3.5
      무계획적이고 상황과 관련된 측면을 고려하지 않는 충동적인 행동을 보일 수 있다.
    - KPI-C: DEP=66, HPR=72, ERS=32
      자아탄력성이 저하되어 있는 반면에 우울 및 과잉 행동 수준이 높게 나타나고 있다.
    - HABGT: 수행시간 1분 10초 정도, 도형 A가 가운데에 위치, 5개 도형의 각도 변화, 2번 도형의 재작성
      수행시간이 짧아(평균 1시간 정도) 과제 집중과 인지적 노력의 정도가 낮고 충동적으로 처리했을 가능성이 나타난다. 도형 A의 위치가 중앙에 놓여 자기중심적 태도와 행동을 보일 수 있고, 각의 변화나 재작성을 통해 충동 및 행동 통제 곤란, 불안 수준이 높을 수 있다.

11 TAT의 욕구-압력 분석법 7단계를 쓰고, 부가 분석 단계를 설명하시오.

 모범답안

<욕구-압력 분석법 7단계>
① 주인공을 찾는다.
② 환경의 압력을 분석한다.
③ 주인공의 반응에서 드러나는 욕구를 분석한다.
④ 주인공이 애착을 표현하고 있는 대상을 분석한다.
⑤ 주인공의 내적인 심리 상태를 분석한다.
⑥ 주인공의 행동이 표현되는 방식을 분석한다.
⑦ 이야기의 결말을 분석한다.

<부가 분석 단계>
욕구-압력 분석법의 4단계에 해당되는 주제는 부가 분석을 실시한다. 주인공의 마음속에 유쾌하거나 불쾌한 감정을 일으키는 대상물인 부착 대상에 대한 에너지의 수준과 의미, 관념적 측면을 검토한다.

12 다음은 로샤 검사 시 피검사자의 흔한 질문들이다. 질문에 적절한 답을 쓰시오.

> • 이 검사를 왜 하나요?
> • 카드를 돌려 봐도 되나요? 전체를 봐야 합니까?
> • 다른 사람들은 보통 몇 가지 반응을 하나요?
> • 이 카드를 보고 보통 뭐라고 응답하나요?
> • 전에 검사를 받은 경험이 있는데 그때와 똑같이 대답해도 되나요?

모범답안

수검자가 질문을 하는 경우가 흔한데, 대체적으로 다음과 같이 응답한다.

• 이 검사를 왜 하나요?

"개인의 특성이나 성격에 대한 이해뿐만 아니라 앞으로의 치료, 상담에서 당신을 이해하고 돕기 위한 자료로서 도움이 됩니다."

• 카드를 돌려 봐도 되나요? 전체를 봐야 합니까?

"마음대로 하세요." "좋을대로 하십시오."

• 다른 사람들은 보통 몇 가지 반응을 하나요?

"대개 1개 이상의 반응을 합니다."

• 이 카드를 보고 보통 뭐라고 응답하나요?

"다양한 여러 종류의 반응을 합니다."

• 전에 검사를 받은 경험이 있는데 그때와 똑같이 대답해도 되나요?

"지금 보이는 대로 이야기하면 됩니다." "지금 당신이 보는 대로 이야기하면 됩니다."

13 투사적 검사의 장단점을 2가지씩 쓰시오.

모범답안

<투사적 검사의 장점>

① 검사 반응이 독특하다.

　투사적 검사는 객관적 검사와는 다르게 개인의 독특한 반응을 나타나게 해 준다는 점에서 개인을 이해하는 데 유용하다.

② 방어가 어렵다.

　투사적 검사는 모호하고 생소하고 불분명한 자극을 제시하므로 수검자가 그에 대해 적절한 방어를 하기가 어렵다. 객관적 검사와 비교해 보면 수검자는 객관적 검사의 문항을 읽으면서 그 내용을 이해할 수 있고 그에 따라 방어적으로 응답할 수 있지만, 투사적 검사에서는 자신의 의도에 맞추어 방어적으로 응답하기가 어렵다.

③ 검사의 반응이 풍부하다.

　투사적 검사는 검사 자극이 모호하고 검사 지시가 일정한 응답 방식을 요구하지 않으므로 독특하고 다양하고 풍부한 내용의 반응이 드러나기 쉽다는 점에서 개인의 심리적 특성을 잘 반영해 줄 수 있다.

<투사적 검사의 단점>
① 투사적 검사는 신뢰도가 낮다.

검사 반응의 일관성이 결여되어 있다는 투사적 검사의 특징에 기인한다. 특히 투사적 검사의 반응이 개인의 지속적인 특성을 반영하는 것이 아니라 정서적 상태나 심리적 상태를 반영하는 경우 반응의 일관성이 부족하게 되고, 이로 인해 투사적 검사의 신뢰도가 저하되는 경향이 있다.

② 투사적 검사는 타당성 문제가 있다.

투사적 검사 해석의 근거가 과학적으로 충분히 검증되지 않았다는 점으로 인해 타당도 측면에서 해석에 필요한 근거를 충분히 마련할 필요가 있다.

③ 검사 반응이 상황에 따라 영향을 받는다.

검사자의 성, 태도, 수검자에 대한 선입견 등이 검사 반응에 영향을 미침으로써 수검자의 특성 외에 검사 시행의 상황적 조건이 영향을 미칠 수 있다.

14 사고장애를 가진 조현병 환자에게서 자주 채점되는 로샤 검사의 특수점수 4가지를 쓰시오.

모범답안

① INCOM

조화되지 않은 결합(Incongruous Combination). 단일 대상에서 부적절하거나 불가능한 하나 이상의 특징이나 활동이 나타나는 반응을 말한다.

② FABCOM

우화적 합성(Fabulized Combination). 둘 이상의 대상이 있을 수 없거나 불가능한 방식으로 관계를 맺고 있는 것으로 지각한 반응을 말한다.

③ CONTAM

오염(Contamination). 부적절한 결합 중 가장 기괴한 반응으로, 둘 이상의 인상이 확실히 현실을 위반하면서 하나의 반응으로 융합되는 경우이다.

④ ALOG

부적절한 논리(Inappropriate Logic). 검사자가 아무런 개입도 하지 않는데 수검자가 부자연스럽고 틀을 벗어나는 추론을 하여 자신의 반응을 정당화하려는 경우를 말한다.

학습 **Plus**	로르샤흐 검사의 특수점수

특수점수 가운데 DV, DR, INCOM, FABCOM에 반영되는 인지적 역기능의 정도에 차이가 있기 때문에 반응이 얼마나 기인한가에 따라 두 가지 수준으로 나누어 채점한다.

- **수준 1 반응**

  대개 특수점수의 채점 기준을 충족시키지만, 부주의한 단어 선택, 미성숙, 교육 기회의 제한, 심사숙고하지 않은 판단 등 표현이나 판단에 충분한 주의를 기울이지 못해서 일어나는 인지적 오류에 해당된다.

- **수준 2 반응**

  비논리적, 경계가 모호한, 분열되거나 우회적 사고가 좀 더 심하게 나타나는 경우이다. 수준 2 반응은 매우 부적절하고 기괴해서 채점하기 어렵지 않지만 어떤 반응이 수준 2에 해당되는지 의심스럽다면 신중하게 수준 1로 채점하는 것이 바람직하다.

〈특수점수〉

범주	기호	기준
특이한 언어 반응 (Unusual Verbalization)	DV	**일탈된 언어(Deviant Verbalization)**: 부적절한 단어가 하나 이상 사용된 경우로, 두 가지 형태가 있다. 1. **신조어(neologism)**: 수검자의 언어 능력으로 보아 정확한 표현을 충분히 할 수 있음에도 불구하고, 부적절한 단어나 신조어를 사용하는 경우[예] "<u>망원경</u>으로 본 박테리아."(DV1), "이 피는 <u>콘크리케이트</u>처럼 굳어 있어요."(DV2)] 2. **중복 사용(redundancy)**: 대상의 성질을 두 번 보고하는 것 같은 언어의 기이한 사용[예] '사람의 <u>죽은 시체</u>'(DV1), '<u>세</u> 사람의 <u>트리오</u>'(DV2)]
	DR	**일탈된 반응(Deviant Response)**: 과제와 상관이 없거나 과제를 왜곡하는 표현을 사용함으로써 반응의 질이 기이하고 특이해지는 경우. DV를 포함한 DR 반응은 DR만 채점한다. 1. **부적절한 구(inappropriate phrase)**: 매우 부적절하거나 아무런 상관이 없는 구를 사용하고 앞뒤가 연결되지 않는 방식으로 반응한 경우[예] "개처럼 보이네요. <u>우리 아버지는 개를 기르지 못하게 했어요.</u>"(DR1), "이 것은 박쥐네요. <u>나는 나비가 보고 싶었어요.</u>"(DR2)] 2. **우원적 반응(circumstanial response)**: 과제를 무시한 채 부적절하게 정교화하는 반응으로, 말이 주제에서 벗어나면서 산만하게 흘러가는 경우[예] "두 마리 뱀 같아요. <u>나는 항상 뱀을 싫어했는데, 형은 뱀을 무서워한다고 나를 놀리곤 했어요.</u>"(DR1), "아일랜드 지도 같아요. 어쩌면 아일랜드가 아니라 다른 곳일 수도 있어요. 그러나 아일랜드일 것 같아요. <u>나는 아일랜드에 대해 잘 모르지만 멕시코에 대해서는 잘 알아요.</u>"(DR2)]
부적절한 반응 결합 (Inappropriate Combination)	INCOM	**조화되지 않은 결합(Incongruous Combination)**: 단일 대상에서 부적절하거나 불가능한 하나 이상의 특징이나 활동이 나타나는 반응[예] "박쥐인데 여기에 날개와 몸, <u>손이 있다.</u>"(INCOM1), "<u>두 개의 머리를 가진 사람.</u>"(INCOM2)]

	FABCOM	우화적 합성(Fabulized Combination): 둘 이상의 대상이 있을 수 없거나 불가능한 방식으로 관계를 맺고 있는 것으로 지각한 반응[예 "두 마리 개가 농구를 하고 있어요."(FABCOM1), "두 여자가 잠수함을 공격하고 있어요."(FABCOM2)]
	CONTAM	오염(Contamination): 부적절한 결합 중 가장 기괴한 반응으로, 둘 이상의 인상이 확실히 현실을 위반하면서 하나의 반응으로 융합되는 경우(예 "이것은 피로도 보이고 섬으로도 보여요. 이것은 확실히 피 흘리는 섬이에요.")
부적절한 논리 (Inappropriate Logic)	ALOG	부적절한 논리(Inappropriate Logic): 검사자가 아무런 개입도 하지 않는데 수검자가 부자연스럽고 틀을 벗어나는 추론을 하여 자신의 반응을 정당화하려는 경우(예 "이것은 북극이네요. 왜냐하면 카드 위쪽에 있으니까요.")
보속반응 (반응반복) (Perseveration)	PSV	보속반응(Perseveration): 동일한 반응이 반복되는 것으로, 인지적 경직성, 인지적 기능장애, 뚜렷한 심리적 몰두와 관련이 있다. 보속반응에는 세 가지 유형이 있으나 모두 PSV로 채점된다. 1. 카드 내 반응반복: 한 카드에서 반응영역, 발달질, 결정인, 형태질, 반응내용 및 Z점수가 동일한 반응이 연달아 나타나는 경우[예 카드 I 에서 ① '박쥐'(Wo Fo Ap 1.0), ② 'to'(Wo Fo A P 1.0 PSV)] 2. 내용 보속(카드 간 반응반복): 한 카드에서 말한 내용이 다음 카드에서 동일하게 반복되는 경우로, 이전에 본 것과 동일한 대상으로 지각한 반응(예 한 카드에서 두 사람이 싸우고 있다고 본 후, 다음 카드에서 "아까 그 사람들인데 이제는 싸우지 않네요.") 3. 기계적 반응반복: 동일한 대상을 기계적으로 반복해서 보고하는 경우로, 지적 · 신경학적 결함이 있는 사람에게 가장 흔히 나타남(예 카드 I 에서 '박쥐', 카드 II 에서 '박쥐', 카드 III 에서도 '박쥐')
특수내용 (Special Content)	AB	추상적 내용(Abstract Content): 두 가지 유형이 있다. 1. 인간의 정서나 감각을 나타내는 Hx 반응(예 "이 전체가 우울을 의미해요. 온통 검고 음울해 보여요.") 2. 명확하고 구체적인 상징적 표상을 언급한 반응(예 "이 두 사람이 사랑에 빠졌어요. 서로를 간절히 원하고 있어요. 여기 가운데 붉은 부분이 사랑과 갈망을 나타내는 거예요.")
	AG	공격적 운동(Aggressive Movement). 공격적인 내용이 포함된 운동반응(M, FM, m)으로, 반드시 공격이 일어나고 있어야 한다(예 "남자의 얼굴인데 뭔가 격노해 있어요." 또는 "주먹으로 벽을 치고 있는 것처럼 보여요."). 대상이 공격을 받았을 경우 또는 폭발 자체는 AG로 채점하지 않지만, 폭발로 인해 뭔가 파괴된 경우에는 AG로 채점한다.
	COP	협조적 운동(Cooperative Movement): 둘 이상의 대상이 긍정적 또는 협조적인 상호작용을 하는 운동반응(M, FM, m)으로, 긍정적이거나 협조적인 상호작용이 분명할 때 채점한다(예 "두 사람이 춤을 추고 있다." "두 사람이 서로 기대어 비밀을 속삭이고 있다.").

	MOR	**병적인 내용(Morbid Content)**: 두 가지 중 한 가지 특징을 가지고 있을 때 채점한다. 1. 대상을 죽인, 파괴된, 폐허가 된, 망가진, 손상된, 상처 입은, 또는 부서진 것으로 지각한 경우(예 '깨진 거울' '죽은 개' '상처 입은 곰' '상처' '구멍 난 코트' '썩은 나뭇잎' '아메바의 실험실 슬라이드' '땅 위로 뜯겨져 나온 뿌리') 2. 대상에 대해 우울한 감정이나 특징을 부여한 경우(예 '음울한 저택' '슬픈 나무' '불행한 사람' '울고 있는 사람' '우울증')
인간표상 반응 (Human Representation Response)	GHR 또는 PHR	**인간표상 반응(Good/Poor Human Representation)**: 타인을 지각하거나 상호작용하는 방식과 관련된 인간 표상에 대한 것으로, 다음의 세 가지 기준 중 어느 하나를 충족시키는 반응에 대해 좋은(good) 또는 나쁜(poor) 반응으로 채점한다. 1. 인간 내용 기호를 포함한 반응: H, (H), Hd, (Hd), Hx 2. 결정인 M을 포함한 반응 3. 특수점수 COP 또는 AG를 포함한 FM 반응
개인적 반응 (Personalized Answer)	PER	**개인적 반응(Personal)**: 자신의 반응을 정당화하고 명료화하기 위해서 개인적 지식이나 경험을 언급한 반응(예 "예전에 아버지가 나에게 이런 것을 보여 줬어요." "TV에서 그런 것을 본 적이 있어요.")
특수한 색채 현상 (Special Color Phenomena)	CP	**색채투사(Color Projetction)**: 무채색 반점을 유채색으로 지각한 반응(예 카드 V에서 "아름다운 자주색 나비예요.")

15 MMPI-2 검사의 6번 척도에서 T점수가 70인 경우 나타나는 특징을 6가지 쓰시오.

모범답안

① 타인의 사소한 말이나 행동에 예민하고 과민하게 반응한다.

② 상대방의 동기, 의도를 의심하고 오해하여 조심스럽고 경계적인 태도를 취한다.

③ 세상은 불공평하며 자신에게 불리하게 작용한다고 지각한다.

④ 적대감과 분노감을 드러내며 논쟁적이다.

⑤ 사고나 태도가 매우 경직되어 있고 융통성이 부족하다.

⑥ 피해망상, 과대망상, 관계사고 및 기타 사고장애 등 명백한 정신증적 증상과 그에 수반한 행동 특성을 보일 가능성이 높다(T≥70)

⑦ 자신이 음모에 휘말렸거나 남들로부터 부당한 대우, 모함, 괴롭힘을 당한다고 지각한다.

⑧ 투사, 합리화, 주지화 등의 방어기제를 많이 사용한다.

학습 Plus   MMPI-2: 척도 6 편집증(Paranoia: Pa)

- 척도 6은 편집증적 상태 혹은 편집증을 보이는 환자들을 탐지할 목적으로 개발되었으며, 문항들은 관계사고, 피해의식, 의심, 지나친 예민성, 과대한 자기개념, 경직된 태도 등의 내용들을 포함하고 있다. 문항의 예를 들면 다음과 같다(괄호 안은 채점 방향).
  - 누가 내 뒤를 몰래 따라다닌다(그렇다).
  - 나를 꼭 해치고 싶어 하는 적(원수)은 없다(아니다).
- 60~70T에 속하는 경우, 대인관계에서 예민하고 과도하게 반응하는 등 편집증적인 경향을 시사하는 특징들을 보인다. 자신들이 힘들고 불공평하게 살아가고 있다고 느끼며, 자신들의 어려움을 외부의 탓으로 돌리면서 합리화하는 경향을 보인다.
- 70T보다 높은 경우, 피해망상(persecutory delusion), 과대망상(grandiose delusion), 관계사고(idea of reference) 등과 같은 정신병적 증상을 보일 수 있다. 자신이 타인들로부터 정당한 대우를 받지 못한다고 느끼며 분개하거나 원한을 품고 있을 수 있다.
- 대표적인 방어기제는 투사(projection)로서 자신의 문제를 인정하기보다는 남의 탓으로 돌린다. 임상장면에서는 정신분열증, 망상장애로 진단받는 경우가 많다.
- 척도 점수가 높은 사람들은 치료자와의 라포 형성이 어렵고, 자신의 정서적 문제를 인정하지 않으므로 심리치료의 예후는 좋지 않다.

※ 척도 6이 높은 경우
- 타인의 사소한 말이나 행동에 예민하고 과민하게 반응한다.
- 상대방의 동기, 의도를 의심하고 오해하여 조심스럽고 경계적인 태도를 취한다.
- 세상은 불공평하며 자신에게 불리하게 작용한다고 지각한다.
- 적대감과 분노감을 드러내며 논쟁적이다.
- 사고나 태도가 매우 경직되어 있고 융통성이 부족하다.
- 피해망상, 과대망상, 관계사고 및 기타 사고장애 등 명백한 정신증적 증상과 그에 수반한 행동 특성을 보일 가능성이 높다(T≥70).
- 자신이 음모에 휘말렸거나 남들로부터 부당한 대우, 모함, 괴롭힘을 당한다고 지각한다.
- 투사, 합리화, 주지화 등의 방어기제를 많이 사용한다.

16 MMPI-2 해석에서 4-6 코드의 임상적 특징 4가지를 쓰시오.

모범답안

① 의심이 많고 적대적이며 미성숙하고 자기중심적인 특징으로 인해 친밀한 관계를 형성하는 것이 어렵다.

② 주위 사람들에게 인정과 관심을 요구하면서도 상대방의 사소한 요구나 간섭은 잘 견디지 못한다.

③ 자신의 분노와 적개심을 정당화하며 타인의 행동의 숨은 동기를 의심하고 깊은 정서적 유대관계를 맺으려고 하지 않는다.

④ 권위적 대상과 갈등이 많으며 상대방의 업적이나 명성을 평가 절하하고 손상시키려 한다.

⑤ 논쟁적이고 냉소적이며 따지기 좋아하고, 다른 사람의 마음을 부정적으로 해석하는 특징을 보인다.

⑥ 수동-공격성 성격장애, 편집형 조현병, 조현병 전구 단계일 수 있으며, 알코올 남용이나 의존 등의 과거력이 있을 수 있어 관련 탐색이 필요하다.

17 행동평가의 기본 전제 3가지를 쓰시오.

모범답안

① 행동평가는 행동의 결정요인을 환경적 사건이라고 전제한다. 즉, 행동의 발생과 행동 특징의 상당한 부분은 행동과 시간적으로 인접하여 발생하는 환경적 사건에 의해 설명될 수 있다는 것이다.

② 행동평가에서는 문제행동과 시간적으로 인접한 환경적 요인, 또는 행동과 환경과의 상호작용이 문제행동에 있어서 보다 중요하다고 강조한다. 즉, 행동평가에서 관심을 갖는 것은 과거의 환경적 사건이나 상호작용이 아닌 현재의 환경적 사건이나 상호작용적 경험이다.

③ 환경결정론과 밀접하게 관련되어 있는 가정은 행동의 발생이나 특성을 설명함에 있어서 행동에 선행되거나 동반되는 상황적 요인이 중요하다는 것이다. 상황이 달라지더라도 안정성 있게 유지되는 개인의 특성을 전제로 하는 '성격이론'과 다르게, 행동주의적 입장은 행동의 상황적 결정요인의 중요성을 강조한다.

④ 행동주의자들은 행동의 다요인 결정론(multiple causality)을 지지한다. 즉, 어떤 행동이든 다양한 요인이나 요인들의 상호작용에 의해 결정된다는 것이다.

⑤ 행동평가에서는 평가의 대상이 되는 문제행동이 다양한 요소들로 구성되어 있다는 반응의 단편화를 전제로 한다.

18 로샤 검사의 구조적 요약지를 작성하는 3단계를 쓰시오.

🔖 **모범답안**

① 점수 계열 기록

　　내담자의 반응순서에 따라 반응들을 기록하면서 부호화를 하는 과정이다. 부호화는 반응영역, 발달질, 결정인, 형태질, 반응내용, 평범반응, 조직화활동(Z점수), 특수점수 등이 있으며, 이를 단계적으로 채점해 나간다.

② 구조적 요약: 상단부

　　구조적 요약 상단부에 반응빈도를 기록하며, 여기에는 반응위치, 결정인, 형태질, 반응내용, 접근방식, 특수점수가 포함된다.

③ 구조적 요약: 하단부

　　구조적 요약 상단부의 반응빈도를 기초로 하여 비율, 백분율, 가중점수 등이 정해진다. 이 점수를 기초로 7개 군집이 분석되며 핵심영역, 사고영역, 정서영역, 중재영역, 처리영역, 대인관계 영역, 자기지각 영역, 특수 지표가 있다.

학습 Plus	구조적 요약의 6개의 특수 지표

① **지각 및 사고 지표(Perceptual-Thinking Index: PTI)**

PTI는 조현병 지표를 개정한 것으로, 점수의 범위는 0~5점이다. 점수가 높을수록 지각 및 사고의 혼란을 경험할 가능성이 높음을 의미한다.

② **우울증 지표(Depression Index: DEPI)**

DEPI는 우울증의 다양한 양상을 측정하는 지표로, 점수 범위는 0~7점이다. 점수가 4점 이상일 때 약간의 우울증 증상을 경험하고 있음을 시사하며, 점수가 높을수록 정서장애의 가능성이 높아진다.

③ **대응손상 지표(Coping Deficit Index: CDI)**

CDI는 사회 기술이 제한적이고 환경과 상호작용할 때, 특히 대인관계 영역에서 빈번하게 어려움을 겪을 가능성을 시사한다. 점수의 범위는 0~5점이며, 4점이나 5점일 때 유의하게 해석한다.

④ **자살 지표(Suicide Constellation: S-CON)**

S-CON은 수검자가 자기파괴적인 사고와 행동에 몰두하고 있을 가능성이 나타내기에 이에 대한 추가 탐색이 필요하다. S-CON에 포함된 12개의 변인 중 8개 이상이 해당된다면 자살 가능성을 고려하여 주의가 필요하다.

⑤ **과민성 지표(Hypervigilance Index: HVI)**

HVI는 과경계 양상과 관련되며, 환경에 대한 불신 또는 부정적인 태도를 반영한다. 유의한 HVI는 불안전하고 취약한 느낌과 더불어 행동을 수행할 때 매우 신중해지는 경향 및 과도한 에너지 사용을 의미한다.

⑥ **강박성 지표(Obsessive Style Index: OBS)**

유의한 OBS는 정확성을 추구하고 세부적인 사항에 집착하고 완벽주의 성향이 있으며 정서 표현에 어려움이 있음을 의미한다.

19 로샤 검사의 결정인 기호에서 V, VF, FV의 명칭과 채점 기준을 쓰시오.

- V(순수 차원 반응)

  음영의 특징이 형태를 개입시키지 않고 차원이나 깊이만을 나타내는 것으로 지각된 반응

- VF(차원-형태 반응)

  일차적으로 음영이 깊이나 차원을 나타내는 것으로 지각 · 이차적으로 형태를 지각한 반응

- FV(형태-차원 반응)

  형태에 근거해 반응이 결정된 뒤, 음영이 깊이나 차원을 나타내는 이차적 결정요인인 반응

학습 Plus		로샤 검사의 결정인(determinant)

분류	기호	기준
형태	F	브롯의 형태를 단독적으로 보고 반응하는 경우에 채점된다.
움직임	M	인간의 움직임: 인간의 동작 또는 동물이나 가공적 인물이 인간과 유사한 움직임을 보이는 경우에 채점
	FM	동물의 움직임: 동물의 자연적인 움직임. 만약 그 동물의 자연스런 동작이 아닌 경우에 M으로 채점
	m	무생물의 움직임: 생명이 없는 사물의 움직임에 대해 채점
색채	C	순수 색채 반응: 브롯의 색채만을 근거로 하여 반응했을 때 채점
	CF	색채-형태 반응: 브롯의 색채가 일차적 주요 결정인. 형태는 이차적 결정인으로 사용
	FC	형태-색채 반응: 브롯의 형태가 주요 결정인, 이차적으로 색채가 개입되었을 때 채점
	Cn	색채명명 반응: 반점의 색채 이름이 그대로 반응으로 나타난 경우
무채색	C'	순수 무채색: 브롯의 무채색, 즉 회색, 검은색, 흰색의 무채색이 결정인으로 작용
	C'F	무채색-형태: 무채색이 일차적 결정인. 이차적으로 형태가 결정인으로 개입
	FC'	형태-무채색: 일차적으로 형태에 의존. 이차적으로 무채색이 결정인으로 사용
음영-재질	T	순수 재질 반응: 브롯의 음영이 형태로 개입되지 않은 순수한 재질 현상을 나타낸다고 지각되는 경우
	TF	재질-형태: 음영이 재질로 지각된 뒤, 사물의 윤곽을 나타내거나 자세히 묘사되는 데 형태가 개입
	FT	형태-재질 반응: 브롯의 형태에 따라 반응을 지각. 이차적으로 음영이 재질로 지각되는 경우
음영-차원	V	순수 차원 반응: 음영의 특징이 형태를 개입시키지 않고 차원이나 깊이만을 나타내는 것으로 지각
	VF	차원-형태 반응: 일차적으로 음영이 깊이나 차원을 나타내는 것으로 지각. 이차적으로 형태 지각
	FV	형태-차원: 형태에 근거해 반응이 결정된 뒤, 음영이 깊이나 차원을 나타내는 이차적 결정인
음영-확산	Y	순수 음영 반응: 형태를 개입시키지 않고 브롯의 밝고 어두운 특징에 따라서만 반응이 결정
	YF	음영-형태 반응: 브롯의 밝고 어두운 특징을 근거로 일차적으로 반응이 결정. 형태는 이차적으로 개입
	FY	형태-음영 반응: 주로 브롯의 형태에 의존하여 반응이 결정. 이차적으로 음영의 특징이 반응을 결정
형태 차원	FD	형태에 근거한 차원: 깊이, 거리, 차원이 브롯의 크기나 모양을 근거로 결정. 음영은 개입되지 않음.
쌍	(2)	브롯의 대칭성에 근거해 두 개의 동일한 사물을 지각. 사물들은 모든 점에서 동일해야 하며 반사나 거울에 비친 모습이라고 반응되는 경우에 쌍반응이 아닌 반사반응으로 채점
반사	rF	반사-형태 반응: 브롯의 대칭적인 성질에 근거하여 반사되거나 거울에 비친 모습을 나타낸다고 반응될 때 채점된다. 구름이나 그림자와 같이 원래 일정한 형태를 갖추고 있지 않은 사물로 반응
	Fr	형태-반사 반응: 브롯의 대칭성에 근거하여 반사되거나 거울에 비친 모습으로 지각되는 경우에 채점된다. 이때 반응된 사물은 일정한 형태를 지니고 있다.

7 2016년 기출문제

1 행동치료의 효과성 검증방법 중 ABAB에 대해 설명하시오.

모범답안

- 단일사례 연구 중 하나인 ABAB 설계는 두 가지 단계인 A와 B로 구성되어 있다. A는 개입 전 기저선(baseline, 치료를 받기 전의 상태) 단계이며, B는 개입 단계가 된다.
- ABAB 설계는 AB 설계의 가설 검증상의 한계를 보완하기 위해 기저선 단계를 2번 포함한다. 이를 통해 개입 이전의 행동 패턴(첫 번째 A)을 알고, 개입 이후에 개입을 제공하지 않을 경우(두 번째 A)의 행동 패턴을 알아야 개입 시에 정확히 어떤 행동 변화가 나타났는지를 알 수 있기 때문이다.
- ABAB 설계 시에 연구자가 고려해야 할 점은 두 번째 A, 즉 개입을 제공하지 않은 것에 대한 윤리적이고 정당한 이유가 있어야 한다는 점이다. 효과적으로 보이는 개입을 특정 시기에 제공하지 않는 것은 때론 윤리적인 문제를 야기할 수 있다.

학습 Plus   ABAB 설계의 예

① **목표행동 정하기**

8살 남자아이인 철수가 교실에서 집중하지 않거나 수업을 방해하는 행동을 하는 경우에 이를 목표행동으로
정한다.

② **행동수정 기법 교육**

연구자는 철수에게 행동수정 기법을 적용하기로 하고, 학교 선생님들에게 행동수정 기법(수업 방해 행동에는
주의를 기울이지 않고 수업에 집중하는 행동에 선택적으로 칭찬과 관심을 보이는 것 등)을 교육한다.

③ **기저선 자료 수집(A)**

연구자는 평상시 철수가 수업시간에 보이는 방해 행동을 한 달간 관찰하고 기저선(A)에 해당하는 자료를 수집
한다.

④ **행동수정 기법 적용(B)**

한 달 후 학교 선생님은 다음 한 달에 걸쳐 철수에게 행동수정 기법을 적용하고(B), 연구자는 방해 행동의 횟수
를 다시 측정한다.

⑤ **기저선 자료 수집(A)**

다시 한 달간 행동수정 기법을 적용하지 않은 상태(A)에서 철수의 방해 행동을 관찰하여 횟수를 측정한다.

⑥ **행동수정 기법 적용(B)**

학교 선생님은 한 달간 철수에게 행동수정 기법을 다시 적용하고, 연구자는 방해 행동의 횟수를 측정한다.

* 연구자는 ABAB 설계로 얻은 결과를 통해 행동수정 개입 이전에 철수가 어느 정도 수업 방해 행동을 보였고,
행동수정으로 인해 그러한 방해 행동이 얼마나 변화되었는지를 관찰할 수 있다.

7년 기출문제 |199

2 에릭 번의 교류분석상담과 REBT의 유사점 3가지를 쓰시오.

① REBT와 교류분석은 내담자의 역기능적 반응을 바꾸기 위한 목적으로 최근의 사건에 관한 분석을 강조한다.
② REBT와 교류분석은 행동의 변화를 위한 직접적인 시도를 강조한다.
③ REBT와 교류분석은 성인의 부적응은 아동기 행동양식의 영속성으로부터 나온다고 본다.

학습 Plus 교류분석상담과 REBT의 유사점

- Ellis는 내담자의 자기존중에 관해서 관심이 많았다. 이 관심사는 교류분석에서 치료목적으로 하는 'I'm O.K.'와 비슷하다.
  * 개인의 생활 자세 중 자기긍정('I'm O.K.')의 태도는 가장 바람직하고 생산적인 형태로 본다. 이 경우 정서적·신체적 욕구에 수용적이며 자신에게서 의미를 발견하는 건강한 인생관을 지닌다.
- REBT와 교류분석은 내담자의 역기능적 반응을 바꾸기 위한 목적으로 최근의 사건에 관한 분석을 강조한다.
- REBT와 교류분석은 행동의 변화를 위한 직접적인 시도를 강조한다.
- REBT와 교류분석은 자신의 행동에 대한 내담자의 책임을 통해 새로운 신념이 형성됨을 강조한다.
- REBT의 당위성(should or must)과 교류분석에서의 비판적 부모 자아 상태는 해결해야 할 측면에서 유사하다.
  * 비판적 부모 자아 상태는 주장적·처벌적·권위적인 태도로 자신의 가치관이나 생각을 바른 것으로 여기고 양보하지 않는다. 비판이나 비난을 보이며 규칙에 지배된다.
- REBT와 교류분석은 성인의 부적응은 아동기 행동양식의 영속성으로부터 나온다고 본다.

3 REBT에서 소크라테스식 논박의 방법 4가지를 예를 들어 설명하시오.

① **논리적 논박**

내담자 신념의 논리성에 관한 질문을 통해 비합리적 신념을 수정한다.

예 그러한 신념이 타당하다는 논리적 근거는 무엇인가? 그렇게 생각하는 것은 논리적 비약이 아닌가?

② **경험적 논박**

내담자 신념의 현실성에 관한 질문을 통해 비합리적 신념을 수정한다.

예 그러한 신념이 타당하다는 사실적 또는 경험적 근거는 무엇인가? 그렇게 생각할 만한 현실적인 근거가 있는가?

③ **실용적/기능적 논박**

내담자 신념의 실용성에 관한 질문을 통해 비합리적 신념을 수정한다.

예 그러한 신념은 당신이 추구하는 목적을 달성하는 데 도움이 되는가? 당신의 기분을 좋게 만드는 데 도움이 되는가? 당신의 인간관계를 긍정적으로 만드는 데 어떤 도움이 되는가?

④ **철학적 논박**

내담자 신념의 삶의 유익성에 관한 질문을 통해 비합리적 신념을 수정한다.

예 그러한 신념이 과연 당신을 행복하게 하는가? 당신의 인생에 있어서 어떤 의미를 가지고 있는가?

4 인지치료는 다양한 기법을 사용하는데 치료자는 그중에서 환자의 증상, 기능 수준, 상황에 알맞은 기법을 선택해야 한다. 인지치료에서 사용하는 인지적 기법 3가지를 설명하시오.

① 재정의
- 상담자는 내담자가 사용하는 단어와 그 의미를 내담자에게 자세히 질문함으로써 문제를 재정의하도록 돕는다(예 우울한 내담자의 경우 '속상한' '실패한' '우울한' '죽고 싶은' 과 같은 모호하고 부정적인 단어를 사용하기 쉬운데, 이런 경우 '나는 잘해 보고 싶다.' '나는 다른 사람의 관심과 돌봄이 필요하다.'라고 재정의함).
- 문제를 재정의하는 것은 문제를 보다 구체적이고 개인적으로 만들고, 내담자 자신의 관점에서 말할 수 있도록 도와 자신의 사고 과정에 대한 이해를 촉진한다.

② 재귀인
내담자가 어떤 사건에 대하여 책임이 없음에도 불구하고, 상황이나 사건에 대한 책임을 스스로에게 부여함으로써 죄책감을 느끼고 우울해 할 경우에 사용된다. 내담자로 하여금 사건에 대한 책임과 원인을 공정하게 귀인하도록 돕는 방법이다.

③ 탈중심화(탈파국화하기)
내담자가 걱정하고 염려하여 특정 사건을 지나치게 파국화시키는 경우, 내담자가 두려워 하는 일이 실제로 어느 정도 발생할 수 있을지를 현실적이고 합리적으로 생각해 보도록 하는 것이다. 이를 통해 내담자는 자신의 염려, 두려움, 불안 등이 지나치게 과장되어 있었다는 것을 깨닫고 파국화에서 벗어날 수 있게 된다.

| 학습 Plus | 인지치료 기법 |

① 재정의
- 상담자는 내담자가 사용하는 단어와 그 의미를 내담자에게 자세히 질문함으로써 문제를 재정의하도록 돕는다 (**예** 우울한 내담자의 경우 '속상한' '실패한' '우울한' '죽고 싶은'과 같은 모호하고 부정적인 단어를 사용하기 쉬운데, 이런 경우 '나는 잘해 보고 싶다.' '나는 다른 사람의 관심과 돌봄이 필요하다.'라고 재정의함).
- 문제를 재정의하는 것은 문제를 보다 구체적이고 개인적으로 만들고, 내담자 자신의 관점에서 말할 수 있도록 도와 자신의 사고 과정에 대한 이해를 촉진한다.

② 재귀인
내담자가 어떤 사건에 대하여 책임이 없음에도 불구하고, 상황이나 사건에 대한 책임을 스스로에게 부여함으로써 죄책감을 느끼고 우울해 할 경우에 사용된다. 내담자로 하여금 사건에 대한 책임과 원인을 공정하게 귀인하도록 돕는 방법이다.

③ 탈중심화(탈파국화하기)
내담자가 걱정하고 염려하여 특정 사건을 지나치게 파국화시키는 경우, 내담자가 두려워하는 일이 실제로 어느 정도 발생할 수 있을지를 현실적이고 합리적으로 생각해 보도록 하는 것이다. 이를 통해 내담자는 자신의 염려, 두려움, 불안 등이 지나치게 과장되어 있었다는 것을 깨닫고 파국화에서 벗어날 수 있게 된다.

④ 절대성에 도전하기
내담자가 '모든' '항상' '결코' '아무도'와 같이 극단적인 용어를 통해 자신의 고통을 표현하고 호소할 경우, 절대적 진술에 대해 상담자는 질문을 통해 내담자가 보다 정확하고 구체적으로 표현할 수 있도록 돕는 방법이다.

⑤ 사고중지
원치 않는 생각들이 떠올라 내담자를 지속적으로 괴롭힐 때, "멈춰!"라고 말함으로써 부적응적인 생각을 중지하는 방법이다. 더 나아가 그것을 보다 긍정적인 생각으로 대체하는 노력을 통해 왜곡된 생각이나 감정의 빈도와 강도가 점점 감소하게 된다.

5 로저스가 제시한 성격 변화의 필요충분조건 6가지를 쓰시오.

인간중심치료의 필요충분조건 6가지

① 관계의 존재인 두 사람(치료자–내담자)은 심리적 접촉 상태에 있다.

② 내담자는 자신을 상처받게 하거나 불안하게 하는 부조화 상태에 있다.

③ 치료자는 관계에서 일치성(진솔성)을 경험한다.

④ 치료자는 내담자에게 무조건적인 긍정적 존중의 태도를 지닌다.

⑤ 치료자는 내담자의 내적 참조 틀에 대해 공감적 이해를 하고 표현한다.

⑥ 치료자의 무조건적인 긍정적 존중, 공감적 이해, 일치성(진솔성)이 내담자에게 어느 정도
전달되어야 한다.

6 라자루스(Lazarus)의 BASIC ID의 다리놓기와 추적하기 절차에 대하여 설명하시오.

모범답안

• 다리놓기

다리놓기는 더 생산적인 것으로 여겨지는 다른 차원들로 갈라지기 전에 치료자가 내담자가 선호하는 쪽에 의도적으로 맞추는 절차를 말한다. 치료자는 내담자가 선호하는 양식에 초점을 두면서 더 생산적인 이야기의 영역으로 다리를 놓는다.

• 추적하기

추적하기는 서로 다른 양식들의 점화 순서를 신중히 탐색하는 것을 말한다. 심리적 혼란을 가져오는 사건의 정확한 순서를 추적함으로써 치료자는 내담자가 선행사건들을 통찰하도록 돕고 안정적인 특정 점화 순서로 조절하도록 촉진한다.

학습 Plus 　중다양식 접근

Arnold Lazarus의 중다양식 접근은 7가지 요소로 구성된 다중 모델을 기반으로 한다.

〈BASIC ID〉
- Behavior: 행동
- Affect: 정동
- Sensations: 감각(예 보기, 듣기, 냄새 맡기, 맛보기, 만지기)
- Imagery: 심상
- Cognitions: 인지(예 신념, 가치)
- Interpersonal relationships: 대인관계
- Drugs: 약품(약물 사용, 건강, 다이어트 등을 포함하여 건강에 관한 관심)

〈중다양식 접근의 예〉
내담자의 초기 면담을 통해 각 요소를 평가한다(또는 치료성과에 관해 각 요소별로 평가한다).
- **행동**: 지나친 흡연
- **정동**: 분노, 적대감, 두려움
- **감각**: 두통, 흉통, 심계항진(두근거림)
- **심상**: 죽음 심상. 실패와 관련된 심상
- **인지**: 완벽주의적 신념, 부모의 승인에 대한 당위성
- **대인관계**: 수동-공격적 태도, 대인 기피
- **약품**: 신체 증상에 대한 의료적 개입이 필요할 수 있겠음.

7 차별강화의 종류 중 3가지를 쓰고 설명하시오.

① 저비율 차별강화(Differential Reinforcement of Low Rate: DRL)

특정 반응이 낮은 비율로 발생할 때에만 강화가 주어지는 강화계획이다(**예** 10번의 소리 내기 행동 → 3번 이하로 발생하면 강화가 제공됨).

② 반응빈도 영 차별강화(Differential Reinforcement of zero rate: DRO)

명시된 반응이 정해진 시간 간격 동안 발생하지 않을 때에만 강화물이 제시되는 강화계획이다. 단, 시간 간격이 지나기 전에 표적반응이 발생하면 시간 간격이 다시 시작된다(**예** 손톱을 뜯는 행동이 5분 동안 한 번도 일어나지 않으면, 즉 반응 빈도가 영이었다면 강화가 제공됨).

③ 양립 불가능한 행동 차별강화(Differential Reinforcement of Incompatible Behavior: DRI)

특정한 표적 반응을 제거하기 위해 표적 행동과 동시에 표출할 수 없는 반응을 제시하는 것이다(**예** 교실에서 뛰어다니는 행동을 제지하면 더욱 바람직하지 않은 눕기 행동으로 대치될 수 있어 뛰는 행동과 양립 불가능한 제자리에 조용히 앉아 있는 행동을 강화함).

④ 대안 행동 차별강화(Differential Reinforcement of Alternative behavior: DRA)

문제행동과 어느 정도 다르지만 반드시 양립 불가능한 것은 아닌 행동을 강화하는 것을 말한다. 즉, 대안 행동을 강화하는 계획을 말한다(**예** 공격적인 행동은 무시하고 다른 운동 활동은 강화함).

8 로샤 검사의 특수 지표 중 우울 지표 5가지를 쓰시오.

① (FV+VF+V>0) 혹은 (FD>2)

② (Col-Shd Blends>0) 혹은 (S>2)

③ [3r+(2)/(R)>.44 이고 Fr+rF=0] 혹은 [3r+(2)/R<.33]

④ (Afr<.46) 혹은 (Blends<4)

⑤ (Sum Shading>FM+m) 혹은 (Sum C′>2)

⑥ (MOR>2) 혹은 (2AB+Art+Ay>3)

⑦ (COP<2) 혹은 (Bt+2Cl+Ge+Ls+2Na/R>.24)

* 5개 이상 해당될 경우 DEPI(Depression Index)

9 로샤 검사에서 채점된 점수가 다음과 같을 때, 자아중심성 지표를 계산하시오.

$$Fr=2, rF=3, (2)=5, R=20$$

자아중심성 지표(egocentricity index)

$3r+(2)/(R)=[3 \times (Fr+rF)+Sum(2)]/R$

$[3 \times (2+3)+5]/20=1$

※ 전체 반응 수에서 반사반응과 쌍반응이 차지하는 비율을 수치화한 것이다. 이 지표는 피검자가 자기에게 초점이나 관심을 두는 정도, 자기에게 몰두하는 정도를 나타내는 것으로, 자존감과도 연관되어 있다. 지표의 수치가 .32~.45 정도의 범위에 속하면 일반적인 경우로 볼 수 있다.

- .45 이상으로 높은 경우: 피검자는 보통 사람들보다 더 자기 자신에게 몰입하는 경향이 있다고 볼 수 있다. 자기애적인 특성을 지닐 수 있으며, 타인과의 관계에서 자기 자신에게 보다 호의적인 판단을 내리는 경향이 있다.

- .32 이하로 낮은 경우: 피검자가 자신에 대한 가치를 매우 부정적으로 평가하고 있음을 반영한다. 이는 부정적인 자기상과 연관되어 있으며, 우울증의 전조로 나타나는 것일 수 있다.

10 로샤 검사 시, 문화적 차이를 고려해야 하는 이유 3가지를 쓰시오.

모범답안

① 로르샤흐 검사의 평범반응의 경우, 문화적 특성에 따라 일부 문화권에서는 평범반응의 빈도가 낮아질 수 있어 이를 신중하게 고려해야 한다.

② 수검자의 언어적 표현의 제한으로 인해 질문 단계에서 반응의 정교화가 제한적일 수 있고, 반응 단계에서도 충분하게 연상된 자극을 기술하지 못할 수 있는 점을 사전에 검토해야 한다.

③ 문화적 배경이나 생활양식에 따라 반응 주제가 제한적이거나 다양한 반응내용이 도출되지 않을 수 있어 해당 문화권 내의 전형적인 사회적 · 관습적 · 문화적 양식을 이해할 수 있어야 한다.

11　다음 번호에 해당하는 채점기호와 명칭을 쓰시오.

> 엑스너(Exner) 종합체계 방식으로 채점할 경우, 반응영역에 관련된 채점기호는 (1), (2), (3), (4)가 있으며 어떤 경우이든 (5)는 단독으로 기호화할 수 없다.

🗳 **모범답안**

반응영역 채점기호는 W 전체반응, D 흔한 부분반응, Dd 드문 부분반응, S 공백반응이 있으며, 어떤 경우이든 S는 단독으로 기호화할 수 없다.

- (1) W: 반점 전체를 사용하여 반응한 경우
- (2) D: 흔히 사용하는 반점 영역을 사용한 부분 반응
- (3) Dd: 드물게 사용하는 반점 영역을 사용한 부분 반응
- (4) S: 흰 공백 부분이 사용된 경우
- (5) S: WS, DS, Dds처럼 다른 반응영역 기호와 같이 사용

학습 Plus   반응영역 채점기호

기호	정의	기준
W	전체반응 whole response	브롯의 전체가 응답에 사용된 경우에 한하여 W로 채점
D	부분반응 common detail response	흔히 반응되는 브롯이 사용되었을 때 D로 채점. 정상 집단의 반응 빈도를 기준으로 하여 정상 집단의 반응 가운데 반응 빈도가 95% 이상 빈번하게 응답된 영역이 반응에 사용되었을 때 D로 채점. 위치 번호를 함께 기록
Dd	드문 부분반응 unusual detail response	반응 빈도가 5% 미만으로 드물게 반응되는 영역. 대부분 크기가 작은 영역에서 응답. 때로 전체 반응에서 일부를 제외한 큰 부분에서 반응되는 경우도 있다. 위치반응표에 W, D 반응으로 분류되지 않는 반응은 Dd 반응으로 표기
S	공백반응 white response	카드의 흰 공백 부분에 대해 반응이 일어나는 경우에 채점. 독립적으로 채점되지 않고 WS, DS, Dds와 같이 부가적으로 채점

12 MMPI에서 피검사자가 응답하지 않은 문항이 30개 이상인 경우 가능한 임상적 해석을 6가지 쓰시오.

모범답안

① 피검자가 부주의하거나 혼란스러워 의도와 무관하게 반응을 누락하는 경우
② 자신의 바람직하지 않은 특성에 대해 고의로 거짓 응답을 하기보다는 회피하려는 경우
③ '예'와 '아니요'의 양자택일 상황에서 어느 하나를 택하지 못하는 우유부단한 경우
④ 의미 있는 결과를 도출하는 데 필요한 정보 경험이 부족한 경우
⑤ 독해 능력 문제로 다소 복잡한 문항에 응답하지 않은 경우
⑥ 심한 정신병리 상태로 인해 적절히 반응하는 것 자체가 힘든 경우
⑦ 자신의 특정한 문제가 노출되는 것을 꺼려서 특정 문항 내용에 대해서만 응답하지 않은 경우
⑧ 강박증적 경향이나 반추적 사고로 인해 어떤 방향으로 응답해야 할지 결정을 하지 못하는 경우
⑨ 문항 내용이 자신과 관련이 없다고 느끼는 경우
⑩ 검사 및 검사자에 대해 반항적이고 비협조적인 태도를 보이는 경우
⑪ 심한 우울증으로 인하여 문항에 대한 결정을 내리기 어려운 경우

13 17세의 우울증 환자에게 MMPI-A(청소년용)를 실시하였다. 타당도 척도와 임상 척도가 모두 상승하였다면 가능한 임상적 해석 5가지를 쓰시오.

 모범답안

① 채점이나 기록에서의 오류 가능성

② 심각한 정신병리의 증상 발현 가능성

③ 심리검사에 무성의 혹은 반항, 저항적 태도 가능성

④ 증상을 과장하여 도움을 요청하고 있을 가능성

⑤ 의도적으로 부정 왜곡을 보였을 가능성(특히 F가 90T 이상일 때)

14 다음 사례에서 진단명과 그 근거를 2가지 쓰시오.

> 성격이 활발하고 친구가 많았던 내담자 K군은 어차피 갈 군대라면 일찍 갔다 와서 남보다 빨리 사회에서 자리 잡고 싶다며 고등학교 졸업 후 곧바로 해군에 입대하였다. K군은 입대 후 18일 만에 허공을 바라보며 손가락질하고 혼자서 웃거나 중얼거리고 밥에 독약이 들었다고 먹지 않았다. K군은 입대한 지 23일 만에 병원에 입원하였고 면회를 온 부모를 알아보지 못하였고 심리검사 중에 엉뚱한 말을 하였다.
>
> BGT: 심한 중첩
> MMPI: L, F, K(삿갓형), VRIN, TRIN 40~50, F(B)=93(L, K, F보다 높음), S=35, 대부분의 임상척도 70 이상
> K-WAIS: FSIQ, VIQ, PIQ 모두 50~70 사이

모범답안

- 진단명: 조현병
- 근거
  - BGT(심한 중첩) 반응은 자아 기능의 현저한 장애를 반영함.
  - MMPI의 F 척도 및 대개의 임상척도가 70점 이상 상승, L, F, K(삿갓형)를 보이고 있어 자신의 심리적 문제에 대한 인정 및 정신병리 가능성을 고려할 수 있겠음.
  - 행동 양상에서 검사 중 엉뚱한 말을 하거나, 밥에 독약이 들었다고 먹지 않거나, 허공을 향해 반응하는 모습이 관찰되고 있어 망상, 환각 등의 증상이 발현되는 것으로 보임.

15 행동관찰을 통한 객관적 평가 방법의 장점 3가지를 설명하시오.

모범답안

① 행동관찰의 목적이 수검자에게 알려지지 않기 때문에 실제 임상장면에서 적절하게 사용될 수 있다.

② 질문지법에서와 같은 수검자의 반응 경향성이 방지될 수 있다.

③ 신체반응 측정과 같은 방법은 성격의 횡문화적 연구에 널리 사용될 수 있다.

행동평가 방법

① **행동적 면담**

　선행사건, 행동, 결과 간의 관계를 기술하고 이해하는 데 초점을 둔다. 구체적인 표적행동의 빈도, 강도, 지속 시간 등을 기술하며, 당면한 문제의 인과적 요인을 확인한다.

② **행동적 관찰**

　문제행동과 관련된 모든 행동이 표적행동이 되며, 모든 행동은 명확히 관찰할 수 있도록 객관적이고 분명하게 정의되어야 한다. 자연 상태에서의 관찰, 관찰자(부모, 교사)에 의한 관찰, 이야기 기록(관심 행동을 기록하고 추론, 가설을 세우는 데 도움), 평가 기록 등을 활용한다.

③ **기능 분석**

　행동의 결과만을 보는 것이 아니라 행동을 이끄는 선행조건에 대해서도 분석이 이루어지는 것으로, 행동이 이루어지게 된 원인, 환경적인 자극, 행동을 유지시키거나 발달시키는 요인, 결과와의 관계를 분석한다.

④ **자기보고 평가**

　행동평가를 위한 자기보고 검사나 측정치를 활용하는 방법이며, 때론 질문지나 평가지가 부모, 교사 등의 주변 인들에 의해 평가될 수 있다. 보다 구체적인 문제 특성을 밝히는 데 유용하다.

※ **행동관찰**

　① 행동관찰은 면담 동안에 나오는 행동의 측정영역을 측정하는 구체적인 전략과 기법을 말한다. 치료자, 교사나 부모, 배우자, 수검자가 자기관찰 보고를 하기도 한다.

　② 행동관찰의 첫 번째 과제는 목표행동(target behavior)의 설정이다. 목표행동은 그 자체가 문제행동이거나 의미 있는 방식으로 문제행동과 관련되어야 하며, 문제행동과 관련된 선행사건과 결과를 잘 설명해 줄 수 있는 것이어야 한다.

　③ 측정되는 모든 행동은 추론적 용어에서 구체적 행동으로 좀 더 객관적인 평가와 측정이 가능하게끔 하고, 그 행동의 강도와 지속 정도를 측정할 수 있어야 한다.

16 지능검사에서 도펠트(Doppelt) 단축형 소검사 4가지를 쓰시오.

도펠트식 단축형 지능검사는 언어 이해력(어휘) 요인, 지각적 조직화(차례 맞추기, 토막짜기) 요인, 주의력(산수) 요인 등을 측정하는 4개의 검사로 구성되어 있으며, 전체 실시 시간은 30~40분 정도가 소요된다.

 학습 Plus 단축형 지능검사를 실시하는 경우

① 정신장애를 감별하고 성격의 일부분인 지능에 대한 대략적인 평가가 목적인 경우
② 과거 1년 이내에 피검자에 대한 완전한 심리평가가 완료되었고(신경심리평가를 포함하여), 임상적으로 특이한 변화가 없는 상태에서 현재의 심리적 상태나 지능에 대한 대략적인 평가가 요구되는 경우
③ 많은 피검자를 대상으로 하여 철저한 임상적 · 신경심리적 평가가 필요한지를 가리기 위해 스크린용 검사를 시행하는 경우
④ 현실적 조건에 따라 제한된 시간만이 허용될 수 있고, 지능 평가가 일차적인 목적이 아니고 다른 심리평가의 일부인 경우
⑤ 임상 평가의 목적이 피검자의 지능 수준의 판단이고, 특정한 능력이나 인지적 손상에 대한 평가가 아닌 경우

17 11세의 ADHD 아동에게 평가 가능한 실행 기능 검사 3가지를 쓰시오.

모범답안

아동을 대상으로 한 전두엽 실행 기능 평가의 종류

① 스트룹 검사(Stroop Test)
  • 5세 이상 아동 및 청소년에게 실시함.
  • 색상과 단어를 불일치시킨 자극을 빠르게 읽어 나가는 검사이며, 주의력, 정신적 기민성과 유연성, 자동화된 반응의 억제 능력을 측정한다.

② 아동 색선로 검사(Children's Color Trails Test: CCTT)/선로 잇기 검사(Trail Making Test: TMT)
  • 5~15세 아동의 경우 CCTT, 16세 이상의 청소년은 TMT를 실시함.
  • 아동의 경우 숫자와 색상, 성인의 경우 숫자와 글자를 번갈아 연결하도록 하는 검사이다. 인지적 세트를 변환하는 데 요구되는 집중력, 시각적 탐사 활동, 융통성을 측정한다.

③ 레이-오스테리스 복합도형 검사(Rey-Osterrieth Complex Figure Test: ROCF)
  • 5세 이상의 아동, 청소년에게 실시함.
  • 구조화된 모사 및 지연회상 검사이다. 시각적 조직화 능력, 일반적인 계획능력, 복잡한 시각 정보에 대한 기억력을 측정. 주의력, 실행 기능, 시운동 · 시지각 · 시공간 기능을 측정한다.

④ 위스콘신 카드분류 검사(Wisconsin Card Sorting Test: WCST)
  • 6세 6개월 이상의 아동 및 청소년에게 실시함.
  • 일련의 카드를 제시한 후 카드 분류의 규칙을 추론하도록 하는 컴퓨터 검사이다. 추상적인 개념형성능력, 전략적인 계획능력, 인지적 반응 세트를 유지하거나 변경하기 위해 환경적인 피드백을 사용하는 능력, 충동적인 반응을 조절할 수 있는 능력을 측정한다.

18 편측 무시(우측 뇌손상 환자) 평가를 위해 사용 가능한 신경심리검사 도구의 이름을 쓰시오(심리검사 배터리명이 아닌 단일 검사명으로 작성할 것).

모범답안

- 편측 무시

 편측 무시란 뇌병변의 반대측에 의미 있는 공간 자극을 제시하였을 때 자극에 대한 감지, 반응, 공간 인식이 어려운 증상으로, 오른쪽 하두정엽의 손상에서 가장 흔하게 나타나고 기타 오른쪽 전두엽, 시상과 기저핵의 손상 후에도 발생할 수 있다.

- 선 나누기 검사(Line Bisection Test: LBT)

 21.5 × 29cm의 흰 용지 위에 중앙, 왼쪽, 오른쪽으로 무작위로 배열된 선들로 구성되어 있다. 20개의 줄(10, 12, 14, 16, 18, 20cm)이 그어져 있으며, 검사방법은 종이를 수검자의 중앙에 위치시키고, 펜을 이용하여 각 선의 중심점을 표시한다.

- 알버트 검사(Albert's test)

 알버트 검사의 평가지는 26 × 20cm의 용지로 편측 무시 증상의 정도를 확인해 보는 평가

도구이다. 각 길이가 2.5cm인 총 40개의 선이 6행(좌 2행, 중 2행, 우 2행) × 6열 + 1행(정중앙) × 4열로 구성되어 있다. 검사자는 평가 전에 정중앙열에 선 1개를 그어 시범으로 보여 주고, 모든 선에 표시하라고 지시한다. "모든 선을 다 표시하였나요?"라는 질문으로 확인한다.

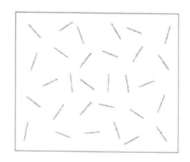

• 별 지우기 검사(Star Cancellation Test: SCT)
 SCT는 56개의 작은 별, 52개의 큰 별과 단어와 문자로 구성된 A4 크기의 평가지로 이루어져 있다. 검사자는 가운데에 작은 별 2개를 표시하여 시범을 보여 주고, 수검자에게 나머지 작은 별들을 표시하도록 한다.

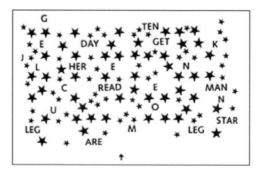

• 시계 그리기 검사(Clock Drawing Test: CDT)
 CDT는 백지 위에 원형의 아날로그 시계를 그려 보도록 하는 그리기 검사의 일종이다. CDT의 과제는 크게 2가지로 구분된다. 한 과제는 수검자가 시각적 이미지를 생각해서 수행해야 하는 생산과제이고, 다른 과제는 수검자가 제시된 이미지와 똑같이 그리도록 하는 모사과제이다.

19 HTP 검사 중 집 그림에서 다음에 해당하는 것은 무엇인지 쓰시오.

• 자아 강도:	• 가정 내 친밀도:	• 대인관계 및 외부와의 상호작용:

• 자아 강도: 벽　　• 가정 내 친밀도: 굴뚝　　• 대인관계 및 외부와의 상호작용: 창문, 문

<참조>

• 벽: 벽은 수검자의 자아 강도를 반영한다. 붕괴될 듯한 벽은 손상되기 쉬운 자아 기능을 시사하며, 성인이 벽면 내부가 보이는 투명한 그림을 그렸을 경우, 현실검증력 저하를 시사한다.

• 문: 문은 수검자 자신과 환경 간의 직접적인 접촉 및 소통 방식에 대한 정보를 제공한다. 너무 작은 문은 외부와의 접촉을 꺼리고 대인관계에서 위축되어 있음을 시사하며, 지나치게 큰 문은 타인에 대한 과도한 의존심을 반영한다.

• 창문: 창문은 외부 환경과의 상호작용, 대인관계에 대한 불편감, 위축감을 반영한다. 창문이 생략된 그림은 대인관계에 대한 불편감, 위축감을 반영하는 반면, 창문을 지나치게 크게 혹은 많이 그린 그림은 공상이나 내적 사고 활동을 통해 세상과 소통하고 있음을 나타낸다.

• 굴뚝: 일반적으로 가족관계의 분위기, 가족 교류의 양상 등에 대한 정보를 제공한다. 굴뚝을 지나치게 크게 그리거나 혹은 덧칠하여 강조한 경우에는 온정적이고 화목한 가정에 대한 소망이나 과도한 염려를 반영한다. 세부 묘사한 그림은 가족 간의 친밀한 상호작용에 과도하게 집착하고 있음을 나타내기도 한다.

핵심개념정리

□ 임상심리사 1급 실기 평가항목

실기 과목명	주요항목	세부항목	세세항목
고급 임상실무	1. 심리평가	1. 심리평가 실시하기	1. 심리평가 방법을 선택할 수 있다. 2. 심리평가를 실시할 수 있다.
		2. 심리평가 채점하기	1. 채점을 시행할 수 있다. 2. 채점의 오류를 파악할 수 있다.
		3. 심리평가 결과 해석하기	1. 개별검사를 해석할 수 있다. 2. 다양한 평가 결과를 통합하여 해석할 수 있다. 3. 평가 결과를 토대로 심리진단을 할 수 있다. 4. 평가와 관련된 과학적 근거를 검증할 수 있다.
		4. 심리평가 보고서 작성하기	1. 심리평가 결과 보고서를 작성할 수 있다. 2. 심리평가 결과를 의뢰인이나 수검자에게 설명할 수 있다. 3. 심리평가 결과를 상담 및 심리치료 계획수립에 활용할 수 있다.
	2. 심리치료	1. 심리치료의 단계	1. 치료목표를 설정할 수 있다. 2. 치료를 실시할 수 있다. 3. 치료 결과를 평가할 수 있다.
		2. 심리치료의 실제	1. 내담자를 평가할 수 있다. 2. 심리치료 계획을 수립할 수 있다. 3. 적합한 심리치료 전략을 수립할 수 있다. 4. 위기상황에 적절하게 대응할 수 있다. 5. 슈퍼비전을 할 수 있다. 6. 개입과 관련된 과학적 근거를 검증할 수 있다.
	3. 자문, 교육, 심리재활	1. 자문하기	1. 개인이나 단체, 기업 등을 대상으로 전문적인 자문을 할 수 있다.
		2. 교육하기	1. 심리교육 프로그램을 개발할 수 있다. 2. 심리교육을 시행, 감독, 연구할 수 있다. 3. 심리건강을 홍보할 수 있다.
		3. 심리재활하기	1. 심리사회적 기능을 평가할 수 있다. 2. 심리재활 계획을 수립할 수 있다. 3. 심리재활 프로그램을 실시할 수 있다. 4. 사례관리를 할 수 있다.

① 심리평가

 ## 심리평가의 진행 단계

① 심리평가가 요구하는 문제 상황들을 바탕으로 문제를 정확하게 파악하고, 이러한 문제 내용과 심각도를 알아내는 데 도움을 줄 수 있는 심리검사를 선택한다.

② 선택된 심리검사를 표준화된 절차에 따라 시행한다.

③ 선택된 심리검사를 실시한 다음, 면담을 통해 정보들을 수집한다. 이러한 작업 과정에서 중요한 점은 심리검사를 시행 및 면담을 진행하면서 행동관찰을 병행한다는 점이다.

④ 심리검사, 행동관찰, 면담, 기타 방법 등을 통해 수집한 자료와 정보들을 통합한다.

심리평가의 3요소

① 면담

면담은 전체 평가 과정이 전반적인 틀을 제공한다. 면담을 통해 방문 사유, 내담자의 태도, 가정과 직장에서의 생활과 적응, 중요한 대인관계, 발달 초기부터 현재까지의 개인력 등에 관한 폭넓은 정보를 얻게 된다.

② 행동관찰

면담과 검사 장면에서 보이는 수검자의 특징적인 행동은 일상생활 속에서의 대인관계 상황, 압력과 긴장 상황, 문제 해결 상황에서의 행동을 추측해 볼 수 있는 중요한 자료가 된다.

③ 심리검사

심리검사는 개인의 적응 기능 및 역할 수행 능력, 사고 및 인지 기능, 성격의 구조, 대인관계, 취약성과 자원 등에 관해 객관적이고 포괄적인 정보를 제공한다.

심리평가의 기능

① 문제의 명료화

심리적 문제나 정신장애를 다각적으로 평가하여 문제의 원인이나 특징에 대해 정확하게 파악할 수 있도록 해 준다. 문제를 명료화하고 장애의 유형을 진단하는 동시에 기저하는 문제나 정신장애의 발생 원인이나 선행요인, 진행 경로 및 그 영향 등을 명료하게 밝혀 줄 수 있다.

② 수검자에 대한 이해

심리평가는 개인의 지적 능력과 적성, 인지적 특징, 성격, 대인관계 방식, 문제해결 방식이나 방어 양식, 적응 방식 등 다양한 측면을 평가할 수 있도록 해 준다. 또한 개인의 취약점과 더불어 강점을 밝혀 개인에게 적절한 치료목표를 설정할 수 있게 해 준다.

③ 치료계획 세우기

심리평가는 적절한 치료계획을 세울 수 있는 근거를 제공한다. 적합한 치료목표를 세우고, 치료유형을 선택하며, 치료전략을 세우는 일련의 과정에 대한 정보를 제공해 준다. 만일 명확한 근거 없이 치료계획을 세우게 된다면 적절하지 않은 치료목표, 유형 및 전략이 세워지는 위험이 뒤따르게 되기에 치료계획 세우기와 관련된 심리평가의 기능은 매우 중요하다.

④ 치료결과에 대한 평가

치료 종결 시 원래 계획했던 치료효과가 나타났는지, 기대했던 긍정적 변화가 일어났는지를 평가하는 데 유용하다. 치료 시작 단계에서 시행했던 심리평가의 결과와 치료 중간이나 종결 단계에서 시행했던 심리평가의 결과를 비교해 봄으로써 치료효과를 밝힐 수 있다.

심리평가의 목적

① 임상적 진단을 명료화하고 세분화한다.
② 심리적 증상이나 문제의 심각한 정도를 구체적으로 평가한다.
③ 개인의 특성(예 자아 강도, 성격 특성, 지적 수준)을 평가한다.
④ 인지적 기능(예 주의력, 집중력, 기억력, 실행 기능)을 평가한다.
⑤ 적절한 치료유형에 대해 제시한다.
⑥ 치료전략을 판단하는 근거를 제시해 준다.
⑦ 수검자를 치료적 관계로 유도한다. 수검자가 자신의 자아 강도와 심리적 문제를 인식할 수 있도록 돕는다.
⑧ 치료반응이나 치료효과를 평가한다.

심리검사의 유형과 특징

① 객관적 검사(objective test)

- 절차가 구조화되어 있고, 채점 과정이 표준화되어 있으며, 해석의 규준이 제시되어 있는 검사를 말한다.
- 대표적으로 웩슬러 지능검사, 성격검사인 MMPI, MBTI와 흥미검사로는 직업흥미검사, 학습흥미검사, 적성검사 등을 들 수 있다.

② 투사적 검사(projective test)

- 투사적 검사는 개인의 다양한 욕구, 갈등, 성격 등 개인의 특유적인 특성을 파악하는 데 도움이 된다.
- 대표적으로 로샤(Rorschach) 검사, 주제통각검사(TAT), 사람그리기(Draw-a-person: DAP), 집－나무－사람 그리기(House-Tree-Person: HTP), 문장완성검사(Sentence Completion Test: SCT) 등이 있다.

투사적 검사와 객관적 검사의 장점과 단점

투사적 검사		객관적 검사	
장점	단점	장점	단점
• 검사 반응이 독특하다. • 방어가 어렵다. • 검사의 반응이 풍부하다. • 개인의 무의식적 내용이 반영된다.	• 신뢰도가 낮다. • 타당성 문제가 있다. • 검사 반응이 상황에 따라 영향을 받는다.	• 검사 실시가 간편하다. • 신뢰도가 검증되어 있다. • 객관성이 보장되어 있다. • 타당도가 검증되어 있다.	• 사회적 바람직성의 영향을 받는다. • 반응 경향성이 나타날 수 있다. • 문항 내용이 제한되어 있다.

 평가면담의 형식적 분류

① 구조화된 면담(structured interview)

문제들의 목록을 정해진 순서대로 제시하는 방식으로 실시된다. 표준화된 시행은 면접자 간에 신뢰도를 높여 주고, 해석에 도움이 되는 규준치를 얻을 수 있다.

② 비구조화된 면담(unstructured interview)

일정한 면담 문항 없이 내담자가 제공하는 정보에 따라 면담을 진행시키는 방식을 말한다. 질문의 순서들을 구성하는 데 있어 더 많은 선택의 자유를 제공하나, 더 높은 수준의 경험, 기술 및 훈련을 필요로 한다.

③ 반구조화된 면담(semistructured interview)

질문하는 문항이 갖춰져 있다는 점에서 구조화된 면담과 일치하지만, 내담자의 반응에 따라 융통성을 발휘하여 면담을 진행한다.

평가면담의 기능적 분류

① 초기면담(접수면담)

내담자가 찾아온 이유와 기관의 시설, 정책, 서비스가 내담자의 필요와 기대에 적합한가를 판단하는 것이 목적이다. 때로는 다른 전문기관으로의 의뢰 여부를 결정하기도 한다.

② 위기면담

생명의 위협과 같은 급박한 상황에서 시행되며, 자살예방, 약물남용, 전화상담, 응급실, 가족폭력, 성폭력, 학교폭력 등 응급 상황에 적용된다. 이 경우 침착하게 '논지를 파악'해야 하고, 빠른 결정을 요구하는 것이 강조된다.

③ 진단적 면담

임상 진단을 내리기 위한 목적으로 실시되는 경우로, 환자의 질병 유형, 지속 기간, 과거사 및 예후를 정확하게 평가하기 위해 증상 중심으로 면담한다.

④ 심리평가적 면담

심리평가 전후에 시행되는 면담으로, 면담을 받으러 오게 된 직접적 이유인 '주 문제'를 탐색하고, 발달사적 정보와 가족 배경, 가족 간의 역동관계 등을 파악한다. 평가 후 면담에서는 심리평가 결과를 내담자의 면담 결과와 통합하여 종합적으로 해석한다.

행동평가 방법

① 행동적 면담

선행사건, 행동, 결과 간의 관계를 기술하고 이해하는 데 초점을 둔다. 구체적인 표적행동의 빈도, 강도, 지속시간 등을 기술하며, 당면한 문제의 인과적 요인을 확인한다.

② 행동적 관찰

문제행동과 관련된 모든 행동이 표적행동이 되며, 모든 행동은 명확히 관찰할 수 있도록 객관적이고 분명하게 정의되어야 한다. 자연 상태에서의 관찰, 관찰자(부모, 교사)에 의한 관찰, 이야기 기록(관심 행동을 기록하고 추론, 가설을 세우는 데 도움), 평가 기록 등을 활용한다.

③ 기능 분석

행동의 결과만을 보는 것이 아니라 행동을 이끄는 선행조건에 대해서도 분석이 이루어지는 것으로, 행동이 이루어지게 된 원인, 환경적인 자극, 행동을 유지시키거나 발달시키는 요인, 결과와의 관계를 분석한다.

④ 자기보고 평가

행동평가를 위한 자기보고 검사나 측정치를 활용하는 방법이며, 때론 질문지나 평가지가 부모, 교사 등의 주변인들에 의해 평가될 수 있다. 보다 구체적인 문제 특성을 밝히는 데 유용하다.

 행동관찰 평정 방법

① 이야기식 기록(narrative recording)

관찰자가 관심 있는 행동을 선정해서 추론하는 것이다. 장점은 향후 더 구체적인 영역에서 양적 방법으로 측정될 수 있게 하고 장비가 필요 없으며 수많은 가설을 세울 수 있다는 점이다. 단점으로는 관찰을 수량화하기가 어렵고 타당도가 낮다는 문제가 있다.

② 시간 간격별 기록(interval recording)

정해진 시간 간격 내에 행동이 일어나는지 기록하는 것이다. 적당한 빈도로 나타나는 눈에 보이는 행동 측정, 시간과 끝이 명확하지 않은 행동 측정에 좋다. 장점은 시간 효율적이고 특정 행동에 초점을 둘 수 있고 모든 행동 측정이 가능하다는 것이다. 단점으로는 목표행동의 질적 측정이 안 되고 인위적이며 다른 주요 행동을 간과할 가능성이 있다.

③ 사건 기록(event recording)

일어나는 행동 자체를 기록하고 행동에 대한 적절한 세부 사항을 기록하는 것이다. 장점은 낮은 빈도의 행동, 시간에 따라 바뀌는 행동을 측정할 수 있어 효율적이다. 단점으로는 시작과 끝이 불분명한 행동이나 오랜 시간 지속되는 행동은 측정하기가 어렵고 그와 같은 행동이 어떻게, 왜 일어나는가를 추측하기가 어렵다.

④ 평정 기록(rating recording)

특정한 행동 특징에 대해 1~5점 혹은 1~7점 척도상으로 측정하는 것이다. 장점은 다양한 행동들에 적용하고 통계 분석에 이용 가능하며 비용 효과적이다. 단점으로는 평정자 간의 일치도가 낮고 부정확한 측정 가능성이 초래될 수 있다.

K-WAIS-IV의 구성

K-WAIS-IV는 전체지능지수(Full Scale IQ: FSIQ), 언어이해지수(Verbal Comprehension Index: VCI), 지각추론지수(Perceptual Reasoning Index: PRI), 작업기억지수(Working Memory Index: WMI), 처리속도지수(Processing Speed Index: PSI)로 구성되어 있다.

조합척도(composite scale) 또는 지수척도(index scale)			소검사	
			핵심 소검사	보충 소검사
전체척도 (full scale)	일반능력지수 (GAI)	언어이해지수 (VCI)	공통성 어휘 상식	이해
		지각추론지수 (PRI)	토막짜기 행렬추론 퍼즐	무게비교 빠진 곳 찾기
	인지효능지수 (CPI)	작업기억지수 (WMI)	숫자 산수	순서화
		처리속도지수 (PSI)	동형찾기 기호쓰기	지우기

 ## K-WAIS-IV 조합 점수

① 전체지능지수

전체지능지수(FSIQ)는 개인의 인지 능력의 현재 수준에 대한 전체적인 측정치이며, 프로파일을 해석할 때 가장 먼저 검토되는 점수이다. 언어이해, 지각추론, 작업기억, 처리속도의 4개 지수를 산출하는 데 포함된 소검사 환산점수들의 합으로 계산된다.

② 언어이해지수

언어이해지수(VCI)는 언어적 이해능력, 언어적 기술과 정보를 새로운 문제 해결에 적용하는 능력, 언어적 정보처리능력, 어휘를 사용하는 사고능력, 결정적 지식, 정신적 수행을 전환할 수 있는 능력을 포함한 인지적 유연성, 자기감찰능력 등을 측정한다.

③ 지각추론지수

지각추론지수(PRI)는 지각적 추론능력, 시각적 이미지에 대한 사고능력, 공간처리능력, 시각-운동 통합능력, 인지적 유연성, 제한된 시간 내에 시각적으로 인식된 자료를 해석 또는 조직화하는 능력, 비언어적 능력, 유동적 추론능력, 자기점검능력 등을 측정한다.

④ 작업기억지수

작업기억지수(WMI)는 주의집중, 정신적 통제, 추론능력, 작업기억, 청각적 단기기억, 주의지속능력, 수리능력, 부호화 능력, 청각적 처리 기술, 심적 수행을 바꿀 수 있는 능력을 포함한 인지적 유연성, 자기감찰능력을 측정한다.

⑤ 처리속도지수

처리속도지수(PSI)는 시지각적 변별능력, 정신운동 속도, 과제 수행 및 처리 속도, 주의력, 집중력, 단기시각기억, 시각-운동 협응능력, 수 능력, 자기점검능력, 정신적 수행을 변환시킬 수 있는 능력을 포함한 인지적 유연성 등을 측정한다.

 지능검사의 일반능력지수/인지효능지수

① 일반능력지수(GAI)

- 언어이해의 핵심 소검사(공통성, 어휘, 상식)와 지각추론의 핵심 소검사(토막짜기, 행렬추론, 퍼즐)로 구성된 조합 점수이다.
- GAI는 전체지능지수에 비해 작업기억과 처리속도의 영향을 덜 받는다. 이에 FSIQ에 포함된 작업기억과 처리속도 측면을 배제한 인지적 능력을 검토할 필요가 있을 때 사용될 수 있다.
- 신경심리학적 결함이 있는 경우 작업기억과 처리속도 과제의 수행이 언어이해나 지각추론 과제의 수행보다 더욱 민감하게 영향을 받는다. 이런 경우 작업기억과 처리속도 소검사들에서의 수행 저하로(FSIQ로 대표되는) 전체적인 지적 능력과 다른 인지 기능 간의 차이가 실제만큼 드러나지 않을 수 있기에 유용한 측정치가 될 수 있다.
- GAI는 일반적 능력과 다른 인지 기능을 비교할 수 있도록 고안된 지수로, 이를 통하여 개인의 상대적인 약점을 파악할 수 있다.

② 인지효능지수(CPI)

- 작업기억의 핵심 소검사(숫자, 산수)와 처리속도의 핵심 소검사(동형찾기, 기호쓰기)로 구성된 조합 점수이다.
- CPI는 언어이해와 지각추론에 덜 민감한 인지적 능력 측정이 필요할 때 고려할 수 있다. 그러나 CPI 소검사들도 어느 정도는 언어이해와 지각추론을 필요로 한다.

K-WAIS-IV의 언어이해 소검사와 측정내용

구분	소검사	측정내용
핵심 소검사	공통성	결정적 지능, 논리적이고 추상적인 추론능력, 개념적 사고능력, 언어적 이해능력, 기억력, 연합 및 범주적 사고, 언어능력과 결합된 연상능력 등을 측정한다.
	어휘	언어적 개념 형성, 단어 지식, 장기기억, 결정적 지능, 언어발달의 정도, 언어적 이해능력, 축적된 언어학습의 정도, 획득된 사고, 언어적 유창성 등을 측정한다.
	상식	일반적인 실제적 지식의 범위, 장기기억, 실제적 지식에 대한 학습, 파지, 재인능력, 결정적 지능, 언어적 지각능력, 언어적 이해 및 표현능력 등을 측정한다.
보충 소검사	이해	언어적 추론 및 개념화 능력, 언어적 이해와 표현능력, 사회적 판단력, 장기기억, 사회적 환경에 대한 이해력, 사회적 규칙과 규범에 대한 지식 등을 측정한다.

 ## K-WAIS-IV의 지각추론 소검사와 측정내용

구분	소검사	측정내용
핵심 소검사	토막짜기	유동적 지능, 시지각 및 조직화 능력, 동시적 처리능력, 시각-운동 협응능력, 공간적 시각화 능력 등을 측정한다.
	행렬추론	부분과 전체의 관계를 파악하는 능력, 유동적 지능, 동시적 처리능력, 지각적 조직화 능력, 추상적 추론능력, 시공간적 추론능력 등을 측정한다.
	퍼즐	비언어적 추론능력, 시각적 재인능력, 시공간적 추론능력, 유동적 추론능력, 지속적인 시각적 주의력 및 집중력 등을 측정한다.
보충 소검사	무게비교	비언어적인 수학적 추론능력, 양적 및 유추적 추론능력, 시각적 조직화 및 집중력, 귀납적 사고 및 연역적 사고, 지속적 주의력 등을 측정한다.
	빠진 곳 찾기	시지각적 조직화 능력, 시각적 집중력, 시각적 주의, 시각적 재인 및 장기기억, 본질과 비본질을 구분하는 능력 등을 측정한다.

K-WAIS-IV의 작업기억 소검사와 측정내용

구분	소검사	측정내용
핵심 소검사	숫자	즉각적인 기계적 회상능력, 가역적 사고능력, 인지적 유연성, 집중력과 주의력, 청각적 연속능력, 정보의 변형과 정신적 조작능력 등을 측정한다.
	산수	청각적 기억능력, 정신적 조작능력, 주의력 및 집중력, 수리적 추론능력, 순차적 처리능력, 유동적 지능, 논리적 추론능력 등을 측정한다.
보충 소검사	순서화	청각적 단기기억, 연속적 처리능력, 주의력 및 집중력, 순차적 처리능력, 정보를 재조직화하는 능력, 기억 폭 등을 측정한다.

 K-WAIS-IV의 처리속도 소검사와 측정내용

구분	소검사	측정내용
핵심 소검사	동형찾기	시각적 단기기억, 시각-운동 협응능력, 인지적 유연성, 시각적 변별력, 정신적 조작속도, 주의력 및 집중력, 정보처리 및 탐색의 속도 등을 측정한다.
	기호쓰기	정신운동 속도, 시각적 단기기억, 시각적 자극에 대한 학습 및 반응 능력, 정신적 전환능력, 지속적 주의력, 시각적 탐색능력, 시각-운동 협응능력 등을 측정한다.
보충 소검사	지우기	지각적 재인능력, 지각적 변별력, 주의력 및 집중력, 시각-운동 협응능력, 시각적 선택적 주의력, 반응 억제능력, 지각 속도, 과제 처리 속도 등을 측정한다.

 지능검사의 병전지능의 추정(또는 잠재 지능)

① 지능검사 후, 원래의 지능 수준을 추정하여 현재의 지능 수준과의 차이를 계산해 봄으로써 급성적 · 만성적 병적 경과, 지능의 유지나 퇴보 정도를 파악한다.
② 병전지능 추정의 기준이 되는 소검사는 '어휘'와 '상식' '토막짜기'이다. 정신병리 또는 뇌손상에 비교적 영향을 받지 않고 요인분석 결과 점수가 가장 안정적인 소검사에 해당되었다.

 지능검사의 소검사 분산 분석 방법

각 소검사의 평균치들의 유의한 점수 차이는 어휘 분산 분석, 평균치 분산 분석, 변형된 평균

PART
02

핵심개념정리

치 분산 분석의 3가지 방식에 따라 측정한다.

① 어휘 분산 분석

어휘 점수의 평균치를 기준으로 하여 각 소검사가 유의한 점수 차이를 보이는지 검토하는 방식이다(어휘가 다른 소검사에 비해 부적응 상태에서도 점수 저하가 잘 나타나지 않는다고 보고, 지능의 수준을 잘 대표한다고 보아 어휘 점수를 기준으로 함).

② 평균치 분산 분석

언어성 소검사는 언어성 소검사 평균치와 동작성 소검사는 동작성 소검사 평균치와 비교하여 특정 기능에 유의한 차이가 있는지를 검토한다.

③ 변형된 평균치 분산 분석

한두 개의 소검사 점수가 지나치게 높거나 낮을 경우, 이러한 점수를 제외한 평균치를 계산하여 나온 점수를 다른 소검사와 비교하여 특정 기능에 유의한 차이가 있는지를 검토한다.

 지능검사의 질적 분석 시 고려점

① 쉬운 문항에서 실패하고 어려운 문항에서 성공하는 경우
② 드물거나 기괴한 내용을 응답하는 경우
③ 한 문항에 대해 강박적으로 여러 가지 응답을 나열하는 경우
④ 잘 모르면서 짐작으로 응답하는 경우
⑤ 지나치게 상세하고 구체화된 응답을 하는 경우
⑥ 주관적인 감정이 포함된 정서적인 응답을 하는 경우
⑦ 반응 시간 및 검사를 대하는 태도
⑧ 개인적 경험을 언급하거나 개인적 가치 판단이 개입된 경우

 다면적 인성검사 MMPI-2/MMPI-A의 타당도 척도

	MMPI-2 척도	MMPI-A 척도
성실성	?(무응답)	?(무응답)
	VRIN(무선반응 비일관성)	VRIN(무선반응 비일관성)
	TRIN(고정반응 비일관성)	TRIN(고정반응 비일관성)

비정형성	F(비전형)	F1(비전형1)
	F(B)(비전형-후반부)	F2(비전형2)
		F(비전형 F1+F1)
	F(P)(비전형-정신병리)	
	FBS(증상 타당도)	
방어성	L(부인)	L(부인)
	K(교정)	K(방어성)
	S(과장된 자기제시)	

무응답 척도의 상승 이유

① 수검자가 부주의하거나 혼란스러워 의도와 무관하게 반응을 누락하는 경우
② 자신의 바람직하지 않은 특성에 대해 고의로 거짓 응답을 하기보다는 회피하려는 경우
③ '예'와 '아니요'의 양자택일 상황에서 어느 하나를 택하지 못하는 우유부단한 경우
④ 의미 있는 결과를 도출하는 데 필요한 정보 경험이 부족한 경우
⑤ 독해 능력 문제로 다소 복잡한 문항에 응답하지 않은 경우
⑥ 심한 정신병리 상태로 인해 적절히 반응하는 것 자체가 힘든 경우
⑦ 자신의 특정한 문제가 노출되는 것을 꺼려서 특정 문항 내용에 대해서만 응답하지 않은 경우
⑧ 강박증적 경향이나 반추적 사고로 인해 어떤 방향으로 응답해야 할지 결정을 하지 못하는 경우
⑨ 문항 내용이 자신과 관련이 없다고 느끼는 경우
⑩ 검사 및 검사자에 대해 반항적이고 비협조적인 태도를 보이는 경우
⑪ 심한 우울증으로 인하여 문항에 대한 결정을 내리기 어려운 경우

F척도 상승의 의미

① 문항 내용과 상관없이 무작위로 반응하였을 가능성(T<80)
② 어느 한 방향으로만 고정 반응으로 응답하였을 가능성(T<80)
③ 일반적인 사람들이 좀처럼 경험하지 않는 심각한 심리적 문제를 겪고 있을 가능성(VRIN, TRIN이 정상 범위라면 환각, 망상, 판단력 손상, 극단적인 철수 등 매우 혼란스러운 상태의 심각한

정신병리를 반영함)

④ 심각한 문제를 겪고 있지는 않지만 의도적으로 부적응을 부각시키고 심리적 문제를 가장 했을 부정 왜곡 가능성(VRIN, TRIN이 정상 범위, F(P)척도<100)

⑤ 도움을 요청하는 의도로서 증상을 과장하여 표현했을 가능성(TRIN척도 정상 범위, F(P)척도 가 70~99점 범위로 상승되어 있을 경우)

⑥ 채점이나 기록에서의 오류로 인한 경우

⑦ 문항 이해나 읽기의 어려움으로 인한 경우

⑧ 청소년의 경우, 반항, 적개심, 거부를 의미할 수 있음.

K(교정)척도

① 심리적으로 세련되고 지적이며, 교묘한 태도로 자신을 방어하려는 피검자의 경우 K척도 가 상승한다. 자신의 정신병리나 심리적인 문제에 대한 방어적인 태도를 측정한다.

② K척도의 경우, K교정을 위한 가중치를 부여하여 정상집단과 임상집단을 판별한다(1, 4, 7, 8, 9 척도는 K교정 적용).

③ 낮은 K(T점수<45): K 점수가 낮다는 것은 단도직입적이고, 방어적이지 않으며, 취약하고, 정서적 통제가 약하다는 것을 의미한다. 다른 임상척도가 80T 이상으로 높게 상승한 경우 라면, 과장이거나 도움을 요청하는 것일 수 있다.

• 45T 이하: 과소 통제된, 쉽게 압도되는, 자기회의적인, 불안한 특징을 지닌다.

④ 높은 K(T점수>65): K 점수가 높다는 것은 방어성, 감정의 억제, 관습적인 태도와 관련이 있다.

• 65T 이상: 관습적인, 합리적인, 방어적인, 회복력이 있는, 감정적으로 억제된 특징을 지 닌다.

다면적 인성검사 MMPI 임상척도

	임상척도	임상적 특징
1	건강염려증(Hs)	신체 기능에 대한 과도한 불안이나 집착, 의존적, 요구적, 통찰 부족
2	우울증(D)	흥미나 희망 상실, 자기 비하, 걱정, 우유부단, 수면문제, 우울한
3	히스테리(Hy)	심인성 감각장애 및 운동장애, 미성숙, 감정 기복, 피상적 대인관계
4	반사회성(Pd)	반사회성 성격, 충동적 행동화, 가정불화, 중독 행동, 성마른, 불쾌한

5	남성성–여성성(Mf)	남성성과 여성성의 전형적 및 비전형적 특징 및 성 역할 특징
6	편집증(Pa)	대인관계의 예민성, 피해의식, 의심, 과민성, 비난, 판단, 편집성 성격
7	강박증(Pt)	불안, 걱정, 분석적, 자기비판적, 실패에 대한 두려움, 강박 사고 및 행동
8	정신분열증(Sc)	혼란감, 지남력 손실, 현실검증력 문제, 판단력 저하, 공감 부족
9	경조증(Ma)	불안정한, 쉽게 흥분, 충동성, 과대 평가, 사고 비약, 성급한, 행동화
0	내향성(Si)	사회적 상황 두려움, 수줍음, 자기비하, 타인 의식, 접촉 회피

 MMPI 성격병리 5요인 척도

성격병리 5요인 척도(Personality Psychopathology Five Scale)		
AGGR	공격성	공격적인 주장적 행동, 지배적 행동 경향, 낮은 죄책감, 위협 행동
PSYC	정신증	비현실적 사고, 지각적 혼란, 소외감, 관계 망상, 현실검증력 손상
DISC	통제결여	충동적, 행동통제 결여, 위험추구 행동, 타인 조정, 행동문제 과거력
NEGE	부정적 정서성/신경증	불안, 우울, 불안정성, 걱정, 비관적, 스트레스에 대한 신체적 반응
INTR	내향성/낮은 긍정적 정서성	사회적 억제, 자신감 저하, 부정적 자기개념, 낮은 성취 욕구, 무망감

 MMPI 척도 1이 높은 경우

① 질병과 통증에 대해 과도하게 염려하며 근심과 걱정을 한다.

② 모호하고 전반적인 신체적 불편감을 호소한다.

③ 스스로 불행하다고 느끼며 삶에 대해 비관적 · 자기패배적 태도를 보인다.

④ 모호한 불안감, 초조감, 불쾌감을 경험한다.

⑤ 완고하고 자기중심적이며 미성숙하다.

⑥ 신체적 불편감을 이유로 책임을 회피하려 들거나 지나친 관심과 도움을 요청한다.

⑦ 다양한 의학적 치료를 찾고 의료 서비스나 약물을 오남용한다.

⑧ 신체 증상은 상황적 스트레스에 의한 반응이라기보다는 장기간 지속되어 온 경우가 흔하다.

 MMPI 척도 2가 높은 경우

① 슬픈 기분, 우울감, 불행감, 불만족감, 불쾌감 등의 우울 징후가 시사된다.

② 무망감과 절망감이 심하며 미래에 대해 비관적이다.

③ 자신감이 저하되고 열등감과 무능감을 경험하며 쉽게 포기한다.

④ 의기소침하고 사기가 저하되어 있으며 자기비하, 죄책감, 자기패배적 사고를 보인다.

⑤ 주의집중의 어려움, 의사 결정의 곤란으로 인해 업무 처리의 효율성이 저하된다.

⑥ 흥미나 관심의 범위가 협소해지고 동기나 의욕 수준이 낮다.

⑦ 대인관계에서 소극적 · 회피적 태도를 취하며 사람들과 심리적 거리를 둔다.

⑧ 죽음 혹은 자살과 관련된 생각에 몰두해 있거나 자살계획, 자살시도의 가능성이 있다(특히 척도 4, 척도 7, 척도 8, 척도 9 등이 높은 수준으로 동반 상승한 경우에는 주의가 필요).

MMPI 척도 3이 높은 경우

① 신체적 불편감이나 신체 기능 저하에 대한 호소가 많고(두통, 소화기 증상, 흉통, 쇠약감, 빈맥 등) 종종 전환장애, 신체화 장애, 통증장애와 같은 신체형 장애로 진단 내려진다.

② 스트레스가 증가하면 신체적 문제가 악화되는 경향이 있고, 강한 심리적 압박감을 자주 받는다.

③ 적대감, 분노와 같은 부정적 감정을 잘 표현하지 못하고 부인한다.

④ 심리적으로 미성숙하고 유아적이며 자기중심적이다.

⑤ 모호한 불편감을 호소할 때가 많으며, 그 기원이나 자신의 심리 상태에 대한 통찰이 부족하다.

⑥ 애정, 인정, 관심, 지지를 받고자 하는 욕구가 강하며, 이러한 욕구를 간접적이고 우회적인 방식으로 드러낸다.

⑦ 극적이고 과장된 행동으로 주목을 끌고자 하지만 대인관계가 피상적이다.

⑧ 책임 회피나 관심 획득의 목적으로 신체 증상을 이용한다(특히 T≥80인 경우).

MMPI 척도 4가 높은 경우

① 사회의 보편적인 가치 기준, 관습, 도덕 규범 등을 받아들이지 못한다.

② 소소한 규칙 위반, 위법 행동을 자주 보일 수 있고, 반사회적 행동이나 범법 행위(사기, 절도, 성적인 일탈 행동, 알코올 및 약물 남용 등)에 연루될 수 있다(T≥75인 경우).

③ 부모, 교사 등 권위 있는 대상에게 반항하며 갈등을 빚는다.

④ 미성숙하며 유아적, 이기적, 자기중심적이다.

⑤ 모험적 · 감각적 · 자극적 활동을 선호하며, 단조롭고 지루한 상황을 잘 견디지 못한다.

⑥ 결과를 고려하지 않고 선부르게 결정하고 충동적으로 행동하여 시행착오가 많아 위험이 초래되기도 한다.

⑦ 욕구지연, 실패, 좌절에 대한 인내력이 낮다.

⑧ 다른 사람들의 욕구와 감정에 둔감하며, 공감 능력이 부족하며, 반복적인 대인관계 문제, 직업 및 사회적 부적응을 겪는다.

 MMPI 척도 5(남성성-여성성)

〈남성〉

① 척도 5가 높은 경우

- 전통적인 남성적 역할이나 관심사에 대한 흥미가 별로 없다.
- 심미적이며 예술적인 흥미를 가지고 있다.
- 섬세하고 민감하며 감수성이 풍부하다.

② 척도 5가 낮은 경우

- 전통적인 남성적 면모를 과시하고자 한다.
- 전통적인 남성적 역할에 부합되는 직업, 흥미, 취미를 갖고 있다.
- 신체적 힘이나 정력을 강조하며 공격적이고 거친 모습을 보일 수 있다.

〈여성〉

① 척도 5가 높은 경우

- 전통적인 여성적 성역할에 대해 거부적일 수 있다.
- 진취적이고 성취지향적이며 경쟁적이고 자기주장이 강하다.
- 사회 통념상 남성적 역할에 부합하다고 알려진 직업, 취미, 활동에 관심이 많다.

② 척도 5가 낮은 경우

- 전형적으로 여성적인 흥미를 많이 지니고 있다.
- 아내나 엄마의 역할에서 만족을 얻는 경향이 있다.
- 전통적인 여성적 태도를 지닐 수 있고, 교육 수준이 높은 경우 양성적인 생활방식을 반영할 가능성이 있다.

PART 02 핵심개념정리

MMPI 척도 6이 높은 경우

① 타인의 사소한 말이나 행동에 예민하고 과민하게 반응한다.
② 상대방의 동기, 의도를 의심하고 오해하여 조심스럽고 경계적인 태도를 취한다.
③ 세상은 불공평하며 자신에게 불리하게 작용한다고 지각한다.
④ 적대감과 분노감을 드러내며 논쟁적이다.
⑤ 사고나 태도가 매우 경직되어 있고 융통성이 부족하다.
⑥ 피해망상, 과대망상, 관계사고 및 기타 사고장애 등 명백한 정신증적 증상과 그에 수반한 행동 특성을 보일 가능성이 높다(T≥70).
⑦ 자신이 음모에 휘말렸거나 남들로부터 부당한 대우, 모함, 괴롭힘을 당한다고 지각한다.
⑧ 투사, 합리화, 주지화 등의 방어기제를 많이 사용한다.

 ## MMPI 척도 7이 높은 경우

① 불안하며 긴장되어 있고 초조해한다.
② 부정적 상황이 초래될 것을 미리 염려하고 두려워한다.
③ 정서적 동요, 혼란감, 불편감을 경험하며 주의집중 곤란을 호소한다.
④ 강박사고, 강박행동, 의례적 행동, 반추적 사고를 보인다.
⑤ 융통성이 부족하고 경직되어 있으며 지나치게 도덕적이고 양심적이다.
⑥ 체계적, 분석적이며 주도면밀하다.
⑦ 자신과 타인의 수행에 대한 기대 수준이 높다.
⑧ 사회적 평판, 다른 사람들로부터의 피드백에 민감하며 걱정이 많다.

 ## MMPI 척도 8이 높은 경우

① 조현병을 비롯해 정신증적 장애를 지닐 수 있다(T>75인 경우).
② 사고의 혼란, 와해된 행동, 현실검증력 수준의 심각한 손상을 보일 수 있다.
③ 성적 혹은 종교적 공상에 집착하든지 기인한 사고나 행동, 환각, 망상 등을 보일 수 있다.
④ 내적인 생각, 충동, 공격성, 분노, 적대감을 스스로 통제하지 못하고 외현화된 행동으로 보일 수 있다.
⑤ 다른 사람들로부터 이해나 수용을 받지 못한다는 느낌, 소외감, 고립감을 경험한다.
⑥ 사회적으로 위축되어 있고 타인과의 접촉을 회피하며 은둔 생활을 한다.

⑦ 체계적·조직화된 사고나 목표지향적인 사고가 어렵다.

⑧ 무능감, 부적절감, 열등감을 경험하거나 스스로에 대해 회의적이며, 자살사고를 보일 수 있다.

 MMPI 척도 9가 높은 경우

① 과대망상, 혼란스러운 사고, 사고의 비약, 비생산적인 행동의 증가, 고양된 기분, 과장된 자기지각, 정서적 불안정성, 충동 조절의 어려움 등을 보인다(T>80).

② 생각보다 행동이 앞서고, 지나치게 활동량이 많다.

③ 일이 체계적이지 못하고 조직화된 처리를 하지 못해 마무리가 어렵거나 생산성이 낮다.

④ 객관적인 현실과는 무관하게 자신감이 넘치며 자신의 능력을 과신한다.

⑤ 자기중심적이고 충동적이며, 감정을 억제하지 못하고 쉽게 표출한다.

⑥ 자신이 추구하는 바가 지연되거나 행동이 방해받을 때 과민한 반응을 보인다.

⑦ 기분이 고양되어 있고 자신감에 넘치다가도 금방 초조해지고 동요되며 낙담하는 등 감정 기복을 보인다.

⑧ 넘치는 활력이나 심신의 에너지 항진은 정서이고 고통이나 스트레스 상황으로부터 주의 를 분산시키는 역할을 한다.

 MMPI 척도 0(내향성/외향성)

① 척도 0이 높은 경우
- 사회적으로 내향적이고 소극적이며 수줍음이 많다.
- 다른 사람에게 자신이 어떻게 비춰지는지에 민감하다.
- 다른 사람에게 자신의 생각과 감정을 잘 표현하지 않으며 행동이 조심스럽다.
- 사회적 상황에 대한 불편감, 불안정감을 느끼며, 많은 사람과 어울려야 하는 상황이나 집단 활동을 어려워한다.
- 대인관계에서 수동적이고 순응적이며, 권위적인 대상의 의견을 거부하지 못하고 쉽게 받아들인다.

② 척도 0이 낮은 경우
- 사교적이고 활발하며 외향적이다.
- 언변이 유창하고 말수가 많으며 자기표현을 잘한다.

- 다른 사람들과 어울리고자 하는 대인관계의 욕구가 강하다.
- 여러 사람과 잘 어울리고 폭넓은 관계를 맺지만 피상적일 수 있다.
- 권력, 지위, 인정 등에 관심이 있으며, 경쟁적인 상황을 즐기는 편이다.

 ## MMPI 1-3/3-1 코드

① 애정과 관심을 받고자 하는 욕구가 강하며, 사회적인 인정과 수용을 받는 것을 중요시한다.
② 메스꺼움, 식욕부진증, 폭식증, 현기증, 마비감, 쇠약감, 피로감과 같은 다양한 신체적 불편감을 호소하는데, 이러한 증상에 기저하는 자신의 심리적 문제에 대한 통찰이 낮다.
③ 스트레스 상황에서 증상 호소가 증가하며, 스트레스가 사라지면 증상도 감소하거나 사라지는 경향이 있다.
④ 대인관계가 피상적이고 분노 및 적대감을 느끼지만 이를 부인 및 억압 등의 방어기제를 통해 강하게 통제하다가 수동적, 간접적으로 표현한다.
⑤ 자기중심적이며 미숙하고, 자신의 신체 증상을 이용해 다른 사람을 조종하고 통제하고자 한다.
⑥ 건강염려증, 전환장애, 우울장애, 수동-공격성 성격장애, 히스테리성 성격장애 진단이 흔하다. 척도 2가 척도 1과 3보다 10점 이상 낮을 때 전환(conversion) V라 칭하며, 척도 2가 척도 1, 3보다 낮을수록 전환장애의 가능성이 증가한다.

 ## MMPI 2-4/4-2 코드

① 자신의 욕구와 충동을 통제하지 못하고 반사회적인 행동으로 표출한 뒤, 그것이 초래한 부정적 결과에 죄책감을 경험하며 불안, 초조해한다. 그러나 이러한 후회와 걱정은 결과에 대한 일시적인 반응일 뿐, 죄책감이나 걱정이 줄어들면 행동화 경향이 다시 증가한다.
② 장기적인 조망이나 결과를 예측하여 계획적으로 행동하지 못하는데, 이 유형의 행동문제를 심화시키는 요인이 된다.
③ 알코올 중독이나 약물 남용이 있을 수 있고, 가정불화나 직장 부적응을 보일 때가 많으며, 법적인 문제에 연루되기도 한다.
④ 대인관계가 미숙하고 자의식이 강하며 대인관계를 피상적으로 유지하며 안정감을 얻는다.
⑤ 자신에 대해 회의적이며 비판적이고 불만족감이나 부적절감을 경험한다.
⑥ 수동-공격성 성격장애나 반사회성 성격장애와 관련될 수 있으며, 우울 기분을 동반한 적

응장애와도 관련된다. 타인파괴적 경향으로 인한 처벌적 자살사고 및 자살시도 가능성을 고려해야 하며, 흔히 우울 성격장애 진단을 받는다.

 ## MMPI 2-7/7-2 코드

① 지나치게 책임감을 느끼며, 불안과 걱정 및 염려가 많고, 예측 못하는 실패나 상실에 대응해서 세상의 위험 요소를 탐색하고 어떻게 대처할지에 대해 연습하는 방어적 양상을 보인다.

② 완벽주의적이고 꼼꼼하며, 인정과 성취 욕구가 강하지만 스스로에 대한 기대 수준이 높아 목표 달성이 어렵다.

③ 목표 달성에 실패하거나 일상에서의 실수, 문제 상황에 직면하면 스스로를 탓하고 비난하는 자기처벌적 태도를 보인다.

④ 내면으로는 열등감, 부적절감, 불안정감을 경험하며, 내적인 스트레스 수준이 높기 때문에 신체적인 호소가 흔하다.

⑤ 대인관계에서 비교적 유순하고 자기주장을 잘하지 못하며 자신감이 낮고 수동-의존적인 경향을 보인다.

⑥ 주요우울장애를 비롯한 기분장애, 우울감을 동반한 불안장애, 강박장애, 공포증 진단이 흔하며, 회피성 성격장애, 강박성 성격장애, 수동-공격성 성격장애를 고려해 볼 수 있다.

 ## MMPI 3-4/4-3 코드

① 만성적이고 강렬한 분노, 적대적이고 공격적인 충동을 품고 있으나 효율적으로 표현하지 못하며 간접적이고, 수동-공격적인 방식으로 표현된다.

② 애정 욕구를 충족시키기 위해 순응적으로 행동하지만 대부분 피상적이며, 상대방으로부터 비난과 거부에 민감하다.

③ 자신의 행동 기저에 대한 통찰이 부족하며 미성숙하고 자기중심적이며, 자신의 분노를 타인에게 투사하며 비난한다.

④ 대개 이전부터 대인관계의 어려움을 보였던 경우가 많고 행동화, 결혼생활 불화, 알코올 남용 등의 과거력이 있을 수 있다.

⑤ 의존 대 독립의 갈등을 보이며, 타인으로부터 인정과 애정을 바라면서도 내재된 깊은 반감이 있는데, 이는 가족으로부터의 고립감과 거절감에서 나온다.

⑥ 히스테리성 성격장애, 경계선 성격장애, 수동-공격성 성격장애, 적응장애로 진단되는 경우가 많다.

MMPI 4-6/6-4 코드

① 의심이 많고 적대적이며 미성숙하고 자기중심적인 특징으로 인해 친밀한 관계를 형성하는 것이 어렵다.

② 주위 사람들에게 인정과 관심을 요구하면서도 상대방의 사소한 요구나 간섭은 잘 견디지 못한다.

③ 자신의 분노와 적개심을 정당화하며 타인의 행동의 숨은 동기를 의심하고 깊은 정서적 유대관계를 맺으려고 하지 않는다.

④ 권위적 대상과 갈등이 많으며 상대방의 업적이나 명성을 평가 절하하고 손상시키려 한다.

⑤ 논쟁적이고 냉소적이며 따지기 좋아하고, 다른 사람의 마음을 부정적으로 해석하는 특징을 보인다.

⑥ 수동-공격성 성격장애, 편집형 조현병, 조현병 전구 단계일 수 있으며, 알코올 남용이나 의존 등의 과거력이 있을 수 있어 관련 탐색이 필요하다.

MMPI 4-9/9-4 코드

① 충동적이고 욕구 중심적인 성향이 매우 강하며 보편적인 사회적 관습, 도덕 규범을 무시하는 반사회적 행동을 보인다.

② 신체 및 정서적 흥분을 자극받을 수 있는 감각적이고 쾌락적인 대상이나 활동을 선호하며 적극적으로 추구하는 반면, 욕구 지연이나 좌절에 대한 내성은 매우 약하다.

③ 자신의 행동이 초래할 결과를 고려해 신중하고 계획적으로 행동하지 못하고 즉각적인 욕구 충족에만 초점을 맞춰 충동적으로 행동한다.

④ 자신의 경험과 시행착오를 통해 무엇인가를 배우지 못하며, 자신의 행동에 대해 무책임하고 죄책감을 별로 느끼지 못한다. 주로 합리화, 행동화 방어기제를 자주 사용한다.

⑤ 공감 능력의 부족, 자기중심적인 태도, 자신의 문제행동을 합리화하고 타인에게 전가하며 비난하는 태도 등으로 인해 호혜적인 유대관계를 맺기가 어렵다.

⑥ 반사회성 성격장애, 조증 삽화의 양극성 장애 가능성을 고려할 수 있다.

MMPI 6-8/8-6 코드

① 의심이 많고 상대방을 불신하며, 종종 다른 사람의 의도를 부정적인 방향으로 지각한다.

② 주위 사람들과 거리를 두고 소원하게 지내며 정서적 유대관계를 맺지 않기 때문에 친하게

지내는 사람들이 거의 없다.

③ 자신감이 부족하고 자존감이 낮으며 열등감과 죄책감, 정서적 혼란을 경험한다.

④ 사고방식이나 행동양식이 특이하고 기괴하며, 관계사고, 피해망상, 과대망상을 보이는 경우도 흔하다.

⑤ 타인의 요구에 적절히 반응하지 못하며 둔마된 정동, 주의집중의 어려움, 현실감과 판단력의 부족으로 인해 적응상의 어려움을 겪는다.

⑥ 편집성 성격장애, 분열성 성격장애, 편집형 조현병 진단을 많이 받는다.

 MMPI 6-9/9-6 코드

① 에너지가 넘치고 쉽게 흥분하는 한편 의심이 많고 민감하며 화를 잘 낸다.

② 애정에 대한 욕구가 강하며 의존적이지만 실제 혹은 가상의 위협에 매우 취약하며, 대부분의 시간 동안 불안하고 초조해하며 긴장되어 있다.

③ 사소한 스트레스에도 과도한 반응을 보이는데, 대개는 공상에 몰두하며 반추적·강박적 사고를 보인다.

④ 감정을 적응적으로 조절해서 표현하지 못하는데, 감정을 과도하게 통제하다가도 격렬한 감정 표출이나 폭발적인 행동문제를 보이곤 한다.

⑤ 판단력이 부족하고 스트레스에 대한 반응으로 환상으로의 철수를 보이며, 망상, 주의집중 곤란, 환각, 연상이완, 지리멸렬 등과 같은 사고장애의 징후를 보이는 경우가 흔하다.

⑥ 편집형 조현병 진단을 많이 받으며, 양극성 장애 진단을 받기도 한다.

 MMPI 7-8/8-7 코드

① 근심, 걱정을 지속적으로 반추하며 늘 긴장되어 있고 불안하며 자살사고를 경험하기도 한다.

② 자신에게 심리적 문제가 있음을 쉽게 인정하지만, 만성적인 열등감, 죄책감, 부적절감이 심하고 불안정하다.

③ 대인관계에서 자신감이 부족하며 자기주장을 잘하지 못하고 수동-의존적이다. 특히 이성과의 관계에서 어려움이 크며 성기능 장애나 비정상적인 성적 공상에 몰두하기도 한다.

④ 사회적 관계에서 심한 불편감을 느끼기 때문에 사회적 철수 행동으로 자신을 방어하는 경향이 있다.

⑤ 의사결정을 잘 내리지 못하고 우유부단하며 때로는 판단력이 저하되어 있다. 자살사고가 빈번하고 혼란스러운 상태에서는 자살시도를 보일 수 있어 주의가 필요하다.

⑥ 분열성 성격장애, 조현병, 불안장애(척도 7이 우세한 경우)의 가능성을 고려할 수 있다.

 ## MMPI 8-9/9-8 코드

① 심신의 에너지가 넘치고 과잉 활동적이며 주의가 산만하고 미성숙하다.

② 정서적으로 매우 불안정하며 긴장되어 있고, 과대망상을 가지고 있을 가능성이 있다.

③ 다른 사람에 대해 깊이 관여하려 들지 않으며 오히려 철수되어 지낼 때가 많다.

④ 자신의 능력이나 객관적 여건을 고려하지 않은 비현실적인 목표를 세우고 열망하며 이행하려 한다.

⑤ 사고과정은 산만하고 비약적이며 기태적일 수 있고, 과장된 자기평가, 과대사고를 보이며 자신에 대한 통찰이 부족하다.

⑥ 조현병이나 조증 상태를 보이는 분열정동장애 진단이 흔하다.

 ## TCI의 기질 및 성격 차원

기질 차원	자극 추구(NS) Novelty Seeking	새롭거나 신기한 자극, 잠재적인 보상 단서에 끌리면서 행동이 활성화되는 유전적 경향성
	위험 회피(HA) Harm Avoidance	위험하거나 혐오스러운 자극에 대해 행동이 억제되고 위축되는 유전적 경향성
	사회적 민감성(RD) Reward Dependence	사회적인 보상 신호에 의해서 이전의 보상 또는 처벌 감소와 연합되었던 행동이 유지되는 유전적 경향성
	인내력(P) Persistence	지속적인 강화 없이도 한 번 보상된 행동을 일정 시간 동안 꾸준히 지속하려는 유전적 경향성
성격 차원	자율성(SD) Self-Directedness	자신이 선택한 목표와 가치를 이루기 위하여 자신의 행동을 통제, 조절, 적응하는 능력
	연대감(C) Cooperativeness	타인에 대한 수용 능력 및 타인과의 동일시 능력에서의 개인차
	자기초월(ST) Self-Transcendence	우주 만물과 자연을 수용하고 동일시하며 이들과 일체감을 느끼는 능력에서의 개인차

PAI의 척도 구성

	척도명	문항 수	척도 설명
타당성 척도	비일관성(ICN)	10	수검자가 얼마나 일관성 있는 반응을 했는지를 나타냄.
	저빈도(INF)	8	대부분의 사람들과 다른 방식으로 반응하는 경향을 측정함. 무선반응, 부주의, 무관심, 정신적 혼란이나 독해력 결함 등의 문제를 시사함.
	부정적 인상 (NIM)	9	일부러 불편함이나 문제가 있는 것처럼 보이려는 경향을 측정함.
	긍정적 인상(PIM)	9	바람직한 인상을 주려고 하는 경향을 측정함.
임상 척도	신체적 호소 (SOM)	24	전환(SOM-C), 신체화(SOM-S), 건강염려(SOM-H)로 구성되어 있으며, 신체 기능 및 건강 관련 문제에 대한 관심을 측정함.
	불안(ANX)	24	인지적(ANX-C)·정서적(ANX-A)·신체생리적(ANX-P) 불안으로 구성되어 있으며, 불안을 경험할 때 공통적으로 나타나는 임상 특징을 측정함.
	불안관련장애 (ARD)	24	강박증(ARD-O), 공포증(ARD-P), 외상적 스트레스(ARD-T)로 구성되어 있으며, 불안장애와 관련된 세 가지 상이한 증후군의 임상 특징을 측정함.
	우울(DEP)	24	인지적(DEP-C)·정서적(DEP-A)·생리적(DEP-P) 우울로 구성되어 있으며, 우울장애에서 나타나는 다양한 임상 특징을 측정함.
	조증(MAN)	24	활동수준(MAN-A), 과대성(MAN-G), 초조성(MAN-I)으로 구성되어 있으며, 고양된 기분, 과대성, 활동수준 증가, 초조성, 참을성 부족 등과 같은 다양한 특징을 측정함.
	망상(PAR)	24	과경계(PAR-H), 피해의식(PAR-P), 원한(PAR-R)으로 구성되어 있으며, 주변 환경의 잠재적 위험에 대한 지나친 경계, 원한을 품는 경향, 타인으로부터 부당한 대우를 받는다는 생각 등을 측정함.
	정신분열병(SCZ)	24	정신병적 경험(SCZ-P), 사회적 위축(SCZ-S), 사고장애(SCZ-T)로 구성되어 있으며, 기이한 신념과 지각, 사회적 효율의 저하, 사회적 무쾌감, 주의집중력 결핍 및 연상 과정의 비효율성 등의 내용을 측정함.

	경계선적 특징 (BOR)	24	정서적 불안정성(BOR-A), 정체성 문제(BOR-I), 부정적 관계(BOR-N), 자기손상(BOR-S)으로 구성되어 있으며, 감정 통제의 어려움, 강렬하고 투쟁적인 대인관계, 정체감 혼란, 자기파괴적인 충동적 행동 등을 측정함.
	반사회적 특징 (ANT)	24	반사회적행동(ANT-A), 자기중심성(ANT-E), 자극추구(ANT-S)로 구성되어 있으며, 자기중심성, 공감 능력 및 자책감 부족, 무모한 모험심, 흥분과 자극추구 성향 등 반사회적 태도 및 행동을 측정함.
	알코올 문제 (ALC)	12	알코올 사용, 남용, 의존과 관련된 행동과 그 결과를 평가함.
	약물 문제(DRG)	12	약물 사용, 남용, 의존과 관련된 행동과 그 결과를 평가함.
치료고려 척도	공격성(AGG)	18	공격적 태도(AGG-A), 언어적 공격(AGG-V), 신체적 공격(AGG-P)으로 구성되어 있으며, 분노, 공격성, 적개심과 관련된 태도와 행동 특징을 측정함.
	자살관념(SUI)	12	죽음이나 자살과 관련된 사고를 평가함.
	스트레스(STR)	8	현재 혹은 최근에 경험한 생활 스트레스를 평가함.
	비지지(NON)	8	친지, 친구 및 가족 등과의 상호작용에서 지각된 사회적 지지의 부족 정도를 측정함.
	치료거부(RXR)	8	심리적·정서적 변화에 대한 개인적 관심과 동기, 적극적으로 치료에 참여하려는 의지 등을 평가함.
대인관계 척도	지배성(DOM)	12	지배와 복종의 양 차원에서 나타나는 특징을 측정함. 점수가 높을수록 대인관계에서 독립성, 주장성, 통제성을 나타냄.
	온정성(WRM)	12	온정과 냉담의 양 차원에서 나타나는 특징을 측정함. 점수가 높을수록 대인관계에서 사교적이고 공감적임을 나타냄.

로르샤흐 검사의 엑스너 종합체계 주요 채점 범주

① 반응영역(어디서 그렇게 보았는지, 즉 전체를 보았는지 또는 부분을 보았는지 등)

② 반응결정인(무엇이 그렇게 보도록 만들었는지, 즉 형태 때문인지 또는 색채 때문인지 등)

③ 반응내용(어떤 내용인지, 즉 사람, 동물, 풍경 등)

🏆 로르샤흐 검사의 반응 과정 6단계

① 검사자극을 입력하고 부호화하기

수검자는 잉크 반점 자극에 노출되고 난 후에 잠정적으로 반응을 어떻게 분류할 것인지에 관한 의사결정을 하게 된다.

② 검사자극을 전체 혹은 부분으로 분류하기

검사자극이 입력되면 수검자는 전체 혹은 부분으로 나누어 분류하게 된다. 수검자의 장기 기억에서 끌어낸 경험적 측면과 잉크 반점의 특성이 지각에 영향을 준다.

③ 경제성의 원칙과 우선순위에 따라 잠재적인 반응을 버리기

수검자는 잠재적으로 떠오르는 여러 가지 반응 가운데 무엇을 우선적으로 답해야 할지를 결정하는 과정에서 경제성의 원칙에 따라 반응 수를 결정한다.

④ 검사의 선입견 등을 검열하는 과정에서 잠재적인 반응을 선택하기

검사에 대한 선입견이나 검사에 대한 경험에 따라 자체 검열을 통해 여러 반응 중에서 취사선택하는 과정이 일어난다.

⑤ 개인의 특성에 따라 반응 선택하기

개인의 기본적인 심리적 특성은 로르샤흐 잉크 반점에 대해 잠정적인 반응을 결정하는 데 중요한 역할을 한다.

⑥ 수검자의 심리 상태에 따라 반응 선택하기

수검자가 겪는 심리 상태의 변화는 로르샤흐 반응에 영향을 미친다. 특히 상황적 스트레스와 관련된 것으로 알려진 무생물의 운동(m)과 음영-확산(Sum Y) 반응은 통제와 관련해 민감하다.

🏆 로르샤흐 검사의 해석적 접근

① 구조적 특징

잉크 반점을 구조화하는 방식은 수검자의 성격적 소인과 최근의 정서 상태와 태도에 관해 추론할 수 있는 근거가 될 수 있으며, 수검자가 반응을 형성하는 방식은 다양한 해석적 의미를 지닌다.

② 주제별 특징

수검자가 보이는 주제적 특징을 해석하는 것은 자기지각, 대인지각, 자기표상, 대상 표상

등과 관련된 욕구, 태도, 갈등, 관심 등에 관한 많은 단서를 제공해 준다.

③ 행동적 특징

수검자의 행동적 특징을 해석하는 것은 심리적 상태에 대한 정보뿐만 아니라 문제 해결과 대인관계 상황에 접근하는 방식에 대한 의미 있는 자료가 된다.

④ 계열 분석

한 반응에서 다른 반응으로 계열적으로 전환하는 과정을 검토해 보면 수검자의 고통, 방어 능력, 악화, 회복력 등의 흐름을 알 수 있고, 심리적 문제를 다루는 대응 전략의 특성과 적응적 생활 패턴을 분석할 수 있다.

 로르샤흐 검사의 채점범주와 채점기호

채점범주	채점기호 및 기준		
반응영역	W 전체반응 D 흔한 부분반응 Dd 드문 부분반응 S 공백반응		
발달질	+ 통합반응 o 보통 반응 v/+ 모호/통합반응 v 모호반응		
결정인	형태 F 모양으로 인한 지각		
	운동 M, FM, m 인간, 동물, 무생물의 운동을 본 경우		
	유채색 C, CF, FC Cn 색채에 근거하여 반응한 경우		
	무채색 C′, C′F, FC′ 무채색에 근거하여 반응한 경우		
	음영-재질 T, TF, FT 반점의 음영으로 인해 재질을 지각		
	음영-차원 V, VF, FV 반점의 음영으로 인해 깊이나 차원을 지각		
	음영-확산 Y, YF, FY 반점의 밝고 어두운 특징을 지각		
	형태 차원 FD 크기와 모양에 따라 깊이나 차원을 지각		
	쌍반응 (2) 대칭성으로 인해 두 개의 동일한 대상으로 반응		
	반사반응 Fr, rF 대칭성으로 인해 반사 혹은 거울에 비친 이미지로 반응		
형태질	+보통-정교화	o 보통	u 드문 -왜곡된
반응내용	H 인간 전체	(H) 비현실적 인간 전체	Hd 인간 부분
	(Hd) 비현실적 인간 부분	Hx 인간 경험	A 동물 전체
	(A) 비현실적 동물 전체	Ad 동물 부분	(Ad) 비현실적 동물 부분
	An 해부	Art 예술	Ay 인류학적 반응
	Bl 피	Bt 식물	Cg 의복
	Cl 구름	Ex 폭발	Fi 불
	Fd 음식	Ge 지도	Hh 가정용품
	Ls 풍경	Na 자연	Sc 과학
	Sx 성반응	Xy 엑스선	

평범반응	규준집단의 1/3 이상에서 자주 나온 반응들로서 10장 카드에서 총 13개 규정되어 있고, 수검자의 반응이 이에 해당하면 P로 채점
조직화점수	• 수검자가 자극을 얼마나 인지적으로 조직화하였는가, 얼마나 조직화하려 노력하였는가를 평가하기 위해 도입. Z점수를 줄 수 있으려면 형태가 포함되어 있는 반응이어야 하고, 반점의 부분들이 서로 의미 있는 관계를 맺고 있어야 함. • Z점수를 줄 수 있는 네 가지 기준(ZW, ZA, ZD, ZS)이 있는데, 각 카드마다 네 가지 기준에 따른 점수가 배정되어 있으므로 수검자 반응이 Z점수의 어떤 기준에 해당되는지 확인하여 점수를 부여함.
특수점수	6개의 특이한 언어반응(DV, DR, INCOM, FABCOM, CONTAM, ALOG), 1개의 반응반복(PSV), 4개의 특수내용(AB, AG, COP, MOR), 2개의 인간표상반응(GHR, PHR), 1개의 개인적 반응(PER), 1개의 특수한 색채현상(CP)등 총 15가지로 구성됨.

 로르샤흐 검사의 조직화점수

기호	기준
ZW	발달질(DQ)이 +, o 또는 v/+인 전체반응. DQ 기호가 v인 반응에는 조직화점수를 주지 않는다.
ZA	반점의 인접(adjacent) 영역에서 두 가지 이상 별개의 또는 분리된 대상을 지각하고, 이들이 서로 의미 있는 관계를 맞고 있다고 보고된 반응
ZD	반점의 비인접(distant) 영역에서 두 가지 이상 별개의 또는 분리된 대상을 지각하고, 이들이 서로 의미 있는 관계를 맺고 있다고 보고된 반응
ZS	반점의 흰 공간(space)과 다른 영역을 통합해서 반응한 경우. 단지 흰 공간만을 사용한 반응은 조직화점수를 주지 않는다.

로르샤흐 검사의 특수점수

범주	기호	기준
특이한 언어 반응 (Unusual Verbalization)	DV	일탈된 언어(Deviant Verbalization): 부적절한 단어가 하나 이상 사용된 경우로, 두 가지 형태가 있다. 1. 신조어(neologism): 수검자의 언어 능력으로 보아 정확한 표현을 충분히 할 수 있음에도 불구하고, 부적절한 단어나 신조어를 사용하는 경우[예 "망원경으로 본 박테리아."(DV1), "이 피는 콘크리케이트처럼 굳어 있어요."(DV2)] 2. 중복 사용(redundancy): 대상의 성질을 두 번 보고하는 것 같은 언어의 기이한 사용[예 '사람의 죽은 시체'(DV1), '세 사람의 트리오'(DV2)]
	DR	일탈된 반응(Deviant Response): 과제와 상관이 없거나 과제를 왜곡하는 표현을 사용함으로써 반응의 질이 기이하고 특이해지는 경우. DV를 포함한 DR 반응은 DR만 채점한다. 1. 부적절한 구(inappropriate phrase): 매우 부적절하거나 아무런 상관이 없는 구를 사용하고 앞뒤가 연결되지 않는 방식으로 반응한 경우[예 "개처럼 보이네요. 우리 아버지는 개를 기르지 못하게 했어요."(DR1), "이것은 박쥐네요. 나는 나비가 보고 싶었어요."(DR2)] 2. 우원적 반응(circumstanial response): 과제를 무시한 채 부적절하게 정교화하는 반응으로, 말이 주제에서 벗어나면서 산만하게 흘러가는 경우[예 "두 마리 뱀 같아요. 나는 항상 뱀을 싫어했는데, 형은 뱀을 무서워한다고 나를 놀리곤 했어요."(DR1), "아일랜드 지도 같아요. 어쩌면 아일랜드가 아니라 다른 곳일 수도 있어요. 그러나 아일랜드일 것 같아요. 나는 아일랜드에 대해 잘 모르지만 멕시코에 대해서는 잘 알아요."(DR2)]
부적절한 반응 결합 (Inappropriate Combination)	INCOM	조화되지 않은 결합(Incongruous Combination): 단일 대상에서 부적절하거나 불가능한 하나 이상의 특징이나 활동이 나타나는 반응[예 "박쥐인데 여기에 날개와 몸, 손이 있다."(INCOM1), "두 개의 머리를 가진 사람."(INCOM2)]
	FABCOM	우화적 합성(Fabulized Combination): 둘 이상의 대상이 있을 수 없거나 불가능한 방식으로 관계를 맺고 있는 것으로 지각한 반응[예 "두 마리 개가 농구를 하고 있어요."(FABCOM1), "두 여자가 잠수함을 공격하고 있어요."(FABCOM2)]

	CONTAM	오염(Contamination): 부적절한 결합 중 가장 기괴한 반응으로, 둘 이상의 인상이 확실히 현실을 위반하면서 하나의 반응으로 융합되는 경우(例 "이것은 피로도 보이고 섬으로도 보여요. 이것은 확실히 <u>피 흘리는 섬</u>이에요.")
부적절한 논리 (Inappropriate Logic)	ALOG	부적절한 논리(Inappropriate Logic): 검사자가 아무런 개입도 하지 않는데 수검자가 부자연스럽고 틀을 벗어나는 추론을 하여 자신의 반응을 정당화하려는 경우(例 "이것은 북극이네요. <u>왜냐하면 카드 위쪽에 있으니까요.</u>")
보속반응(반응반복) (Perseveration)	PSV	보속반응(Perseveration): 동일한 반응이 반복되는 것으로, 인지적 경직성, 인지적 기능장애, 뚜렷한 심리적 몰두와 관련이 있다. 보속반응에는 세 가지 유형이 있으나 모두 PSV로 채점된다. 1. 카드 내 반응반복: 한 카드에서 반응영역, 발달질, 결정인, 형태질, 반응내용 및 Z점수가 동일한 반응이 연달아 나타나는 경우[例 카드 I에서 ① '박쥐'(Wo Fo A p 1.0), ② 'to'(<u>Wo Fo A P 1.0 PSV</u>)] 2. 내용 보속(카드 간 반응반복): 한 카드에서 말한 내용이 다음 카드에서 동일하게 반복되는 경우로, 이전에 본 것과 동일한 대상으로 지각한 반응(例 한 카드에서 두 사람이 싸우고 있다고 본 후, 다음 카드에서 "<u>아까 그 사람들인데</u> 이제는 싸우지 않네요.") 3. 기계적 반응반복: 동일한 대상을 기계적으로 반복해서 보고하는 경우로, 지적·신경학적 결함이 있는 사람에게 가장 흔히 나타남(例 카드 I에서 '<u>박쥐</u>', 카드 II에서 '<u>박쥐</u>', 카드 III에서도 '<u>박쥐</u>').
특수내용 (Special Content)	AB	추상적 내용(Abstract Content): 두 가지 유형이 있다. 1. 인간의 정서나 감각을 나타내는 Hx 반응(例 "이 전체가 우울을 의미해요. 온통 검고 음울해 보여요.") 2. 명확하고 구체적인 상징적 표상을 언급한 반응(例 "이 두 사람이 사랑에 빠졌어요. 서로를 간절히 원하고 있어요. 여기 가운데 붉은 부분이 사랑과 갈망을 나타내는 거예요.")
	AG	공격적 운동(Aggressive Movement): 공격적인 내용이 포함된 운동반응(M, FM, m)으로, 반드시 공격이 일어나고 있어야 한다(例 "남자의 얼굴인데 뭔가 격노해 있어요." 또는 "<u>주먹으로 벽을 치고 있는</u> 것처럼 보여요."). 대상이 공격을 받았을 경우 또는 폭발 자체는 AG로 채점하지 않지만, 폭발로 인해 뭔가 파괴된 경우에는 AG로 채점한다.

	COP	협조적 운동(Cooperative Movement): 둘 이상의 대상이 긍정적 또는 협조적인 상호작용을 하는 운동반응(M, FM, m)으로, 긍정적이거나 협조적인 상호작용이 분명할 때 채점한다(예 "두 사람이 춤을 추고 있다." "두 사람이 서로 기대어 비밀을 속삭이고 있다.").
	MOR	병적인 내용(Morbid Content): 두 가지 중 한 가지 특징을 가지고 있을 때 채점한다. 1. 대상을 죽인, 파괴된, 폐허가 된, 망가진, 손상된, 상처 입은, 또는 부서진 것으로 지각한 경우(예 '깨진 거울' '죽은 개' '상처 입은 곰' '상처' '구멍 난 코트' '썩은 나뭇잎' '아메바의 실험실 슬라이드' '땅 위로 뜯겨져 나온 뿌리') 2. 대상에 대해 우울한 감정이나 특징을 부여한 경우(예 '음울한 저택' '슬픈 나무' '불행한 사람' '울고 있는 사람' '우울증')
인간표상 반응 (Human Representation Response)	GHR 또는 PHR	인간표상 반응(Good/Poor Human Representation): 타인을 지각하거나 상호작용하는 방식과 관련된 인간 표상에 대한 것으로, 다음의 세 가지 기준 중 어느 하나를 충족시키는 반응에 대해 좋은(good) 또는 나쁜(poor) 반응으로 채점한다. 1. 인간 내용 기호를 포함한 반응: H, (H), Hd, (Hd), Hx 2. 결정인 M을 포함한 반응 3. 특수점수 COP 또는 AG를 포함한 FM 반응
개인적 반응 (Personalized Answer)	PER	개인적 반응(Personal): 자신의 반응을 정당화하고 명료화하기 위해서 개인적 지식이나 경험을 언급한 반응(예 "예전에 아버지가 나에게 이런 것을 보여 줬어요." "TV에서 그런 것을 본 적이 있어요.")
특수한 색채 현상 (Special Color Phenomena)	CP	색채투사(Color Projetction): 무채색 반점을 유채색으로 지각한 반응(예 카드 V에서 "아름다운 자주색 나비예요.")

로르샤흐 검사의 구조적 요약 6개의 특수 지표

① 지각 및 사고 지표(Perceptual-Thinking Index: PTI)

PTI는 조현병 지표를 개정한 것으로, 점수의 범위는 0~5점이다. 점수가 높을수록 지각 및 사고의 혼란을 경험할 가능성이 높음을 의미한다.

② 우울증 지표(Depression Index: DEPI)

DEPI는 우울증의 다양한 양상을 측정하는 지표로, 점수 범위는 0~7점이다. 점수가 4점 이상일 때 약간의 우울증 증상을 경험하고 있음을 시사하며, 점수가 높을수록 정서장애의 가능성이 높아진다.

③ 대응손상지표(Coping Deficit Index: CDI)

CDI는 사회 기술이 제한적이고 환경과 상호작용할 때, 특히 대인관계 영역에서 빈번하게 어려움을 겪을 가능성을 시사한다. 점수의 범위는 0~5점이며, 4점이나 5점일 때 유의하게 해석한다.

④ 자살지표(Suicide Constellation: S-CON)

S-CON은 수검자가 자기파괴적인 사고와 행동에 몰두하고 있을 가능성이 나타내기에 이에 대한 추가 탐색이 필요하다. S-CON에 포함된 12개의 변인 중 8개 이상이 해당된다면 자살 가능성을 고려하여 주의가 필요하다.

⑤ 과민성 지표(Hypervigilance Index: HVI)

HVI는 과경계 양상과 관련되며, 환경에 대한 불신 또는 부정적인 태도를 반영한다. 유의한 HVI는 불안전하고 취약한 느낌과 더불어 행동을 수행할 때 매우 신중해지는 경향 및 과도한 에너지 사용을 의미한다.

⑥ 강박성 지표(Obsessive Style Index: OBS)

유의한 OBS는 정확성을 추구하고 세부적인 사항에 집착하고 완벽주의 성향이 있으며 정서표현에 어려움이 있음을 의미한다.

 TAT(Thematic Apperception Test)의 욕구-압력 분석법

① 주인공을 찾는다.
② 환경의 압력을 분석한다.
③ 주인공의 반응에서 나타나는 욕구를 분석한다.
④ 주인공이 애착을 표현하고 있는 대상을 분석한다.
⑤ 주인공의 내적인 심리 상태를 분석한다.
⑥ 주인공의 행동이 표현되는 방식을 분석한다.
⑦ 이야기의 결말을 분석한다.

HTP(House-Tree-Person) 검사의 이점

① 실시가 쉽고, 시간이 많이 걸리지 않는다.

② 중간 채점이나 기호 채점을 거치지 않고 그림을 직접 해석할 수 있다.

③ 수검자의 투사를 직접 목격할 수 있다.

④ 언어 표현이 어려운 사람, 즉 수줍고 위축된 아동 또는 외국인과 문맹자에게도 적용할 수 있다.

⑤ 연령, 지능, 예술적 재능에 제한받지 않는다.

⑥ 개인의 의식적인 방어가 덜 관여하며, 수검자가 인식하지 못하는 내면 세계까지 반영한다.

⑦ 때로는 그 자체만으로 치료효과를 가진다.

SCT(Sentence Completion Test)의 주요 영역

① 가족 영역

어머니, 아버지 및 가족에 대한 태도를 측정하며, 이와 관련된 문항으로 구성되어 있다 (예 "어머니와 나는 _____" "내가 바라기에 아버지는 _____" "우리 가족이 나에 대해서 _____").

② 성적 영역

이성관계에 대한 태도를 포함하며, 이 영역의 문항들은 사회적인 개인으로서의 여성과 남성, 결혼, 성적 관계에 대하여 자신을 나타내도록 한다(예 "내 생각에 여자들은 _____" "내가 성교를 했다면 _____").

③ 대인관계 영역

친구와 지인, 권위자에 대한 태도를 포함한다. 이 영역의 문항들은 가족 외의 사람들에 대한 감정이나 자신에 대해 타인이 어떻게 느끼는지에 관한 생각들을 표현하게 한다(예 "내가 없을 때 친구들은 _____" "윗사람이 오는 것을 보면 나는 _____").

④ 자기개념 영역

자신의 능력과 과거, 미래, 두려움, 죄책감, 목표 등에 대한 태도가 포함된다(예 "무슨 일을 해서라도 잊고 싶은 것은 _____" "내가 저지른 가장 큰 잘못은 _____" "내가 믿고 있는 내 능력은 _____" "내가 어렸을 때는 _____" "언젠가 나는 _____" "나의 평생 가장 하고 싶은 일은 _____").

아동 및 청소년 심리평가에서 유의사항

① 의뢰 과정
- 아동 및 청소년들은 자신의 심리적 고통이나 적응상의 문제를 스스로 인식하여 도움을 찾는 경우가 매우 드물며, 부모나 교사 등 주위 성인에 의해 문제가 인지되어 심리평가에 의뢰되는 경우가 대부분이다.
- 수검자의 자발성, 검사 동기가 부족할 수 있으므로 평가자와 수검자의 라포 형성이 특히 중요하다. 의뢰인과 수검자가 호소하는 문제의 내용, 심각도, 문제를 대하는 태도 등에 어떠한 차이가 있는지 살펴보아야 한다.

② 제3자의 정보 제공
- 수검자인 아동, 청소년으로부터 수집된 자료(면담, 심리검사 및 행동관찰)만으로는 충분치 않으며 부모나 주 양육자, 교사 등 그들을 잘 아는 제3자가 제공하는 정보 역시 평가의 중요한 자료원으로 활용된다.
- 제3자는 면담, 행동관찰, 평정 척도 등을 통해 평가에 참여한다. 수검자인 아동, 청소년과 제3의 정보 제공자의 관계, 친밀도, 정보 제공자가 평가에 참여하게 된 과정, 동기, 목적 등에 따라 제공되는 정보의 신뢰도가 달라질 수 있다.

③ 발달 특성에 대한 이해
- 아동, 청소년의 발달 단계에 따라 인지, 정서, 행동 및 사회성 등의 주요 주제와 특성에 차이가 크므로 해당 심리평가에서는 정상 발달에 대한 이해가 선행되어야 한다.
- 지능을 비롯한 인지기능평가, 발달평가에서는 일반 성인에 비해 연령 규준의 구간이 짧게 적용되기에 검사 측정 시 유의하여 검토되어야 한다.
- 지능이나 발달 상태는 다른 검사 수행 수준에 영향을 많이 미치기에 아동, 청소년의 발달 특성을 고려하여 검사를 선택 및 평가하여야 한다.

신경심리평가의 목적

① 진단

신경심리평가는 두뇌 외상이나 뇌기능 장애를 진단할 목적에서 사용된다. 나아가 환자의 행동문제가 정신과적 증상에 기인한 것인지 혹은 뇌손상이나 다른 신경학적 증상에 기인한 것인지를 감별하고자 할 때 사용된다.

② 환자 관리 및 치료계획

환자의 인지 기능 및 심리사회적 기능 수준, 정서 상태, 행동 양상, 성격 특성, 환자의 강점과 약점 등에 대한 정보는 진단뿐만 아니라 환자를 관리하고 치료계획을 세우는 데 매우 중요한 역할을 한다.

③ 치료: 재활 및 치료평가

뇌손상 환자들에 대한 개입은 손상된 신경심리학적 기능의 회복이나 교정을 목적으로 한 치료적 접근뿐만 아니라, 손상된 상태에 적응하고 보완해 나가는 데 초점을 둔 재활적 접근도 중요하다.

④ 연구

신경심리평가는 뇌의 기능이 행동적으로 어떻게 표현되는가, 즉 뇌와 행동 간의 관계를 규명할 목적에서도 사용되어 왔다.

⑤ 법정장면에서의 자문

법정장면에서 신경심리평가 결과가 근거 자료로 사용될 수 있다. 법적 자문의 목적에서 신경심리평가를 실시할 때는 수검자가 증상을 가장하거나 꾀병일 가능성에 대해 주의를 기울여야 한다.

 ## 신경심리평가 시 고려점

① 현재 기능 수준의 손상 정도
② 손상 후 경과 시간
③ 병전 지적 수준
④ 교육 수준
⑤ 연령
⑥ 손잡이(우세한 손에 따라 뇌의 신경해부학적 특성이나 인지 기능의 패턴이 달라짐)
⑦ 인지 기능에 영향을 줄 수 있는 현재 의학적 병력

 ## 전두엽의 실행 기능 및 평가 도구

① 실행 기능이란 독립적이고 목표지향적으로 자신의 행동을 조절, 통제, 관리해 나가는 능력으로, 추론능력, 계획을 세우고 계획에 따라 순서대로 일을 처리하는 능력, 융통성, 판

단력 및 통찰력, 상황에 맞게 적절한 사회적 행동을 하는 능력 등이 포함된다.

② 개인의 실행 기능을 평가하기 위해서는 관련된 신경심리학적 검사뿐만 아니라 면담, 행동 관찰 및 영상의학적 검사 등 다양한 출처의 자료에 대해 면밀한 검토가 필요하다.

③ 실행 기능을 평가하는 검사는 다음과 같다.

- 위스콘신 카드분류 검사(Wisconsin Card Sorting Test: WCST)
- 스트룹 검사(Stroop Test)
- 공통성 검사(WAIS)
- 언어유창성 검사(Verval Fluency Test)
- 선로 잇기 검사(Trail Making Test)
- 레이-오스테리스 복합도형 검사(Rey-Osterrieth Complex Figure Test: ROCF)
- 런던 탑(하노이 탑) 검사
- 운동조절능력 과제(예 Go-No-Go Test, Luria's Three-Step Test)
- 통제 단어 연상 검사(Controlled Oral Word Association Test: COWAT)

 주요 신경심리검사

① 위스콘신 카드분류 검사(Wisconsin Card Sorting Test: WCST)

전두엽의 실행 기능을 평가하는 검사로, 추상적인 개념을 형성하고 범주화하는 능력과 피드백에 따라 인지 틀(cognitive set)을 변환하거나 유지하는 인지적 융통성을 측정한다. 전산화된 WCST에서는 스크린을 통해 제시된 도형카드를 색, 모양, 개수 등 분류 규칙에 따라 분류하도록 지시한 후에 '맞다/틀리다'의 피드백을 줌으로써 피검자가 스스로 과제에서 요구되는 색, 모양, 개수와 같은 범주 규칙을 찾도록 한다.

② 선로 잇기 검사(Trail Making Test: TMT)

주의력과 실행 기능을 평가하며, A형과 B형으로 되어 있다. A형은 검사지에 무작위로 배치되어 있는 숫자들을 1-2-3-4 ……와 같이 차례대로 연결하는 것이고, B형은 숫자와 문자를 번갈아 가며 차례대로 연결하는 것으로(1-가-2-나-3-다 ……), 검사를 마치는 데 걸린 반응 시간과 오류 수가 측정된다. 국내에서는 알츠하이머 치매 검사를 평가하기 위한 CERAD-K 신경심리평가집에 포함된 소검사 중 하나로 60세 이상 노인을 대상으로 표준화하여 사용되고 있다.

③ 스트룹 색상-단어 검사(Stroop Color-Word Test)

스트룹 검사는 전두엽에서 담당하는 억제 과정의 효율성을 평가한다. 단어의 색과 글자가 일치되지 않는 조건에서 자동화된 반응을 억제하고 글자의 색상을 말해야 하며(예 '파랑'이라는 단어가 빨간색으로 인쇄되어 있을 때, 단어를 무시하고 '빨강'이란 색상을 명명함), 반응 시간과 오류 수가 측정된다.

④ 루리아-네브라스카 신경심리 배터리(Luria-Nebraska Neuropsychological Battery: LNNB)

LNNB는 총 269문항, 11개의 척도로 구성되어 있으며, 좌반구 · 우반구 척도 점수가 산출되므로 뇌 기능의 편측화(lateralization)와 국재화(localization)에 대한 평가가 가능하다. 아동용인 LNNB-C는 8~12세 아동에게 실시할 수 있고, 총 149문항, 11개의 척도로 이루어져 있다.

⑤ 연속수행 검사(Continuous Performance Test: CPT)

주어진 자극에 주의를 지속적으로 유지하는 능력인 지속적 주의력과 비표적 자극을 무시하고 표적 자극에만 주의를 집중하는 선택적 주의력을 평가하는 대표적인 검사이다. CPT는 컴퓨터 화면에 특정한 기호, 숫자, 문자를 짧은 기간 동안(약 0.1초) 시각적으로나 청각적으로 제시한 후, 표적 자극이 나올 때마다 가능한 한 빠르고 정확하게 반응하는 것이 요구된다(표적 자극이 나올 때마나 마우스 클릭). 높은 누락 오류는 부주의를, 높은 오경보 오류는 인지적 충동성 및 반응 억제 능력의 결함을 반영한다.

⑥ 레이 청각언어 학습 검사(Rey Auditory Verbal Learning Test: RAVLT)

RAVLT는 언어기억 검사로, 15개의 단어를 불러 주고 피검자에게 5회에 걸쳐 회상하도록 한다. 그 후 방해 자극으로 두 번째 리스트 단어 15개를 불러 주고 1회 회상하도록 한 뒤에 다시 첫 번째 단어 리스트를 회상 및 재인하도록 한다. 이 검사는 순행간섭(proactive inhibition) 및 역행간섭(retroactive inhibition), 기억보유 등을 측정한다.

⑦ 레이 복합도형 검사(Rey Complex Figure Test: RCFT)

RCFT는 시각기억 검사로, 복잡한 도형을 따라 그리게 하고 이후 회상 과제를 통하여 비언어적, 시각 기억력을 측정한다.

② 심리치료

 정신분석치료 절차

① 초기 단계

상담자는 내담자와 신뢰관계를 형성하고 자유연상, 꿈 분석을 통해 내담자의 심리적 문제에 대한 윤곽이 드러나면 상호적 치료동맹을 맺는다. 이 과정은 내담자 갈등의 본질에 대한 전반적 이해뿐만 아니라 내담자의 전이 감정을 촉진하는 데 중요하다.

② 전이 단계

내담자는 유아기 및 아동기에 중요한 대상에게 가졌던 감정을 상담자와의 관계에서 반복하며 전이 욕구를 충족하려 한다. 상담자는 내담자의 전이 욕구에 대해 중립적인 태도로 해석을 수행하고 참여적 관찰자의 역할을 통해 내담자의 욕구를 다룬다.

③ 통찰 단계

상담자는 내담자의 욕구와 갈등 사이에서 역동적인 평형 상태를 이루도록 돕고, 내담자는 자신의 부정적인 감정이 애정과 욕구의 좌절에서 비롯된 것임을 깨닫게 되면서 갈등에 대한 만족스러운 해결을 이끈다.

④ 훈습 단계

상담자는 내담자가 통찰할 것을 실제 생활로 옮기도록 조력한다. 상담을 통해 획득한 통찰을 현실에 적용하려는 노력을 돕고, 훈습에 의해 내담자의 변화된 행동이 안정 수준에 이르게 되면 종결을 준비한다.

 정신분석치료의 목표

① 내담자의 성격 구조를 건강하게 변화시키는 데 있다.
② 무의식을 의식화하여 왜곡되고 억압된 욕구와 충동을 해결하는 것이다.
③ 내담자에게 나타나는 전이를 해결하는 것이다.

④ 자아의 기능을 강화하여 원초아와 초자아의 요구를 적절하게 해소하면서 현실에 잘 적응하도록 하는 것이다.

정신분석치료의 주요 기법

① 자유연상
- 자유연상(free association)은 내담자가 편안하게 누운 상태에서 마음속에 떠오르는 것을 솔직하게 이야기하는 방법이다.
- 의식적 억제를 최소화한 자유로운 상태에서 억압된 무의식 내용이 잘 떠오른다. 감정 표현과 경험을 개방하여 자유롭게 해 주며, 마음속의 억압된 자료를 수집, 해석하여 통찰하는 데 도움을 준다.

② 꿈 분석
- 꿈은 무의식 내용을 얻는 중요한 수단으로 본다. 수면 상태에서는 의식적 억제가 약화되기 때문에 억압된 무의식적 갈등이 잘 떠오른다.
- 꿈 분석(dream analysis)은 내담자의 꿈에 나타난 주제와 내용들을 분석하는 것으로, 이를 통해 무의식적 갈등을 밝혀 낸다. 일반적으로 내담자가 보이는 증상과 꿈은 유사한 구조를 가진다.

③ 전이 분석
- 전이(transference)란 내담자가 과거에 중요한 대상에게 느꼈던 (긍정적, 부정적) 감정이나 환상을 무의식적으로 현재 상담자에게 옮겨 와 나타내는 것을 말한다.
- 전이는 정신분석치료의 핵심으로, 상담 과정에서 내담자가 보이는 전이 현상을 면밀히 분석하고 해석해야 한다. 전이 분석을 통해 내담자는 자신의 무의식적 갈등과 현재 문제의 의미를 통찰할 수 있게 된다.
- 상담자도 내담자에게 전이 현상을 나타낼 수 있다. 이를 역전이라고 한다. 상담자의 역전이는 내담자의 반응을 왜곡하여 받아들이게 만들어 객관성을 저해할 수 있으므로 조심해야 한다.

④ 저항 분석
- 저항(resistance)이란 내담자가 상담 과정에서 나타내는 비협조적이고 반치료적인 행동들을 말한다(예 치료 시간에 늦거나 잊어버림, 자유연상이 잘되지 않음, 숙제를 잊거나 해 오지 않음).
- 저항은 내담자의 무의식적인 갈등을 반영한다고 보므로 저항적인 행동의 의미에 대해

분석을 하여야 한다.

⑤ 해석
- 해석(interpretation)이란 내담자가 명확하게 자각하지 못하는 것을 일깨워 주는 상담자의 설명을 의미한다. 내담자의 말 속에 숨은 의미를 파악하게 이를 다른 관점으로 제시함으로써 내담자가 자신의 경험, 행동, 감정, 태도에 대해 달리 생각해 볼 수 있게 하는 적극적인 상담기술이다.
- 해석을 통해 내담자는 자신의 무의식적 갈등에 대한 통찰(insight)을 얻게 된다. 내담자가 스스로 이해하기 어려운 무의식적 갈등에 대해서 상담자가 해석을 해 주어야 하는데, 해석은 가능한 한 단정적이지 않고 가설적으로 표현하는 것이 좋다.

⑥ 훈습
- 훈습(working-through)이란 상담 과정에서 통찰을 통해 얻게 된 성숙한 행동과 태도를 실제 일상생활에 적용하여 사용함으로써 변화된 적응적 행동이 지속될 수 있도록 돕는 기법이다.
- 상담을 통해 배운 것을 현실 생활에 실천하여 점진적으로 변화가 일어나고 유지되도록 하는 것이 목적이다.

 정신분석치료에서 종결을 위한 이상적 목표

① 심각한 갈등의 해결과 자아 기능의 향상
② 병리적 방어기제의 사용 감소
③ 성격 구조의 중요한 긍정적 변화
④ 증상의 상당한 호전 또는 증상을 극복할 수 있는 능력이 생겼다는 증거의 존재

 아들러의 개인심리치료의 기본적 오류 5가지

① 과잉 일반화: "사람들은 적대적이다." "내 인생은 위험투성이이다."
② 잘못되었거나 불가능한 목표: "사랑을 받으려면 모든 사람을 즐겁게 해야 한다."
③ 삶과 삶의 요구에 대한 잘못된 지각: "인생은 고달프다."
④ 자신의 가치를 과소 평가 또는 부정하기: "나는 바보야." "나와 함께 일을 하려는 사람이 있을까?"
⑤ 잘못된 가치관: "누가 상처를 받든지 상관없어. 나는 일등이 되어야 해."

PART 02 핵심개념정리

아들러의 개인심리치료의 주요 기법

① 즉시성(immediacy)

내담자로 하여금 현재 이 순간에 무엇이 일어나고 있는지를 자각하도록 하는 기법이다. 치료자와의 상호작용에서 일어나는 일들이 내담자의 일상생활에서 일어날 수 있음을 인식하도록 한다.

② 단추 누르기(pushing the button)

내담자에게 스스로 감정을 통제할 수 있음을 인식하도록 하는 기법이다. 내담자로 하여금 유쾌 혹은 불쾌했던 상황을 떠올리도록 하고 이때 동반되는 감정들을 살펴보게 한 후, 어떤 감정을 선택할지는 자신이 결정할 수 있음을 깨닫게 한다.

③ 악동 피하기(avoiding the tar baby)

내담자가 혼히 빠지는 함정과 난처한 상황을 피하도록 돕기 위한 기법이다. 치료자는 내담자의 지속적인 자기파괴적 행동을 변화시키기 위해서 예측하지 못했던 새로운 방식을 제안하여 문제를 극복하도록 돕는다.

④ 마치 ~인 것처럼 행동하기(acting as if)

내담자가 스스로 할 수 없다고 생각하는 것을 실제로 성취할 수 있는 것처럼 행동해 보도록 권장하는 개입방법이다. 자존감과 자신감을 향상시키고 새로운 변화를 위한 용기를 북돋우며 행동의 목표를 재정립하는 데 도움이 된다.

⑤ 자신을 포착하기(cathing one self)

내담자가 반복적으로 범하는 부적응적인 행동을 자각하게 함으로써 그러한 행동을 방지하도록 돕는 방법이다. 치료자는 내담자의 문제행동의 예고 표시나 징후를 밝혀서 내담자가 이러한 징후가 나타나면 습관적 행동을 자제하라는 신호로 생각하고 새로운 적응적 행동을 하도록 격려한다.

⑥ 직면(confrontation)

내담자로 하여금 자신의 잘못된 목표와 신념을 회피하지 않고 정면으로 자각하도록 돕는 것을 말한다. 직면은 4가지 유형으로 구분된다.
• 주관적 견해에 대한 직면: 내담자 자신만이 받아들일 수 있는 자기중심적인 부적응적 행동을 만들어 내는 자기합리화나 사적인 논리에 직면시키는 것
• 잘못된 신념과 태도에 대한 직면: 내담자의 사회 적응을 방해하고 자기파괴적인 행동으로 인도하는 잘못된 신념과 태도를 자각시키고 그것의 부적절성을 직면시키는 것

- 사적 목표에 대한 직면: 내담자가 추구하는 목표가 부적절한 무의식적 동기에 의한 것이거나 자기파괴적인 결과를 초래할 위험이 있을 경우에 이를 직면시키는 것
- 파괴적인 행동에 대한 직면: 내담자가 치료 과정에서 수동–공격적인 방식으로 문제를 회피하거나 치료자에게 공격적인 행동을 나타낼 경우에 이러한 행동이 자기파괴적인 결과를 초래하게 된다는 점을 직면시키는 것

⑦ 과제 부여(task assignment)

치료자가 내담자의 동의하에 문제 해결을 위한 구체적인 행동 과제를 정하고 내담자로 하여금 그러한 과제를 수행하게 하는 것을 말한다. 구체적인 과제 수행은 문제 해결을 돕고, 과제 수행을 계획하고 실행하는 과정을 통해 내담자의 책임감과 과제 수행 역량을 증진시킨다.

⑧ 격려하기(encouragement)

격려는 내담자로 하여금 자신이 존중받는 존재라는 인식을 증진하여 자신감과 심리적 강인성을 촉진하는 데 핵심적인 치료요인이다. 격려를 통해 내담자는 용기를 얻게 되며 고난과 역경을 견뎌 낼 능력과 의지를 발달시키는 데 도움이 된다.

 융의 분석심리치료의 기본 과정

① 고백: 내담자가 자신의 억제된 감정이나 비밀을 치료자와 공유한다. 분석가는 수용적 태도를 통해 이 과정을 촉진한다.
② 명료화: 꿈, 환상, 전이, 억압된 소망 등의 무의식적 의미를 해석함으로써 무의식에 대한 이해가 확장된다. 해석을 통한 명료화는 내담자의 삶에 긍정적인 변화를 이끈다.
③ 교육: 무의식에 대한 통찰을 현실에 적용함으로써 행동의 변화를 촉진한다.
④ 변형: 무의식에 대한 분석뿐만 아니라 개인력 조사, 증상 분석, 단어연상검사 등의 심리검사를 사용한다.

 분석심리치료의 주요 기법

① 꿈 분석

융의 분석심리학에서 가장 중요한 방법으로, 내담자의 무의식을 이해하는 데 사용된다. 꿈은 어떤 정신 구조의 지나친 발달을 보상함으로써 상반되는 정신과의 균형을 유지하도록 돕는다.

② 전이와 역전이 분석

- 전이는 '개인적 전이'와 '원형적 전이'로 나뉘는데, '개인적 전이'는 개인 무의식의 내용이 투사된 것이며, '원형적 전이'는 집단 무의식의 내용이 치료자에게 투사된 것이다. 이러한 전이를 분석하여 해결하는 것이 전이 분석이다.
- 치료자 역시 내담자에게 역전이를 나타낼 수 있다. 치료자는 치료적 상호작용에서 나타나는 자신의 투사와 내담자의 투사를 분별할 수 있어야 한다. 이를 위해 치료자는 강도 높은 분석을 통해서 자신의 콤플렉스와 심리적 요소를 깊이 있게 자각해야 한다.

③ 적극적 심상화

내면적인 심상이 활성화될 수 있도록 마음에 강하게 집중하여 내적인 심상이 활성화될 수 있도록 한다. 심상 활동의 활성화는 무의식을 탐색하고 이해하는 데 있다. 심상이 멈추면 그 이야기를 글, 그림, 춤 등으로 표현한다.

행동치료의 기본 가정

① 개인의 특성은 관찰될 수 있는 구체적인 행동으로 분석하여 이해해야 한다.
② 대부분의 행동은 후천적으로 학습된 것이다. 부적응적인 문제행동은 환경과의 상호작용에 의해 잘못된 학습에 의해 습득된다.
③ 치료의 주된 목표는 부적응적인 문제행동을 제거하고, 긍정적인 행동을 학습함으로써 내담자의 적응을 돕는 것이다.
④ 치료는 과학적인 원리와 방법에 의해서 시행되어야 하므로 경험적으로 효과가 입증된 기법을 사용해야 한다.

행동평가의 기능적 분석

① 기능적 분석이란 행동의 결과뿐만 아니라 선행사상들, 즉 관심 행동을 이끈 선행조건에 대해 분석하는 것을 말한다.
② 행동평가의 '기능적 분석'은 A(Antecedent, 선행사건), B(Behavior, 목표행동), C(Consequence, 행동의 결과)를 기반으로 분석한다.
③ ABC 수반성 모델

- 문제행동이 발생하는 현재의 환경을 조사하고 행동 전에 일어나는 변인과 행동 뒤에 따라오는 후속 결과를 평가하는 것은 ABC 수반성 모델에 기반하여 이루어진다.

- ABC 수반성 모델은 특정 행동(Behavior)이 선행사건(Antecedent)과 이로 인해 나타나는 결과(Consequence)로 구성되는 모형을 말한다.
  - A(Antecedents): 선행사건(문제행동이 일어나기 전 또는 문제행동과 동시에 발생하는 변인)
  - B(Behavior): 목표행동(특정 문제행동 탐색)
  - C(Consequence): 행동의 결과(행동 뒤에 따라오는 후속결과를 확인)

④ SORC 모델
- 기능적 행동평가는 문제행동을 다루기 위한 다양한 방법으로 사용될 수 있다. 행동적 관점에서 임상적 문제를 개념화하는 데 유용한 SORC 모델은 문제행동에 대한 치료 및 중재계획을 세우는 데 효과적인 개입으로 적용되고 있다.
  - S(Stimuli): 문제행동을 일으키는 자극이나 선행조건
  - O(Organismic): 문제행동과 관련된 유기체적 변인들
  - R(Responses): 유기체의 반응이나 문제행동
  - C(Consequence): 문제행동의 결과

 스키너의 행동주의 이론에 기반한 강화계획

① 고정간격 강화계획(Fixed Interval schedule: FI): 일정한 시간 간격을 기준으로 강화가 주어진다(예 월급 또는 정기시험).
② 고정비율 강화계획(Fixed Ratio schedule: FR): 정해진 횟수만큼 반응을 해야 강화가 주어진다(예 도장 10번을 모으면 커피 한 잔을 제공).
③ 변동간격 강화계획(Variable Interval schedule: VI): 임의로 정한 시간 범위 내에서 불규칙한 시간 간격마다 강화를 주는 것이다(예 쪽지시험).
④ 변동비율 강화계획(Variable Ratio schedule: VR): 반응의 평균을 정하여 평균 n번에 이르렀을 때 강화가 주어진다. 언제 평균 n번에 해당될지 알 수가 없기에 수행 횟수가 불규칙적이다(예 슬롯머신).

 관찰학습의 인지적 과정

사회적 상황에서 다른 사람의 행동을 관찰해 두었다가 유사한 행동을 보이는 학습 과정을 의미한다.
① 1단계: 주의 과정(관찰 대상인 모델의 행동에 관심을 갖고 주의를 기울인다)

② 2단계: 저장 과정(모델이 하는 행동을 유심히 관찰하여 관찰 내용을 기억한다)

③ 3단계: 운동재생 과정(보유한 기억을 시행착오를 거쳐 연습, 행동을 통해 획득한다)

④ 4단계: 동기화 과정(실제 행동으로 실현하고자 하는 동기나 욕구의 과정을 말한다)

 ## 공포(불안장애) 치료의 체계적 둔감화 순서

① 1단계: 이완훈련

- 이완 상태에서는 불안이 일어나지 않는다는 원리를 토대로 한다(상호억제원리).
- 상담자는 수회에 걸쳐 내담자가 긴장을 이완할 수 있도록 훈련한다.

② 2단계: 불안위계목록 작성

- 내담자가 가지고 있는 불안(공포)에 대한 정보와 증상, 행동을 파악한다.
- 불안(공포)을 일으키는 유발 상황에 대한 위계목록을 작성한다.

③ 3단계: 불안위계목록에 따른 둔감화

- 이완 상태에서 내담자가 불안을 유발하는 상황을 상상하도록 유도한다.
- 순서는 불안(공포)을 가장 적게 느끼는 상황에서부터 시작하여 높은 수준의 불안으로 옮겨가는 것이 바람직하다.
- 불안 상황에서 불안 반응을 더 이상 보이지 않을 때까지 반복하여 실시한다.

 ## 노출치료의 인지적 치료효과

노출법(exposure therapy)은 내담자가 두려워하는 자극이나 상황에 반복적으로 노출시켜 직면하게 함으로써 자극과 상황에 대한 불안을 감소시키는 방법이다.

〈인지적 치료효과〉

① 상황에 대한 현실적이고 객관적 인식

② 사고 내용의 변화로 인한 불안 수준 감소

③ 불안 대처 능력에 대한 믿음

노출 및 반응방지법(Exposure and Response Prevention: ERP) 실시 단계

① 내담자로 하여금 힘들게 하는 자극의 위계를 정해 불안의 정도에 따라 평정하게 한다.

② 내담자를 상상이든 직접적이든 반복적으로 불안과 고통을 유발하는 자극 상황에 노출한 다음에는 의례적인 문제행동을 금지시킨다.

③ 반응을 금지한 상태에서 강박적인 사고가 유발한 고통이나 불안이 감소하고 사라질 때까지 지켜보게 한다.

④ 점차 불안이 완화되어 문제행동을 하지 않아도 불안을 느끼지 않는 상태가 되며, 강박행 동을 하지 않아도 두려워하는 결과가 발생하지 않는다는 것을 학습하게 된다.

PART
02
핵심개념정리

행동치료에서 적응 행동을 증진시키는 기법

① 강화

강화(reinforcement)는 내담자의 행동이 만족스러운 결과로 나타나는 경우에 그 행동이 발생할 확률이 증가한다는 강화의 원리를 토대로 내담자의 적응적 행동에 긍정적인 피드백을 강화물로 제공함으로써 바람직한 행동을 유도하고 증가시키도록 하는 것이다.

② 행동조성

행동조성(behavior shaping)은 조작적 조건형성의 원리를 적용한 기법으로, 바람직한 행동을 여러 하위 단계로 나누어 세분화된 목표행동에 접근할 때마다 적절한 보상을 주어 점진적으로 특정 행동을 학습시키는 기법이다. 행동조형이라고도 불린다.

③ 모델링

모델링(modeling)은 내담자의 문제행동을 수정하거나 바람직한 행동의 학습을 촉진시키기 위해 집단상담에서 주로 사용하는 방법으로, 다른 사람의 성공적인 행동을 관찰함으로써 자신의 태도를 바꾸거나 새로운 기술을 학습하게 하는 것이다.

④ 토큰경제

토큰경제(token economy)는 바람직한 행동들에 대한 체계적인 목록을 정해놓은 후, 그러한 행동이 이루어질 때 그에 상응하는 보상(내담자가 선호하는 것으로 교환할 수 있는 가치가 있는 토큰)을 제공하는 기법이다.

⑤ 자기주장 훈련

자기주장 훈련(self-assertive training)은 대인관계 장면에서의 불안과 공포를 해소하기 위한 치료기법으로, 행동 시연을 활용하여 가상의 대인관계 상황에서 내담자에게 자신의 욕구와 감정, 생각들을 타인의 권리를 침해하지 않으면서 직접적으로 표현할 수 있도록 유도하는 것이다.

⑥ 자기감찰

자기감찰(self-monitoring)은 내담자 스스로 자신의 행동을 관찰하여 작성하도록 함으로써 자신의 바람직하지 못한 행동을 모니터링하는 것이다(예 체중 조절을 위하여 식이요법을 시행하는 사람이 매일 식사의 시간, 종류, 양과 운동량을 구체적으로 기록하는 것).

 행동치료에서 부행동을 감소시키는 기법

① 체계적 둔감화

체계적 둔감화(systematic desensitization)는 Wolpe에 의해 개발된 기법으로, 공포증과 같은 불안장애의 치료에 효과적이다. 불안과 양립할 수 없는 이완훈련을 실시한 후, 불안 및 공포의 대상과 상황에 대한 위계목록을 작성한 다음, 낮은 수준에서 높은 수준으로 점진적이고 체계적으로 상상을 유도하고 이완훈련을 반복함으로써 불안과 공포에서 서서히 벗어나도록 한다.

② 노출법

노출법(exposure therapy)은 내담자가 두려워하는 자극이나 상황에 반복적으로 노출시켜 직면하게 함으로써 자극과 상황에 대한 불안을 감소시키는 방법이다. 노출법은 다양한 방식으로 활용되는데, 실제상항 노출법, 상상적 노출법, 점진적 노출법, 급진적 노출법이 있다.

③ 홍수법

홍수법(flooding therapy)은 불안이나 두려움을 발생시키는 자극들을 불안이 감소될 때까지 지속적으로 제시하는 기법으로, 초기에는 매우 높은 불안을 나타내 보이지만 오랫동안 노출됨에 따라 소거의 과정을 거침으로써 불안의 수준이 경감된다. 내담자의 극심한 불안 반응을 유발할 수 있으므로 치료 과정은 전문가들에 의해 이루어지는 것이 바람직하다.

④ 혐오치료

혐오치료(aversion therapy)는 역조건형성의 일종으로서 바람직하지 못한 행동에 혐오자극을 제시하여 부적응적인 행동을 제거하는 기법이다. 주로 과음, 과식, 흡연, 성도착증 등의 문제와 관련하여 이들 자극에 대한 지나친 추구나 탐닉을 제거하는 데 사용된다.

아동심리치료의 사례개념화 요소

① 아동의 현재 문제 및 기능 수준

- 현재 문제: 부모와 아동의 주 호소 내용을 기초로 부모와 아동이 가장 걱정하고 힘들어하는 것이 무엇인지 파악한다. 아동에게 나타난 증상이 무엇이며, 증상의 빈도와 유발 상황, 그리고 언제 시작했는지를 탐색한다.
- 현재 기능 수준과 양상: 아동의 현재 기능 수준과 양상을 파악해야 한다. 이를 토대로 일반적인 또래 아동의 발달 수준이나 양상과 비교하여 많이 이탈하는 핵심적인 문제를 정리하게 된다.

② 문제의 원인

현재의 문제와 어려움에 이르게 한 원인을 추정해 본다. 크게 두 가지 측면인 아동 개인적 원인과 환경적 원인으로 나누어 볼 수 있다.

- 아동 개인적 원인: 아동의 타고난 기질, 활력과 에너지 수준, 언어인지 능력 등을 파악하고, 그것들이 현재 문제에 어떤 영향을 미쳤을지 고려한다. 또한 아동의 증상이 가계력과 관련이 있는지 살펴본다.
- 환경적 원인: 부모의 성격과 태도, 가족관계 양상, 아동의 발달시기별 부모의 양육과 훈육 태도, 양육자의 변동 등 가족과 관련된 원인을 파악한다. 그리고 아동의 발달시기별 또래관계와 기관이나 학교에서의 경험을 고려한다.

③ 현재 문제의 유지 요인

아동 개인적 요인과 환경적 요인 중에서 아동의 현재 생활과 어려움에 영향을 미치는 것이 있는지 살펴본다.

④ 상담 목표 설정과 계획

아동의 핵심 문제가 무엇인지 파악하고, 문제의 원인과 유지 요인을 분석한 후, 아동의 어려움을 지속하게 하는 요인을 제거하고 아동이 최적의 기능을 발휘하도록 도울 수 있는 상담 목표를 설정하고 계획을 세운다.

아동의 행동지도를 위한 행동수정 기법

① 용암법(fading)
- 용암법은 도움이나 촉진을 점차 줄여 나가면서 결국 혼자서 문제를 해결할 수 있도록 하는 방법이다.
- 새로운 행동의 학습에 있어서 초기 단계에서 아동은 많은 도움을 필요로 하지만 점차 단계가 높아질수록 도움의 양은 체계적으로 감소되며, 아동 스스로 해야 할 행동의 양이 증가되면서 점차 혼자 수행을 할 수 있게 된다(예 부모가 아이에게 자전거 타는 것을 가르칠 때 도와주고 붙들어 주는 것을 서서히 약화시키는 것).

② 조형법(shaping)
- 조형법은 바람직한 행동을 여러 단계로 나누어 강화시킴으로써 바람직한 방향에 접근하도록 하는 방법이다.
- 목표행동을 여러 단계로 나누어 단계적으로 강화하여 점진적으로 목표행동에 접근하게 한다. 목표행동으로 접근해 가는 과정에서 처음에는 목표행동에 비슷하거나 근접한 행동에 대해 강화하고, 일관성 있게 행동이 유지되면 보다 어려운 반응에 대해서만 강화한다(예 아이들에게 말을 가르칠 때 음음-음마-엄마라고 발음하게 됨).

③ 소거(extinction)
- 소거는 주위로부터 관심을 받지 않는 행동은 저절로 소거된다는 강화의 원리를 역이용하여 아동이 문제행동을 보여도 타이르거나 꾸중을 하는 등의 관심을 보이지 않는 방법이다. 이때 소거를 받아야 할 문제행동 이외의 다른 행동에 대해서는 관심을 가져 주거나 보상을 해 주어야 한다.

④ 고립(time-out)
- 고립은 아동이 현재 즐기고 있는 상황으로부터 다른 곳으로 격리시키는 방법을 말하는데, 구석에 세워 두는 것, 다른 방으로 내보내는 것이 그 예이다.

 인지치료 사례개념화의 6가지 요소

① 문제 목록
② 내재된 기제(핵심 믿음 또는 도식)에 대한 가설
③ 현재 문제와 내담자가 가진 믿음의 관련성
④ 현재 문제를 일으키는 촉발 요인

⑤ 기저에 내재된 믿음들의 발달과 관련된 배경의 이해

⑥ 치료에 예상되는 장애물들

 ## 합리적 정서행동치료(REBT)의 비합리적 신념의 유형

엘리스(Ellis)는 사람들이 정서적 문제를 겪는 이유는 일상생활에서 겪는 구체적인 사건들 때문이 아니라 그 사건을 합리적이지 못한 방식으로 지각하고 받아들이기 때문이라고 보았다.

① 알고 있는 중요한 사람들로부터 사랑받고, 인정받고, 이해받아야만 가치 있는 사람이다.

② 완벽한 능력이 있고 사교적이고 성공을 해야만 가치 있는 사람이다.

③ 어떤 사람들은 나쁘고 사악하기 때문에 비난과 처벌을 받아야만 한다.

④ 일이 뜻대로 되지 않는다는 것은 인생에서의 실패를 의미한다.

⑤ 위험하거나 두려운 일이 일어날 가능성을 늘 생각하고 있어야 한다.

⑥ 행복이란 외부 상황에 의해 결정되기에 이를 통제할 수 없다.

⑦ 인생에서 겪는 어려움은 부딪히기보다 피해 가는 것이 더 편하다.

⑧ 다른 사람에게 의지해야만 하고, 항상 의지할 만한 강한 누군가가 있어야만 한다.

⑨ 과거의 영향은 결코 사라지지 않으며, 과거의 일들이 현재의 행동을 결정한다.

⑩ 다른 사람의 문제나 고통에 함께 괴로워하고 속상해야만 한다.

⑪ 모든 문제에는 완벽한 해결책이 있기에 그 해결책을 발견할 수 있어야만 한다.

 ## 합리적 정서행동치료(REBT)에서 비합리적 신념의 근간을 이루는 당위적 사고

① 자신에 대한 과도한 당위성

- 자기 자신에게 현실적으로 충족되기 어려운 과도한 기대와 요구를 부과하는 것을 말한다.
- '나는 실수해서는 안 된다.' '나는 항상 올바르게 행동해야 한다.' '나는 성공해야 한다.' '나의 외모는 매력적이어야 한다.' '나는 반드시 탁월하게 일을 수행해 내야 한다.'

② 타인에 대한 과도한 당위성

- 개인이 타인에게 지니는 과도한 기대와 요구로서 타인이 그러한 기대에 따르도록 일방적으로 요구하는 신념을 말한다.
- '가족이니까 나에게 관심을 가져야 한다.' '사람들은 내 말을 잘 들어줘야 한다.' '진정한 친구라면 항상 내 편을 들어줘야 한다.' '자식이니까 내 말을 들어야 한다.'

③ 세상에 대한 과도한 당위성
  • 우리가 살아가는 사회정치적 체제뿐만 아니라 자연 세계에 대한 비현실적인 과도한 기대를 말한다.
  • '우리가 사는 세상은 항상 공정하고 안전해야 한다.' '나의 가정(직장)은 문제가 없어야 한다.' '세상은 항상 원하는 대로 돌아가야 한다.' '자연재해로 인한 부당한 피해를 입어서는 안 된다.'

 인지치료의 인지수정 전략

① 절대적 진술에 도전하기
  치료자들은 내담자들이 자신의 이야기를 할 때 절대나 절대적 진술을 철회하고 행동을 좀 더 명료화하도록 한다.

② 활동 일정 짜기
  슬픔, 걱정의 감정에도 불구하고 활동적이고 되고 새로운 행동 및 생각을 하는 법을 계획하고 시도하도록 한다.

③ 비난을 재귀인하기
  스스로를 비난하고 내부로 탓을 돌리는 내담자의 귀인 경향을 탐색하고, 상황을 좀 더 분명하고 객관적으로 볼 수 있도록 한다.

④ 대안 또는 주의 전환
  광범위한 생각들을 분류하고 부정적 생각이 들 때마다 새로운 대안적 생각을 떠올리거나 주의를 전환하여 부정적 생각을 줄이도록 한다.

⑤ 자기대화
  스스로에게 도움이 된다고 확인된 긍정적이고 격려가 되는 문구들을 여러 번 반복해서 말하도록 한다.

⑥ 일지 쓰기
  자신의 인지, 생각, 감정을 기록하고 객관적으로 검토하는 과정 동안에 내·외적 경험에 대한 지각을 증대시킬 수 있다.

⑦ 역할 연기
  사람들이 자신에 대해 갖는 새로운 생각들을 현실화하는 것을 가능하게 한다.

인지치료의 인지적 오류 유형

① 이분법적 사고(흑백논리적 사고): 어떤 상황을 연속선상에서 보지 않고 양극단으로만 보는 것을 말한다. 두 가지 극단 중 하나로 경험을 범주화하는 것을 의미한다.
② 과잉 일반화: 하나 또는 몇 개의 고립된 사건에서 일반적인 규칙을 추출해 내고 이를 다른 사상이나 상황에 부적절하게 적용하는 것을 의미한다.
③ 정신적 여과(선택적 추상화): 전체를 보지 않고 부정적인 하나의 세부 사항에만 지나치게 집중하고 선택적으로 받아들여 결론을 내리는 것을 말한다.
④ 의미 확대, 의미 축소: 자신이나 다른 사람 혹은 어떤 상황을 평가할 때, 부정적인 측면을 지나치게 강조하고 긍정적인 측면은 최소화하는 것이다.
⑤ 감정적 추론: 자신의 감정 반응이 실제 상황을 반영하고 사실이라고 믿고, 그 반대의 증거는 무시하거나 고려하지 않는 것을 말한다.
⑥ 개인화: 인과적 연결을 지지하는 증거 없이 외부적 사건을 자기 자신에게 귀인하여 잘못 해석하는 것을 말한다.
⑦ 잘못된 명명(낙인 찍기): 자기 스스로 부정적인 관점을 통해 개인의 정체성과 인식을 평가하는 것을 말한다.
⑧ 독심술: 충분한 근거 없이 상대방의 생각이나 의도, 마음을 알고 있다고 믿는 것을 말한다. 상호작용이나 관계에 있어서 타인이 어떤 생각을 하고 있는지 본인이 안다고 생각하는 것을 의미한다.
⑨ 예언자적 오류: 충분한 근거 없이 미래에 일어날 일을 단정하고 확신하는 것이다. 마치 미래의 일들을 미리 볼 수 있는 예언자인 것처럼 앞으로 일어날 결과를 부정적으로 예측하고 이를 굳게 믿는다.
⑩ 파국화: 어떤 사건에 대해 과도하게 염려하거나 두려워하는 것을 말한다. 항상 최악의 상황을 상상하기에 공포나 불안을 크게 느낀다.
⑪ 임의적 추론: 어떤 결론을 지지하는 증거가 없거나 그 증거가 결론에 위배됨에도 불구하고, 명확한 근거나 증거의 뒷받침 없이 주관적으로 추측하여 이를 토대로 결론을 내리는 것을 말한다.

 Meichenbaum의 인지행동수정의 3단계

① 1단계: 자기 관찰
변화 과정의 시작 단계는 내담자가 자신의 행동을 관찰하는 방법을 학습하는 것이다. 치

료가 진행됨에 따라 내담자는 문제를 새로운 관점에서 볼 수 있는 인지 구조를 형성하여 재개념화를 이룬다.

② 2단계: 새로운 내적 대화의 시작

내담자는 치료를 통해 자신의 부적응 행동을 알아차리는 것을 배우고 적합한 행동 대안에 주목하기 시작한다. 내적 대화를 변화시키는 것을 치료 과정 동안에 배우게 되며, 새로운 내적 대화는 새로운 행동을 유도한다. 이 과정은 내담자의 인지 구조에 영향을 미친다.

③ 3단계: 새로운 기술의 학습

효과적인 대처기술을 내담자에게 가르치고 이를 일상생활에서 실제로 실행하는 단계이다. 내담자들은 새로운 기술을 학습하여 이전과 다르게 행동하게 되며, 효과적인 새로운 기술을 유지하고 적용하게 된다.

소크라테스식 대화의 특징 및 질문 유형

① 소크라테스식 대화의 특징

- 치료자의 다양한 질문을 통해 내담자가 가지고 있던 사고의 비합리성이 외현적으로 드러난다.
- 질문과 답이 오가는 대화의 과정에서 내담자 스스로 자기신념의 비합리성을 깨닫게 된다.
- 치료자의 분석적인 질문을 통해 내담자는 자기신념의 비합리성을 통찰하고, 깊은 수준의 인지적 왜곡(핵심 신념)을 파악하는 데 도움이 된다.
- 소크라테스식 대화법을 통해 내담자는 스스로 자신을 돕고 문제를 해결할 수 있는 방법을 배울 수 있게 된다.

② 질문 유형과 예시

- 논리적 논박: 그러한 신념이 타당하다는 논리적 근거는 무엇인가? 그렇게 생각하는 것은 논리적 비약이 아닌가?
- 경험적 논박: 그러한 신념이 타당하다는 사실적 또는 경험적 근거는 무엇인가? 그렇게 생각할 만한 현실적인 근거가 있는가?
- 실용적/기능적 논박: 그러한 신념은 당신이 추구하는 목적을 달성하는 데 도움이 되는가? 당신의 기분을 좋게 만드는 데 도움이 되는가? 당신의 인간관계를 긍정적으로 만드는데 어떤 도움이 되는가?
- 철학적 논박: 그러한 신념이 과연 당신을 행복하게 하는가? 당신의 인생에 있어서 어떤

의미를 가지고 있는가?

- 대안적 논박: 이 상황에서 좀 더 타당한 대안적인 신념은 없는가? 당신의 삶을 효과적으로 만드는 합리적 신념은 무엇인가?

 ## 소크라테스식 질문 시 유의사항

① 일문일답의 형식을 따라야 하며 한꺼번에 여러 질문을 하지 않도록 한다.
② 내담자가 지닌 비합리적 생각의 비현실성, 비논리성, 비실용성에 초점을 둔다.
③ 치료자의 질문에 대해 내담자가 여유를 가지고 대답할 수 있는 시간을 주어야 한다.
④ 치료자와 내담자가 상호 합의에 도달할 때까지 계속해서 이야기를 해 나간다.
⑤ 질문을 던질 때마다 장황하게 말을 늘어놓거나 대화의 초점을 놓치지 않도록 한다.
⑥ 비합리적 생각에 대해 서로 토론을 해야지 논쟁이 되어서는 안 된다.

 ## 인지치료 기법

① 소크라테스식 대화
- 내담자의 인지적 변화를 촉진하기 위해서 상담자가 주로 질문을 통해 대화하는 방식을 의미한다. 상담자가 내담자에게 해결책을 제시하거나 그들의 사고를 논박하기보다는 일련의 신중한 질문을 통해 내담자가 스스로 해결책을 찾도록 돕는다.
- 소크라테스식 대화는 충고나 지시 대신 적절한 질문을 통해서 내담자가 스스로 자기이해와 통찰을 통해 유익한 결론에 도달하도록 돕는 상호작용 방식이다.

② 재정의
- 상담자는 내담자가 사용하는 단어와 그 의미를 내담자에게 자세히 질문함으로써 문제를 재정의하도록 돕는다(예 우울한 내담자의 경우 '속상한' '실패한' '우울한' '죽고 싶은'과 같은 모호하고 부정적인 단어를 사용하기 쉬운데, 이런 경우 '나는 잘해 보고 싶다.' '나는 다른 사람의 관심과 돌봄이 필요하다.'라고 재정의함).
- 문제를 재정의하는 것은 문제를 보다 구체적이고 개인적으로 만들고, 내담자 자신의 관점에서 말할 수 있도록 도와 자신의 사고 과정에 대한 이해를 촉진한다.

③ 재귀인
내담자가 어떤 사건에 대하여 책임이 없음에도 불구하고, 상황이나 사건에 대한 책임을 스스로에게 부여함으로써 죄책감을 느끼고 우울해 할 경우에 사용된다. 내담자로 하여금

사건에 대한 책임과 원인을 객관화하여 귀인하도록 돕는 방법이다.

④ 탈파국화하기

내담자가 걱정하고 염려하여 특정 사건을 파국화시키는 경우, 내담자가 두려워하는 일이 실제로 어느 정도 발생할 수 있을지를 현실적이고 합리적으로 생각해 보도록 하는 것이다. 이를 통해 내담자는 자신의 염려, 두려움, 불안 등이 지나치게 과장되어 있었다는 것을 깨닫고 파국화에서 벗어날 수 있게 된다.

⑤ 절대성에 도전하기

내담자가 '모든' '항상' '결코' '아무도'와 같이 극단적인 용어를 통해 자신의 고통을 표현하고 호소할 경우, 절대적 진술에 대해 상담자는 질문을 통해 내담자가 보다 정확하고 구체적으로 표현할 수 있도록 돕는 방법이다.

⑥ 사고중지

원치 않는 생각들이 떠올라 내담자를 지속적으로 괴롭힐 때, "멈춰!"라고 말함으로써 부적응적인 생각을 중지하는 방법이다. 더 나아가 그것을 보다 긍정적인 생각으로 대체하는 노력을 통해 왜곡된 생각이나 감정의 빈도와 강도가 점점 감소하게 된다.

⑦ 행동 실험

내담자가 지니는 생각의 타당성을 직접적으로 행동을 해 봄으로써 검증하는 방법이다. 자신의 행동으로 인해 다른 사람의 생각이나 반응을 왜곡할 수 있으므로 내담자로 하여금 실제로 그러한 행동을 해 보고 어떤 결과가 나타나는지를 확인하는 일종의 실험을 해 보는 것이다.

인간중심치료에서 치료자가 갖추어야 할 태도

① 진솔성

진솔성은 치료 과정에서 매 순간 경험하는 감정을 있는 그대로 솔직히 인정하고 표현하는 태도로서 치료자가 경험하는 감정을 기꺼이 표현하고 개방하는 것을 말한다.

② 무조건적인 긍정적 존중

내담자를 존중하며 있는 그대로 수용하는 것을 말한다. 치료자가 비판단적으로 내담자를 존중할 때, 방어하지 않고 자신의 경험을 자유롭게 탐색할 수 있게 되며 안정감과 자기개념의 변화를 경험하게 된다.

③ 공감적 이해

치료자가 내담자의 감정에 빠져들지 않으면서 내담자의 감정을 자신의 감정처럼 느끼고 이해하며 이를 내담자에게 전달하는 것을 말한다.

 인간중심치료에서 '진솔성'의 의미와 내담자의 변화 효과

① 진솔성의 의미

상담자가 내담자와의 상담관계에서 순간순간 경험하는 감정을 있는 그대로 솔직히 인정하고 표현하는 태도로, 상담자가 겉으로 표현하는 것과 내면에서 경험한 것이 일치하는 것을 말한다. 상담자가 내담자에게 진솔하기 위해서는 스스로 자신을 이해하고 수용하며 솔직하게 자신을 개방하도록 노력해야 한다.

② 내담자의 변화 효과

• 내담자는 상담자와의 상담 과정을 신뢰하게 된다.
• 내담자 역시 상담자처럼 자신의 약점을 드러내게 되어 자기수용의 가능성이 커진다.
• 내담자 역시 진솔한 사람이 되려고 노력하게 된다.

PART
02
핵심개념정리

 인간중심치료에서 '무조건적인 긍정적 존중'의 의미와 내담자의 변화 효과

① 무조건적인 긍정적 존중의 의미

상담자는 내담자를 하나의 인격체로서 무조건적으로 존중하고 있는 그대로의 모습을 따뜻하게 수용하는 것을 말한다. 이를 통해 내담자는 자신의 감정이나 경험 등을 자유롭게 표현할 수 있고 상담자와 공유할 수 있게 된다.

② 내담자의 변화 효과

• 내담자는 자신을 있는 그대로 수용하게 되면서 자신의 내면을 자유롭게 탐색하게 된다.
• 내담자는 자신의 감정을 더 잘 이해할 수 있게 되며, 자신과 관련된 갈등과 혼란스러운 감정을 자각하고 표현할 수 있게 된다.
• 내담자는 자신과 세상에 대한 현실적인 이해 속에서 효과적으로 기능하게 된다.

인간중심치료에서 '공감적 이해'의 의미와 내담자의 변화 효과

① 공감적 이해의 의미

상담자가 내담자의 감정에 빠져들지 않으면서 내담자의 감정을 자신의 감정인 것처럼 느끼고 이해하며 그것을 내담자에게 전달하는 것을 말한다. 올바른 공감적 이해는 내담자로 하여금 상담자가 자신을 잘 이해하고 있음을 느끼게 해 준다.

② 내담자의 변화 효과

- 내담자는 이전에 억압했던 감정들을 경험하고 이해하게 된다.
- 내담자는 자신의 내면 세계를 더 정확하게 지각하고 이해하게 됨으로써 성격의 통합을 이루게 된다.
- 내담자는 타인을 보다 공감하고 수용하게 되면서 더욱 긍정적이고 건설적인 행동을 취하게 된다.

 실존치료에서 정상적 불안과 신경증적 불안의 특징

실존치료에서는 심리치료 동안 내담자에게 기저하는 두려움에 대한 불안을 감소시키고, 불안이 객관화되어 정상적 불안에 직면하도록 돕는다.

① 정상적 불안

- 직면하고 있는 상황에 부합된다.
- 억압이 일어나지 않는다.
- 불안이 창조적으로 사용된다.

② 신경증적 불안

- 직면하고 있는 상황에 적절하지 않다.
- 억압이 일어난다.
- 불안이 건설적이지 못하고 자기파괴적이다.

 실존치료의 4가지 실존적 조건

① 죽음

실존치료에서는 죽음을 부정적인 것으로 보지 않고 삶의 의미를 부여하는 인간의 기본조건으로 여긴다. 죽음을 인식함으로써 삶의 더 큰 의미와 기쁨을 발견하고, 보다 본질적인

삶의 유형으로 전환하도록 한다.

② 자유와 책임

자신의 삶을 이끌어야 할 책임을 스스로 받아들이고 자신의 의지로 선택한 것에 대해 책임 있는 삶을 살 수 있도록 한다. 인간에게는 선택의 자유가 있어서 자신의 운명을 스스로 결정할 수 있으며, 자신의 삶에 대한 책임을 회피하지 않고 능동적으로 매 순간의 삶을 살도록 한다.

③ 고독

인간은 타자와 분리된 개체로서 근본적으로 고독한 존재이며, 인간의 근원적인 고독으로서 대인관계 고립을 넘어서는 것이 중요하다고 본다. 실존적 소외에 직면하지 못하고 두려움에 압도되면 타인과의 관계에서 지배적이거나 소유적인 관계에 놓이게 되며, 인간 존재의 고독을 직면하는 사람은 비소유적 사랑으로 타인과 관계 맺을 수 있다.

④ 무의미

의미는 세계에 존재하는 것이 아니라 인간이 부여하고 발견하며 창조하는 것에 있다고 본다. 무의미한 세계에서 의미를 발견하는 것은 인간의 중요한 과제이며, 내담자가 삶의 의미를 발견하도록 돕는다.

 게슈탈트치료에서 알아차림과 접촉의 주기

① 알아차림과 접촉이 반복되면서 유기체는 성장하게 된다. 이 주기가 단절되어 미해결 과제로 남게 되면 심리적 장애가 발생한다.

〈알아차림-접촉 주기의 단계〉

- 1단계: 배경 또는 배경으로 물러남(withdrawal)

  이전의 게슈탈트가 해소되어 배경으로 물러난 상태이다. 모든 것이 잘 충족되고 해소된 균형 상태에서는 특정한 게슈탈트가 떠오르지 않는다. 마음이 평안하고 고요한 상태라고 할 수 있다.

- 2단계: 유기체의 욕구나 감정이 신체감각의 형태로 나타남(sensation)

  어떤 외부 자극이나 내면적 불균형 상태가 초래되면 그와 관련된 유기체적 욕구나 감정이 신체감각 형태로 나타나게 된다.

- 3단계: 이를 개체가 자각하여 게슈탈트로 형성해 전경으로 떠올림(awareness)

  개인이 이러한 감각을 알아차림에 의해서 게슈탈트를 형성하면 전경으로 떠올려지는 세 번째 단계가 진행된다.

- 4단계: 이를 해소하기 위해 에너지(흥분)를 동원함(energy)

    개인이 게슈탈트를 해소하기 위해서 에너지를 동원하는 단계이다.

- 5단계: 행동으로 옮김(action)

    게슈탈트를 해소하기 위한 에너지를 구체적인 행동을 통해 실천하는 단계이다.

- 6단계: 환경과의 접촉을 통해 게슈탈트를 해소함(contact)

    환경과의 접촉을 통해서 게슈탈트를 해소하게 되면 그 게슈탈트는 배경으로 물러나 사라지고 개인은 휴식을 취하게 된다.

② 게슈탈트 해소 후에도 다시 새로운 욕구나 감정이 전경으로 떠오르고 이를 알아차려 게슈탈트를 해소하는 새로운 알아차림-접촉 주기가 되풀이된다. 인간의 삶은 게슈탈트의 알아차림과 접촉이 반복되는 과정이라고 할 수 있다.

 게슈탈트치료의 주요기법과 절차

① 욕구와 감정 자각

지금-여기에서 체험되는 욕구와 감정을 알아차리게 하는 방법이다(예 "지금 어떤 기분이 드시죠?" "지금 당신이 원하는 것이 무엇입니까?").

② 환경 자각

내담자 주위의 환경과 사물에 대해 자각하도록 해 줌으로써 환경과의 접촉을 촉진한다.

③ 언어 자각

내담자가 사용하는 언어에서 행동의 책임 소재가 불분명한 경우, 상담자는 내담자로 하여금 자신의 감정과 동기에 대해 책임을 지는 형식의 문장으로 바꾸어 말하도록 시킴으로써 내담자의 책임 의식을 높여 줄 수 있다.

④ 신체 자각

자신의 신체감각에 대해 자각함으로써 자신의 감정이나 욕구 혹은 무의식적 생각을 알아차리게 할 수 있다.

⑤ 꿈 작업

꿈은 내담자의 소외된 자기 부분들이 투사되어 상징적으로 나타난 것으로 본다. 내담자로 하여금 투사된 것들을 동일시함으로써 이제까지 억압하고 회피해 왔던 자신의 욕구와 충동, 감정들을 다시 접촉하고 통합하도록 해 주는 방법이다.

⑥ 머물러 있기

미해결 과제를 회피하지 않고 그 감정을 그대로 받아들이고 수용함으로써 해소하도록 돕는다.

⑦ 과장하기

행동이나 언어를 과장되게 표현함으로써 내담자가 감정을 자각할 수 있게 도와주는 방법이다.

⑧ 반대로 하기

내담자가 이제까지 회피하고 있는 행동과 감정들, 반대되는 행동들을 해 보게 함으로써 억압하고 통제해 온 자신의 다른 측면을 접촉하고 통합할 수 있게 도와준다.

⑨ 빈 의자 기법

현재 치료장면에 와 있지 않은 사람과 관련된 문제를 다룰 때 쓰는 기법이다. 내담자는 맞은 편 빈 의자에 상대방이 앉아 있다고 상상하고 그와 대화를 나눔으로써 자신의 억압된 부분과의 접촉을 통해 내면 세계를 더욱 깊이 탐색할 수 있다.

 동기강화상담의 대화기술(OARS)

① 열린 질문하기(Open question)

열린 질문은 내담자가 대답하기 전에 조금 더 생각하게 만들고 반응하는 방식에 많은 자유를 제공하는 개방형 질문을 말한다. 열린 질문은 특정한 방향에 초점을 두고 한 가지 주제에 대해 대화할 수 있도록 한다. 연속적으로 여러 개의 질문을 하는 것은 피해야 하며, 반영하기 기술과 함께 사용한다.

② 인정하기(Affirming)

인정하기는 개인에게 내재된 가치를 포함하는 좋은 면들을 알아보고 인정해 주는 것이다. 이해, 감사, 칭찬, 격려 등의 말을 내담자에게 직접 해 주고, 내담자의 강점과 노력하는 점에 대해 지지적 표현을 해 준다.

③ 반영하기(Reflecting)

상담자가 내담자의 표현 속에 내재된 내면의 감정을 정확히 파악하여 이를 내담자에게 전달해 주는 것이다. 질문의 형태보다는 내담자가 실제로 말한 핵심 내용을 간단하게 재진술하거나 바꾸어 말함으로써 내용을 반영할 수 있다.

④ 요약하기(Summarizing)

현재 상담에서 다루고 있는 문제를 내담자가 더욱 초점화하고 구체적으로 탐색하며 자신을 더욱 잘 이해할 수 있도록 돕는 방법이다. 변화대화를 끌어내기 위해 정기적으로 요약해 주는 것이 좋다.

 ## 동기강화상담의 핵심 기법

① 변화대화

내담자가 지니고 있는 변화에 대한 욕구, 이유, 필요성, 능력 등에 대해 이야기하는 것을 의미한다. 상담자가 주도하기보다는 내담자가 스스로 변화대화를 하도록 만드는 것이 중요하다.

② 변화대화를 이끄는 기술

- 유발적 질문하기: 가장 간단하고 직접적으로 변화대화를 이끌어 내는 방법으로, 내담자에게 직접 질문을 하는 것이다. "이 변화를 어떻게 만들어 내고 싶은가요?" "이걸 해낼 수 있다는 자신감은 무엇 때문일까요?" 등을 통해 내담자가 자신의 생각이나 느낌, 염려되는 점, 변화 필요성 등을 생각해 볼 기회를 제공한다.

- 중요성 척도 사용하기: 내담자가 생각하는 변화의 중요성 정도에 대해 해당되는 숫자를 척도 상에서 선택하도록 하고, 이에 대해 질문을 하고 탐색한다.

- 현 상태의 장단점 탐색하기: 내담자로 하여금 자신의 현재 상태나 행동의 긍정적인 면과 부정적인 면 모두에 대해 이야기해 보도록 한다.

- 정교화하기: 내담자가 변화하려는 이유를 언급하면 그 이유에 대해 조금 더 상세히 말하고 구체화할 수 있도록 물어본다.

- 극단적 질문하기: 내담자가 변화를 원하지 않는 것처럼 보일 때, 내담자 자신이나 주위 사람이 갖고 있는 가장 큰 걱정에 대해 말하게 하거나 결과적으로 일어날 수 있는 극단적인 상황을 생각해 보도록 한다. 변화를 통해 나타날 수 있는 가장 좋은 결과를 상상해 보는 것도 가능하다.

- 과거 회상하기: 내담자의 현재 문제가 나타나기 이전인 과거를 회상하게 함으로써 현재 상태와 비교를 해 보도록 한다. 과거 회상을 통해 현재 상황의 안 좋은 측면과 더 나은 삶이 될 가능성 둘 다를 부각시켜 생각할 수 있게 된다.

- 미래 예상하기: 변화된 미래를 상상해 보도록 하여 변화 후에 바뀔 상황에 대해 구체적으로 생각해 보고 미래에 대한 희망을 고취시킨다.

③ 자문 · 교육 · 심리재활

 정신건강 자문의 단계

정신건강 자문은 질문의 이해, 평가, 중재, 종결, 추적 단계로 이루어진다.

① 질문의 이해

- 자문가는 의뢰된 질문의 성질과 자문의 목적을 이해하기 위해 상황을 판단해야 한다. 자문가는 자신이 유능하고 전문적인 자문을 제공하기 위한 수련, 경험 및 전문성을 가지고 있는지 검토해야 한다.
- 자문가는 자문을 의뢰한 조직, 기관이 실제로 자문을 받아들일 준비가 되어 있는지, 자문으로 인한 결과에 저항이 나타날 수 있는지 등에 대한 조직의 준비성과 개방성을 검토해야 한다.

② 평가

- 자문가는 중재와 조언을 제공하기 전에 상황을 전반적으로 평가해야 한다. 평가를 위해 면접, 심리검사, 기록 및 기타 자료들을 검토한다.
- 종합적 평가가 완성되면 문제들의 진단적인 인상과 중재 목적을 해결하기 위한 자문을 제공한다.

③ 중재

- 자문가는 피자문가의 질문 혹은 문제에 대해 실제적인 조언이나 제안을 제공한다.
- 중재는 개인적인 중재 외에도 집단 중재가 포함될 수 있으며, 중재가 제공된 후에는 이득이 되었는지의 여부를 평가한다. 최종적으로 자문의 목표와 목적이 적절하게 이루어졌는지의 여부를 검토한다.

④ 종결

- 합의된 자문의 목적이 충족된 후에 종결하거나 혹은 자문가가 그 목적이 이루어지기 어렵다고 판단될 때 종결 단계가 일어난다.

- 종결 단계는 신중하게 고려해야 하며, 종결 시에는 마감 면접(자문 과정 검토, 중재에 대한 피드백 공유, 잔여 쟁점 해결, 추적 계획, 모든 참가자에게 적절할 종결 기회 제공 등)을 실시한다.

⑤ 추적

- 피자문가는 자문의 종결 뒤에 나타나는 새로운 위협 때문에 문제를 겪을 수 있다.
- 추적 자문은 주기적인 추적 회기나 지속적인 프로그램이 요구되며, 면대면, 전화 혹은 메일 등으로 추적 관리를 할 수 있다.

정신건강 자문의 유형

① 비공식적인 동료집단 자문

내담자에게 필요한 더 좋은 치료전략을 얻기 위해 동료에게 해당 사례에 관한 자문을 요청하는 것을 말한다.

② 내담자-중심 사례 자문

내담자의 특별한 요구를 충족시키기 위해 특정한 내담자의 치료나 보호에 책임이 있는 동료 자문가에게 조언을 구하는 것을 말한다.

③ 프로그램-중심 행정 자문

개인적인 사례보다는 프로그램이나 제도에 초점을 둔다. 진료소, 실무, 연구 프로그램 및 전체적 쟁점이 되는 문제에 관한 중요한 기능적 측면에 대한 자문을 제공한다.

④ 피자문가-중심 사례 자문

피자문가의 경험 내용에 대해 전문 자문가로부터 도움을 받는 것을 말한다.

⑤ 피자문가-중심 행정 자문

기관 내의 행정적인 쟁점과 인사 쟁점에 관한 업무에 대해 전문 심리학자의 자문을 구하는 것을 말한다.

정신건강 자문가의 역할

① 직접적인 역할 자문가

전문적이고 기술적인 자문을 제공하며, 피자문가가 관심을 갖는 쟁점에 대해 효과적으로 다룰 수 있도록 지원한다. 결과에 더 초점을 맞추고 있으며 과제지향적이다.

② 간접적인 역할 자문가

피자문가의 기술을 촉진시켜 주기 위해 자문가 자신의 기술과 전문성을 사용하여 조력한다. 과정이나 성장에 초점을 맞추며 과정지향적이고 촉진적이다.

 정신재활 프로그램의 자문 유형

① 제1유형
- 정신재활 기술론의 훈련과 함께 이루어지며, 특정 프로그램의 환경과 관계없이 정신재활의 진단, 계획안 수립, 개입 과정이 일어날 수 있도록 프로그램이 고안된다.
- 정신재활 프로그램을 자문하기 위해서는 특정한 지식(정신재활 프로그램의 요소)과 전문적 자문기술(정신재활 프로그램을 개발하는 방법)이 요구된다.

② 제2유형
- 특정 프로그램 모델에 맞추어 해당 자문을 실시한다.
- 특정 프로그램 모델의 원리와 지침에 부합되도록 자문가는 현재 실행 중인 프로그램 모델에 대한 특수한 지식을 가지고 있어야 한다.

 정신사회재활의 기본 원리

정신사회재활이란 정신적 장애를 지닌 환자에게 신체적·정서적·사회적·지능적 기술을 제공하여 지역사회에 적응할 수 있도록 돕는 것을 말한다.

〈정신사회재활의 기본 원리〉
① 개별적으로 적절한 서비스를 제공하여 자신의 능력을 최대한 개발할 수 있도록 돕는다.
② 환경 내에서 적응 능력을 향상시킬 수 있는 다양한 방법을 제공한다.
③ 사회적, 직업적, 대인관계에 필요한 기술 습득과 변화가능성에 대해 희망을 갖도록 지원한다.
④ 환자의 복합적인 문제를 해결하기 위해 증상에 맞는 포괄적이고 전문적인 서비스를 제공한다.
⑤ 자기결정을 통해 재활 과정에 적극적으로 참여할 수 있도록 돕는다(동기 부여, 목표 설정 등).
⑥ 환자의 개인내적 발전과 환경적 지원을 돕기 위해 환자와 가족을 치료와 재활에 적극적으로 개입시킨다.
⑦ 직업재활에 초점을 두고 직업성과를 이룰 수 있도록 돕는다.

⑧ 장기적인 재활치료를 돕기 위해 다양한 재활 전략을 수립한다(약물 사용의 감소, 가족 지원 방안 등).

 ## 재활치료의 병리, 손상, 장애, 핸디캡 단계

① 병리: 중추신경계에 이상이 있는 경우로서 인지, 주의집중력, 자율신경 기능, 각성과 정보 전달 과정에서 결손을 유발하는 상태이다.
② 손상: 심리적·생리적·해부학적 구조 또는 기능에서 상실이나 이상이 생긴 상태로, 신체적 또는 정신적 장애의 일시적이거나 영구적인 손상을 초래하며, 치료의 초점을 손상의 감소에 둔다.
③ 장애: 정상인이 해야 할 사회적 역할수행능력이 제한되거나 부족한 상태로, 학교를 다니지 못하거나 취업하지 못하거나 거주지가 없는 등의 문제가 있다.
④ 핸디캡: 정상적인 역할을 수행하는 일에 제한과 방해를 받는 불이익 상태로, 사회의 낙인, 차별대우, 빈곤문제 때문에 자신의 능력을 사용할 수 있는 기회를 제한 당하게 된다.

 ## 정신사회재활의 일반적인 목표

① 환자가 가지고 있는 증상에 맞는 적절한 서비스를 제공하여 장애를 감소시키는 데 있다.
② 환자가 자신의 잠재 능력을 개발하여 직업을 가지고 사회에 잘 복귀하도록 하는 데 있다.
③ 환자가 자신의 능력을 최대로 발휘하여 살아갈 수 있도록 기술을 가르침으로써 주변 환경을 지지적으로 조정하는 데 있다.

 ## 재활상담의 목적

① 재활상담은 환자의 약해진 자아를 지지해 주고 희망을 갖게 함으로써 재기하려는 동기를 불러일으키며, 현실의 문제를 잘 해결해서 편안한 마음을 갖도록 하는 데 목적이 있다.
② 재활상담에서는 희망과 자신감, 용기 및 자기선택을 강조한다. 이는 회복 및 성공적 재활과 밀접한 관련이 있다.

정신사회재활의 교육

① 사회기술훈련

- 사회기술훈련은 의사소통을 통해 대인관계의 효율성을 향상시키는 데 필요한 사회적 기술을 훈련하는 과정을 말한다.
- 가족이나 다른 사람들과의 대인관계에서 어려움이 많은 환자들에게 갈등이나 긴장을 해결하기 위한 효과적인 방법을 제공한다.

② 환자교육

- 증상 관리교육: 환자에게 증상을 최소화시킬 수 있는 실제적인 자기관리 방법을 교육시켜서 재발과 재입원을 막도록 돕는다.
- 약물교육: 환자가 약물에 대한 올바른 지식과 적절한 투약방법을 이해하여 약의 복용과 부작용을 스스로 관리함으로써 증상의 안정된 상태를 유지하고 재발을 예방하는 데 목적이 있다.

③ 가족교육

가족에게 환자가 앓고 있는 질병 및 가족 지원방법에 대해 교육을 실시하여 환자의 회복을 돕는 데 목적이 있다.

④ 직업재활교육

직업재활교육은 구체적이고 체계적인 직업을 갖게 하여 일을 통한 사회적 역할을 지속적으로 수행할 수 있도록 돕는 데 있다.

 사회기술훈련의 필요성 및 구성요소

① 사회기술훈련의 필요성

- 만성 정신과 환자는 사회 기술이 부족하기 때문에 사회에 적절히 적응하지 못하며, 자신의 욕구를 만족시키는 데 많은 어려움이 있다.
- 대인관계에서 생기는 문제를 잘 해결하지 못하고 스트레스에 잘 대처하지 못하며, 그 결과 증상이 악화되어 재입원하는 악순환을 반복한다.
- 사회기술훈련을 통해 환자의 기능수행능력을 증진하고 사회적 요구와 일상생활에서 일어나는 스트레스를 대처할 수 있는 교육과 훈련이 필요하다.

PART
02
핵심개념정리

② 사회기술훈련의 구성요소

- 인지적 요소로는 주의력이나 기억력, 정보처리능력, 사회지각, 사회인지기능 등이 포함된다.
- 행동적 요소로는 말의 적절성, 말의 이해성, 음성의 크기, 억양과 같은 언어적 요소와 시선 접촉, 얼굴 표정, 거리, 몸짓과 같은 비언어적 요소로 구성된다.

 ## 사회기술훈련의 효과성 증진 지침

① 환자가 적극적으로 참여하고 노력할 수 있는 동기를 불어넣을 수 있는 강화인자가 무엇인지 밝혀 낸다.
② 훈련을 할 때 시각·청각적 도구들을 이용하여 환자의 인지적 결손을 보상한다.
③ 목표로 삼은 바람직한 행동을 한꺼번에 가르치기보다는 작은 부분으로 세분화하여 가르치고 호전된 점을 강화한다.
④ 비교적 훈련이 가능한 것부터 단계적으로 시작한다.
⑤ 환자가 알고 있는 익숙한 것에서 시작해서 새로운 것, 복잡한 것으로 실행한다.
⑥ 환자에게 치료적 지시를 하고 호전될 것이라는 기대감을 준다.
⑦ 환자에게 직접 혹은 비디오를 통해 시범연기를 보여 준다.
⑧ 반복 연습과 학습을 제공하고, 적극적으로 격려하고 구체적으로 지도한다.
⑨ 호전에 대해 인정과 칭찬 같은 긍정적 피드백을 즉각적으로 준다.
⑩ 배운 기술을 실제 생활에서 활용할 수 있도록 숙제를 내 주거나 보호자의 협조를 얻도록 하는 등의 방법을 통하여 일반화하도록 한다.

 ## 증상관리교육의 목적과 내용

① 증상관리교육의 목적

환자가 자신의 병에 대하여 잘 이해하고 관리하여 재발되지 않도록 하는 데 목적이 있다. 정신건강 전문가는 증상에 대하여 환자가 이해할 수 있게 사실대로 이야기하는 것이 좋다.

② 증상관리교육의 내용

- 증상관리교육은 환각이나 망상, 기괴한 행동, 감정 둔화, 대인관계 회피와 같은 증상 등에 대해서 설명하고 각각의 증상에 대한 대처방법을 가르친다.
- 재발 경고 신호에 대하여 알게 하고, 재발이 일어날 위험성이 있을 때 정신건강 전문가

에게 신속히 도움을 청하여 재발을 예방하고 잘 대처할 수 있도록 한다.
- 환자가 겪을 수 있는 다양한 스트레스에 대해 교육하고 스트레스를 관리하는 방법을 제공한다.

직업재활교육의 이점

① 치료적 효과로서 증상을 완화시키며 재발과 재입원이 감소된다.
② 심리적 이득으로서 자존감 향상, 소속감, 생활만족감, 스트레스 대응능력, 병을 관리하고자 하는 동기가 고양되며, 의료기관에 대한 의존감이 감소된다.
③ 직업 현장을 통해 개인이 의존할 수 있는 사회적 지원체계를 넓힐 수 있다.
④ 경제적 이득을 통해 독립적인 삶과 질 높은 생활을 할 수 있게 된다.
⑤ 가족의 입장에서 볼 때, 가족이 겪고 있는 고통이 여러 측면을 감소시킨다.

PART
02
핵심개념정리

정신사회재활의 사례관리를 위한 기본 지침

① 각 개인은 자신만의 장점과 욕구가 있기에 서비스 계획도 이에 맞추어야 한다.
② 각 개인의 장점과 욕구는 시간에 따라 변하므로 서비스가 제공되는 동안에는 유형과 강도가 변해야 한다.
③ 각 환자에게 제공되는 서비스 수준은 개인의 손상의 정도와 맞아야 하며, 환자가 독립적으로 기능하도록 격려되어야 한다.
④ 환자에 대한 사례관리 서비스는 환자의 요구에 맞게 장기적으로 지속되어야 한다.

재활상담 계획 시 사례관리를 위한 단계별 절차

① 접수: 사례관리 대상자 확인, 사례관리 적합성 점검, 사례관리 동의서 서명 및 상호 역할을 명료화한다.
② 사정: 내담자의 욕구와 문제, 현재의 기능, 강점과 잠재 능력 등에 관한 전반적인 자료를 수집하고 종합적으로 분석하여 내 · 외적 자원 및 제한적 요인을 평가한다.
③ 계획: 내담자에게 필요한 서비스의 우선순위 영역을 정하고, 장단기 목표를 설정한 후, 목표 달성을 위한 개별적인 보호계획을 수립한다.
④ 개입: 내담자에게 계획된 서비스를 구체적이고도 실천적으로 실행하는 과정을 말한다. 개

인의 기술과 능력을 향상시키는 직접적 개입과 지역사회 서비스와의 연결 및 지원을 돕는 간접적 개입이 있다.

⑤ 점검: 내담자에 대한 지원체계 서비스가 적절하게 수행되고, 지속적으로 제공되는지에 대한 재사정을 실시하는 과정을 말한다.

⑥ 평가 및 종결: 내담자에게 제공되었던 서비스 체계의 효과성과 효율성을 종합적으로 판단하는 과정이다. 내담자에게 서비스가 더 이상 필요하지 않을 때 사례관리의 과정을 종결한다.

 ## 정신사회재활의 회복(재기) 과정 7단계

① 1단계: 혼란과 충격

환자는 자신에게 일어나는 정신과적 증상으로 혼란스러워 하고 충격을 받는다. 정신과 환자라는 사실과 정신병원에 입원해 있다는 사실을 받아들이지 못한다.

② 2단계: 부인

환자는 자신에게 일어나는 현실을 받아들이지 못하고 부인하게 된다. 환자는 병의 심각성을 받아들이지 않으며, 병으로 인한 변화를 인정하지 않는다.

③ 3단계: 우울과 절망 및 포기

환자는 시간이 지나면서 예전과 다른 자신의 모습을 알게 되면서 무력한 자신을 발견하게 된다. 자신의 병을 인식하게 되고 자신의 삶 전체가 무너져 가고 있다는 것에 절망하고 우울해 한다.

④ 4단계: 분노

환자는 자신의 정신질환에 대한 분노뿐만 아니라, 주변인과 사회로부터 무시당하고 비인간적인 대우를 받는다는 생각으로 분노를 느낀다.

⑤ 5단계: 수용과 희망

환자는 있는 그대로 자신의 병을 받아들이면서 자발적인 노력을 하기 시작하고 희망을 갖게 된다. 수용과 희망을 갖게 되면서 새로운 삶의 전환점을 갖게 된다.

⑥ 6단계: 극복

환자는 자기 자신을 인정하고 받아들이며 자신의 병을 극복하고자 노력한다. 무엇을 배우려 하거나 직업을 가지려고 하며 취미생활을 하는 등 적극적으로 생활하게 된다.

⑦ 7단계: 옹호/ 힘의 획득

환자는 자신에 대한 새로운 느낌과 삶의 새로운 의미를 발견함에 따라 용기를 가지고 힘을 얻으며 유능감을 느낀다. 재기 과정을 거치면서 자기를 보다 긍정적으로 보고 자신감을 갖게 되며 환경에 대한 통제력이 향상된다.

 ## 정신사회재활의 치료적 개입

PART
02
핵심개념정리

① 심리학적 평가 및 기능 평가

정신재활의 효과를 높이기 위해 환자에 대한 정확한 이해가 필요하다. 이를 위해 면담, 행동관찰, 심리검사를 실시하여 환자가 가진 기술과 보충해야 할 점 및 장점 등을 자세하고 정확하게 평가한다. 또한 기능 평가를 통해 문제되는 행동 및 해결에 필요한 자원을 검토하여 구체적인 계획을 세운다.

② 인지 기능의 재활

인지 기능을 회복할 수 있는 인지 기능 향상 프로그램을 제공한다. 이를 통해 주의력이나 기억력 및 집행 능력 등의 전반적인 인지 기능을 효과적으로 개선시키도록 돕는다.

③ 재활상담

재활상담은 상담자가 환자의 약해진 자아를 지지해 주고 희망을 갖게 함으로써 재기하려는 동기를 불러일으키며, 현실의 문제를 잘 해결해서 편안한 마음을 갖도록 하는 데 목적이 있다.

④ 사회기술훈련

사회기술훈련을 통해 대인관계에서 오는 문제를 잘 해결하고, 스트레스에 대처하며 사회에 적절히 적응할 수 있도록 돕는다. 일반적으로 의사소통 기술훈련, 문제해결 기술훈련 등이 포함된다.

⑤ 환자교육

환자교육이란 환자가 자신의 병을 잘 극복하고 일상생활을 잘할 수 있도록 하는 데 도움이 되는 내용들을 교육시키는 것이다. 먼저 병의 증상과 자기를 구분하도록 돕고, 스스로를 돌볼 수 있는 실제적인 여러 방법을 제시한다.

⑥ 가족교육

가족교육은 환자의 재발률을 감소시키며, 환자의 증상을 줄이고 기능 상태를 호전하는 데 도움이 된다. 가족이 환자로 인해 받는 고통 속에서도 가족 스스로를 돌볼 수 있도록 하며, 가족이 환자를 관리하는 방법을 제공한다.

⑦ 직업재활

직업재활이란 환자가 직업을 갖고 그것을 유지할 수 있도록 직업적 서비스를 포함한 계속적이며 종합적인 재활 과정이다. 직업재활은 환자의 성공적인 사회 통합을 위해 필수적이며, 지역사회에서의 독립적인 생활과 사회 적응에 중요한 기회를 제공한다.

⑧ 지역사회 지지서비스

환자의 사회 재활을 돕기 위해 위기개입, 심리사회적 재활서비스, 사례관리, 주거지원 및 자조모임 등의 서비스를 제공한다.

⑨ 사례관리

환자에게 그들이 원하는 서비스를 통합적으로 제공받을 수 있도록 지속적으로 관리해 주는 과정을 말한다.

직업재활의 필요성

① 치료적 효과로서 증상을 완화시키며 재발과 재입원을 감소시킨다. 일은 자아 형성을 돕고, 현실에 입각하여 행동하게 함으로써 현실검증력을 강화시켜 퇴행을 막아 준다.
② 심리적 이득으로서 개인의 자존감이 향상되고, 소속감을 가지게 되며, 생활만족감이 증진된다. 이는 병을 관리하고 극복하겠다는 동기 고양을 돕고 의료기관에 대한 의존성을 낮춘다.
③ 경제적 이득을 통해 독립적인 삶과 질 높은 생활을 할 수 있게 한다. 지역사회 속에서 생활하는 기간을 유지함으로써 입원 예방 및 의료비 절감을 이끈다.
④ 사회적 관계성의 측면에서 직장은 여러 사회적 접촉이 가능하기에 직업 현장을 통해 개인이 의존할 수 있는 사회적 지원체계를 넓힐 수 있다.
⑤ 가족 차원으로서 가족 구성원이 겪고 있는 고통을 감소시키는 데 도움이 된다. 환자의 치료를 위한 지출이 줄어들며, 직업을 가진 환자를 봄으로써 안도와 희망을 갖게 된다.

정신재활 진단을 위한 구성요소

정신재활 진단에는 재활 준비도, 전반적인 재활 목표 세우기, 기능 평가, 자원 평가의 4가지 구성요소가 포함된다.

① 재활 준비도

재활 준비도는 장애를 가진 사람이 재활에 대해 가지는 흥미도와 자신감을 나타내는 지표이다. 전반적인 재활 목표를 세우기에 앞서 재활 준비도를 평가하여 준비도 수준을 확인한다.

② 전반적인 재활 목표 세우기

전반적인 재활 목표를 세울 때 실무자와 내담자가 자칫 다른 목표를 추구할 가능성이 있기에 시간을 두고 내담자와 같이 작업하는 것이 중요하다.

③ 기능 평가

기능 평가란 전반적인 목표를 달성하기 위해 필요한 중대한 기술에 대해 내담자가 가지고 있는 기능 정도를 평정하는 것이다. 기능 평가를 통해 내담자가 가지고 있는 기술의 강점과 결점의 양상을 파악한다.

④ 자원 평가

자원 평가는 내담자가 전반적인 재활 목표를 달성하는 데 필요한 자원의 정도를 평가하는 것이다. 자원 평가에서는 사람, 장소, 활동, 사물과 같은 중대한 자원의 이용 정도를 평정한다.

PART 02

핵심개념정리

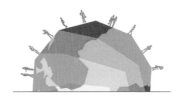

참고문헌

권석만(2012). 현대심리치료와 상담이론. 서울: 학지사.

권석만(2013). 현대이상심리학. 서울: 학지사.

김도연 외(2020). 사례를 통한 로르샤흐 해석. 서울: 학지사.

김영혜 외(2014). 상담 및 심리치료의 이론. 서울: 시그마프레스.

김재환 외(2014). 임상심리검사의 이해. 서울: 학지사.

노성덕 외(2014). 상담심리학. 서울: 학지사.

박경애(1997). 인지 · 정서 · 행동치료. 서울: 학지사.

박상규(2006). 정신재활의 이론과 실제. 서울: 학지사.

박영숙 외(2019). 현대 심리평가의 이해와 활용. 서울: 학지사.

박영숙(1994). 심리평가의 실제. 서울: 하나의학사.

손정락(2012). 현대임상심리학. 서울: 시그마프레스.

신성만 외(2014). 정신재활. 서울: 학지사.

신성만 외(2016). 동기강화상담. 서울: 시그마프레스.

유성진 외(2020). MMPI-2 해설서. 서울: 학지사.

유영권 외(2019). 상담 수퍼비전의 이론과 실제. 서울: 학지사.

이우경(2019). DSM-5에 의한 최신 이상심리학. 서울: 학지사.

이우경, 이원혜(2012). 심리평가의 최신 흐름. 서울: 학지사.

이훈진 외(2007). MMPI-2 성격 및 정신병리 평가. 서울: 시그마프레스.

임선아 외(2018). 행동수정. 서울: 학지사.

정문자 외(2019). 아동상담의 이해. 서울: 학지사.

천성문 외(2015). 상담심리학의 이론과 실제. 서울: 학지사.

편저자 소개

김 도 연(Kim Doyeon)

전북대학교 임상심리학 석사

전북대학교 임상심리학 박사

전 사단법인 한국청소년자살예방협회 회장

한양대학교 이노베이션대학교 겸임교수

경희대학교 후마니타스칼리지 겸임교수

경희사이버대학교 상담심리학과 겸임교수

가톨릭대학교 성모병원 Clinical Psychologist & Supervisor

현 마인드플니스 심리상담연구소 대표

한국데이트폭력연구소 소장

한국보건산업진흥원 R&D 평가위원

서울지방경찰청 범죄피해평가 감수위원

쉽게 풀어 쓴

임상심리사: 1급 실기(2023 최신판)

2023년 5월 1일 1판 1쇄 인쇄
2023년 5월 10일 1판 1쇄 발행

엮은이 • 김도연
펴낸이 • 김진환
펴낸곳 • (주) **학지사**

　　　　04031 서울특별시 마포구 양화로 15길 20 마인드월드빌딩
대표전화 • 02)330-5114　　　　팩스 • 02)324-2345
등록번호 • 제313-2006-000265호

홈페이지 • http://www.hakjisa.co.kr
페이스북 • https://www.facebook.com/hakjisabook

ISBN 978-89-997-2905-8 93180

정가 22,000원

출판미디어기업 **학지사**

간호보건의학출판 **학지사메디컬** www.hakjisamd.co.kr
심리검사연구소 **인싸이트** www.inpsyt.co.kr
학술논문서비스 **뉴논문** www.newnonmun.com
교육연수원 **카운피아** www.counpia.com

MEMO

MEMO

MEMO